· 商业画布 ·

The Invincible Company
How to Constantly Reinvent Your Organization with Inspiration From the World's Best Business Models

坚不可摧的公司
以卓越商业模式重塑组织

［瑞士］亚历山大·奥斯特瓦德（Alexander Osterwalder）
［比利时］伊夫·皮尼厄（Yves Pigneur）
［澳大利亚］弗雷德·埃蒂安布勒（Fred Etiemble）
［加拿大］阿兰·史密斯（Alan Smith）
著

赵越 徐汉群 译

机械工业出版社
CHINA MACHINE PRESS

图书在版编目（CIP）数据

坚不可摧的公司：以卓越商业模式重塑组织 /（瑞士）亚历山大·奥斯特瓦德等著；赵越，徐汉群译 . — 北京：机械工业出版社，2022.12
（商业画布）

书名原文：The Invincible Company: How to Constantly Reinvent Your Organization with Inspiration From the World's Best Business Models
ISBN 978-7-111-72110-9

Ⅰ. ①坚… Ⅱ. ①亚… ②赵… ③徐… Ⅲ. ①企业经营管理 - 商业模式 - 研究 Ⅳ. ① F272.3

中国版本图书馆 CIP 数据核字（2022）第 222685 号

北京市版权局著作权合同登记　图字：01-2021-3044 号。

Alexander Osterwalder, Yves Pigneur, Fred Etiemble and Alan Smith. The Invincible Company: How to Constantly Reinvent Your Organization with Inspiration From the World's Best Business Models
ISBN 978-1-119-52396-3

Copyright © 2020 by Alexander Osterwalder, Yves Pigneur, Fred Etiemble and Alan Smith.

This translation published under license. Authorized translation from the English language edition, published by John Wiley & Sons. Simplified Chinese translation copyright © 2022 by China Machine Press.

No part of this book may be reproduced or transmitted in any form or by any means, electronic or mechanical, including photocopying, recording or any information storage and retrieval system, without permission, in writing, from the publisher. Copies of this book sold without a Wiley sticker on the cover are unauthorized and illegal.

All rights reserved.

本书中文简体字版由 John Wiley & Sons 公司授权机械工业出版社在全球独家出版发行。

未经出版者书面许可，不得以任何方式抄袭、复制或节录本书中的任何部分。

本书封底贴有 John Wiley & Sons 公司防伪标签，无标签者不得销售。

坚不可摧的公司：以卓越商业模式重塑组织

出版发行：机械工业出版社（北京市西城区百万庄大街 22 号　邮政编码：100037）
策划编辑：李万方　　　　　　　　　　　责任编辑：张　昕
责任校对：贾海霞　王　延　　　　　　　责任印制：常天培
印　　刷：北京宝隆世纪印刷有限公司
版　　次：2023 年 4 月第 1 版第 1 次印刷
开　　本：240mm×186mm　1/16　　　　印　　张：24
书　　号：ISBN 978-7-111-72110-9　　　　定　　价：109.00 元

客服电话：（010）88361066　68326294

版权所有·侵权必究
封底无防伪标均为盗版

这是一本集合全球最佳商业模式的指南,完美适配了决策制定者、创新者和企业家所需的领导力工具箱。请以此来激发你对商业模式组合的新创意和二次创新。设计一种适宜创新和转型的文化,以成为……

坚不可摧的公司

战略指导原则:
战略指导原则决定了企业在哪里竞争,以及需要什么样的战略决策。它帮助企业建立一个防止被颠覆的业务。

模式组合:
使用模式地图管理新的商业创意和商业模式升级。建立一个坚实的创业漏斗,在衡量并降低风险和不确定性的同时,不断重塑现有业务(组合)。

文化地图:
使用文化地图来评估你所在企业的创新准备度,并打造世界一流的创新文化。

商业模式样式:
应用商业模式样式来设计卓越的商业模式,用商业模式竞争,而不只是在产品、服务、技术和价格方面竞争。

坚不可摧的公司

这是一类在面临颠覆时能不断自我重塑的组织。坚不可摧的公司在探索未来的同时，也致力于深耕现有业务。它在同一屋檐下培养出创新和执行并举的文化，让二者和谐共处。它以卓越的商业模式展开竞争，并超越了传统的行业边界。

不断自我重塑

为了保持领先地位且不被颠覆,你需要不断地重塑自己。当前,商业模式迭代的速度快于以往任何时代,而你不希望随着它们的衰落而被淘汰。与此同时,竞争越来越多地来自意想不到的地方,比如传统行业巨头之外快速崛起的初创企业。坚不可摧的公司为了与时俱进,在竞争中保持竞争力和领先地位,不断重新定义:我们是谁,我们在哪里竞争,我们如何竞争。

了解如何管理和改进你的现有业务,同时用商业模式组合来探索未来业务。

设计、实施并管理一种创新文化,以不断为你的创新漏斗提供能量并保持竞争力。

胜在商业模式

仅靠新产品、服务、价格和技术竞争,是一场永无止境的消耗战。要想远远甩开竞争对手,将市场机会、新的客户需求和新兴技术的效益最大化,就要把它们嵌入卓越的商业模式。设计、测试和建立卓越的商业模式,是颠覆行业且使企业自身难以被颠覆的必由之路。

了解如何设计、测试和管理卓越的商业模式。

应用商业模式样式,充分利用市场机会、新技术以及产品和服务创新。

超越行业边界

那些最成功的组织不受行业边界或行业力量的限制。事实上,它们经常打破行业边界,并颠覆其他行业。它们的商业模式或业务组合并非来自它们所经营的领域,而是来自一个围绕市场机会创造价值并不断探索新方法的组织。

了解如何创建和管理一个二元性组织,它能够在改善你的核心业务的同时,探索超越传统行业边界的全新机会。

了解中国平安如何从传统的银行和保险业集团演变为在五个不同领域竞争的科技集团,并成为世界上最大的公司之一。

……从而创造更大价值

对于社会

不断自我重塑的公司,无论大小,都对社会有着巨大的积极影响。它们为经济增长提供动力和潜在地改变游戏规则的创新。它们中的佼佼者将为环境和社会带来积极影响作为努力的方向,以改变世界的面貌。但是,公司的衰落或覆灭对其所在城市甚至整个地区来说是毁灭性的,该城市甚至整个地区将因此承受经济下行的压力。

对于客户

那些不断创新和探索新商业模式的公司,会不断地以更有吸引力的价格创造更新更好的价值主张。部分创新可能平淡无奇,只会带来更多消费,然而大量创新将为客户创造实质性的价值,带来便利、欢娱、幸福和满足。

对于团队

坚不可摧的公司能兴盛发展,并提供长期的工作保障,而其他未能重塑自我的公司则不得不让成千上万的员工离开。坚不可摧的公司为执行和创新人才提供了一个家园,它们具有世界一流的组织结构和流程,以应对21世纪的挑战。

对于股东

坚不可摧的公司的股东,可以从长期增长中受益,降低覆灭风险,并吸引世界级的执行和创新人才。坚不可摧的公司能够基业长青,因为它们既获取了当前业务的成果,又已经为明天的业务播下了种子。它们同时进行深耕和探索的能力大大降低了覆灭和过时的风险,并吸引了最好的人才。

从《商业模式新生代》[一]
到《坚不可摧的公司》

《坚不可摧的公司》是Strategyzer系列图书的第四本。它填补了前三本书的空白,设法解决了创新团队、创业者和管理大型组织的高层领导者们需要完成的工作。它的内容基于我们和全球领先组织的共同实践,以及对世界上鲜有的"坚不可摧的公司"的研究。

strategyzer.com/books

[一] 本书中文版已由机械工业出版社出版。

	需要完成的工作	关键问题	核心工具和流程	对应图书
创新和设计 *发明和升级*	描绘你的商业、创意或创新	如何为组织创造持续的盈利和价值	商业模式画布（Business Model Canvas，BMC）或任务模式画布（Mission Model Canvas，MMC）	《商业模式新生代》
	描绘你的产品和服务	如何为客户创造价值	价值主张画布（Value Proposition Canvas，VPC）	《价值主张设计》
	最大限度地利用商机并就商业模式展开竞争	如何最大限度地利用商机并以最好的商业模式设计来改进业务	商业模式的样式（发明样式和升级样式）	《坚不可摧的公司》《商业模式新生代》
测试创意和降低风险	测试创意并降低创意的风险	如何降低风险，避免追逐不切实际的创意	客户开发（史蒂夫·布兰克）、敏捷工程、精益创业（埃里克·莱斯）、测试卡、学习卡	《创业者手册》（史蒂夫·布兰克）、《精益创业》（埃里克·莱斯）、《价值主张设计》
	选择正确的试验方法来测试你的创意	什么试验最适合测试创意并降低创意的风险	试验方法库	《测试商业创意》
	衡量风险和不确定性的降幅	是否在从创意到现实的商业模式上有所进展	Strategyzer创新指标	《坚不可摧的公司》
设计创新文化并管理模式组合	在竞争中保持领先并走向坚不可摧的状态	如何避免覆灭并持续自我重塑	模式组合地图、组合行动	《坚不可摧的公司》
	创建一种（创新的）文化	如何设计、测试并管理一种创新的文化	文化地图（Culture Map，CM）、创新文化测试	《坚不可摧的公司》
	投资最佳创意	该投资哪些项目和团队	Strategyzer创新漏斗、创新项目计分卡（Innovation Project Scorecard，IPS）	《坚不可摧的公司》
	保持（创新）团队的一致性	如何推动执行并保持团队一致性	团队对齐画布（Team Alignment Map，TAM）	《团队对齐画布》

如何阅读本书

 高级领导者

 创新领导者或创新团队

 创业者

作为一个高级领导者，你要为保持组织的运转和增长创造条件。你需要清楚地知道：你的业务中哪些部分有进一步增长的潜力，哪些部分需要革新，哪些部分有很大的覆灭风险。你需要了解哪些举措有可能决定未来的业务走向。你的目标是对未来进行合理投资，同时有意识地管理风险。

使用 **模式组合地图**（第10页），*设计、测试和* **管理**（第49页）*你的商业模式组合。创建指导原则，引导你的团队朝正确的方向发展，并为每个人提供管理现在和投资未来的透明标准。*

为成功建立一种 **创新文化**（第306页）*创造条件。用一种世界级的创新文化来补充你的核心执行文化。*

提出正确的 **领导者评估问题**（第212页），*帮助你的团队探索新的机会，并以卓越的商业模式进行竞争。*

作为一个创新领导者（或创新团队的一员），你要帮助组织规避创意的风险，使其不断改进和成长。你要使有助于管理创新的工具、流程和指标落实到位。你要了解如何将创新机会嵌入到健全的商业模式中从而强化它们，以颠覆整个领域或迭代正在衰退的商业模式。

使用 **样式库**（第130页）*来放大市场机会，加强新技术和其他创新。应用商业模式样式来设计卓越的商业模式。*

使用 **模式组合地图**（第42页）*来营造你的高级领导者所需要的高透明度的组织氛围，以使其做出合理的投资决策。展示机会在哪里。学习如何* **管理**（第49页）*你的商业模式组合。*

帮助你的高级领导者实施 **创新文化**（第296页）*。了解推动创新的关键促进因素和阻碍创新的障碍。*

作为一个创业者，你的唯一目标是为你的创意规避风险，并将其变成一项真正的业务。你明白创业的艰难之处在于，根据现实情况不断测试和调整你的创意。你知道卓越的商业模式，而不仅仅是技术或产品创新，将帮助你颠覆整个行业，并建立一家更加可持续的企业。

使用 **探索地图**（第18页）*使你最有潜力、风险最小的创意可视化。使用* **测试和创新指标**（第88页）*来衡量你从创意到商业模式的进展。*

使用 **样式库**（第130页）*来放大市场机会，加强新技术和其他创新。应用商业模式样式来设计卓越的商业模式。*

建立能帮助你成功的 **创新型领导层和团队**（第310页）*。了解成功团队的关键特征。*

图片来源："Mosunmola Abudu" by Nkemonwudiwe / en.wikipedia / CC BY 3.0

目　录

1

工具

模式组合地图
p. 10

探索
p. 14

深耕
p. 27

探索模式组合、深耕模式组合
p. 37

2

管理

模式组合的管理
p. 48

管理探索模式组合
p. 70

管理深耕模式组合
p. 109

3

发明样式库

前台颠覆
p. 142

后台颠覆
p. 162

盈利公式颠覆
p. 188

领导者评估问题
p. 212

4

升级样式库

价值主张升级
p. 230

前台升级
p. 242

后台升级
p. 254

盈利公式升级
p. 266

领导者的战略反思
p. 280

5

文化

文化地图
p. 296

设计探索文化
p. 308

创新文化准备度评估
p. 314

工具

商业模式组合

为了不被颠覆并确保长期发展，一家公司所深耕的既有商业模式和所探索的新兴商业模式的集合。

走向坚不可摧之路

坚不可摧的公司并不存在。最接近这一状态的公司是那些面临颠覆时能不断自我重塑的公司。这些公司管理着既有商业模式的组合,并对其加以深耕和不断改进;同时,它们还管理着新兴商业模式的组合,并探索这些新兴商业模式,以系统地打造新的增长引擎。

模式组合地图

一个战略管理工具,可以同时可视化、分析和管理你正在改进和发展的商业模式,以及你正在寻找和测试的未来商业模式。

模式组合的二分法

我们认为,伟大的商业模式组合由两个不同的模式组合构成:深耕模式组合和探索模式组合。两者相辅相成。前者包括你正在管理和发展的现有业务、价值主张、产品和服务,后者包括你正在测试的所有创新项目、新的商业模式、新的价值主张、新的产品和服务。

模式组合管理

设计并保持一个强大的商业模式组合需要三个主要活动：可视化、分析、管理。

 **可视化**

任何关于商业模式组合的良好讨论、会议或研讨会的起点，都是用一种共同的语言来将其可视化。大家需要对已有哪些和正在探索哪些商业模式达成一致的理解。

 **分析**

对商业模式组合的一致的理解，可以让你确定是否面临被颠覆的风险，以及是否做了足够的工作对抗风险。这包括分析你的商业模式中哪些是最盈利的，哪些是风险最大的，哪些是你正在探索以保障未来发展的。

 **管理**

良好的模式组合管理包括采取行动设计并保持一个均衡的模式组合，以此来保护你免受颠覆。这包括持续增长和改进现有的商业模式，方法是升级过时的商业模式和保护已经通过检验的商业模式。它还包括探索全新的商业模式，虽然有些会失败，但有些会产生超额收益，并奠定你未来的发展基础。

探索

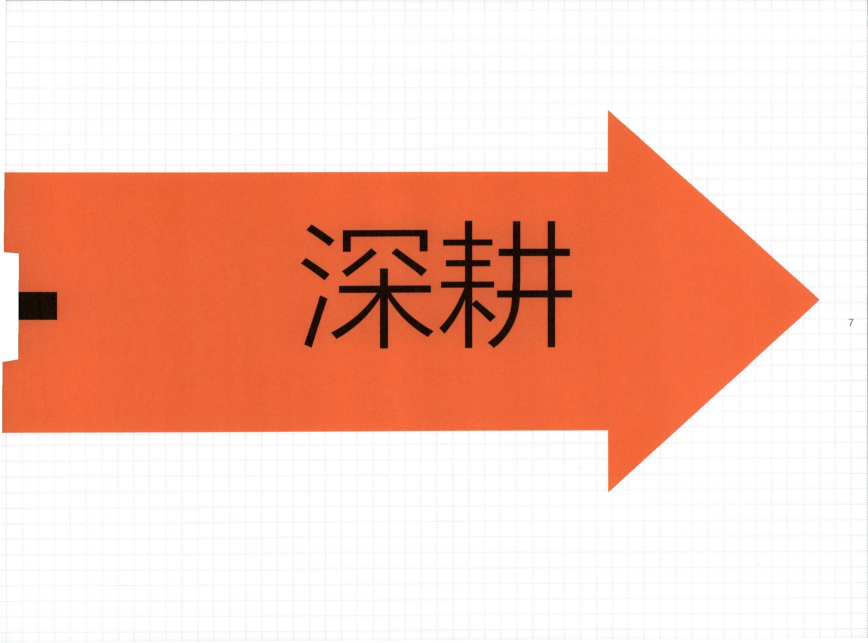

探索/深耕

探索与深耕的连贯性

坚不可摧的公司并不会将深耕凌驾于探索之上。在同时管理从探索新业务到深耕现有业务的连贯性方面，它们有着出色的表现。它们保留着"初心"文化，保持着一种创业精神，同时管理着数千人乃至数十万人和数十亿美元的业务。日益明显的是，这种管理探索和深耕的能力不仅是大型成熟企业所必备的，随着各行业商业模式寿命的缩短，这也是中小企业和初创企业所必备的。

探索		深耕
寻找和突破	**焦点**	效率和增长
高	**不确定性**	低
类似风险投资的风险偏好，期待成为少数超大型赢家	**财务理念**	有稳定收益和分红的安全避风港
迭代测试，强调速度、试错、学习和快速适应	**文化和流程**	线性执行，强调计划、预测和失败最小化
善于处理不确定性、样式识别能力强、在全局和细节之间游刃有余的探索者	**人员和技能**	组织和规划能力强、能够设计出高效的流程（以保证按时按预算实施）的管理者

增长

扩张新业务规模，并改进或重塑现有业务

探索

不确定性较高

深耕

不确定性较低

寻找

将商业创意转变为客户关心的价值主张，并将其植入可以规模化并盈利的商业模式中

定义

模式组合地图

一种战略管理工具，可以同时可视化、分析和管理你正在增长和改进的现有商业模式，以及你正在寻找和测试的未来商业模式。

深耕模式组合

创新项目、新商业模式、新价值主张、新产品和服务的模式组合，全部以**预期收益**和**创新风险**为维度绘制成图。

探索模式组合

现有业务、价值主张、产品和服务的模式组合，全部以**收益**和**覆灭风险**为维度绘制成图。

收益
对于公司来说，一个业务领域的盈利性如何。

深耕

预期收益
如果一个商业创意最终成功，对公司来说盈利性如何。

收益

覆灭风险

探索

创新风险

创新风险
一个（可信的）商业创意失败的风险。当除了幻灯片和电子表格之外，几乎没有证据支持一个商业创意的成功机会时，其风险就很高。随着支持商业创意的需求性、可行性、收益性和适应性的证据数量的增加，其风险会降低。

覆灭风险
企业走向覆灭或被颠覆的风险。当企业是新兴的或不够壮大的时候，或者当企业受到技术、竞争、监管变化或其他趋势的颠覆性威胁时，覆灭风险会很高。覆灭风险会因企业有保护业务的护城河而降低。

探索/深耕

模式组合管理

探索：寻找

探索模式组合就是要寻找新的创意、价值主张和商业模式，以确保公司的未来。在寻找时，要努力最大化预期收益和最小化创新风险。你可以通过设计商业模式来提高预期收益。对一个可能失败的创意，你可以通过测试和调整来降低投入风险。

深耕：增长

深耕模式组合就是要让你现有的商业模式保持在增长的轨道上，包括扩大新兴商业模式的规模，革新过时的商业模式，并保护成功的商业模式。你可以通过提高收益和最小化覆灭风险来确保增长。实现这一目标的最佳方式是将你所有的商业模式从过时的模式升级为更强大的模式。

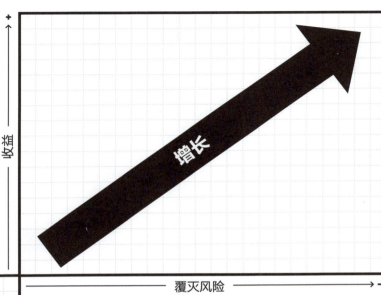
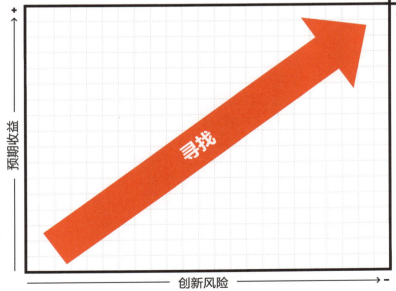

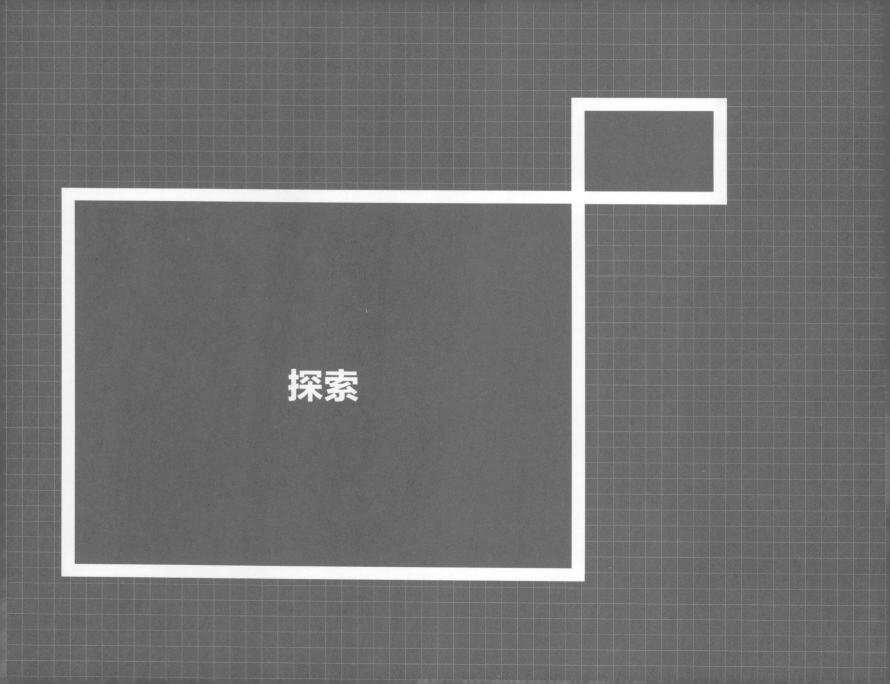
探索

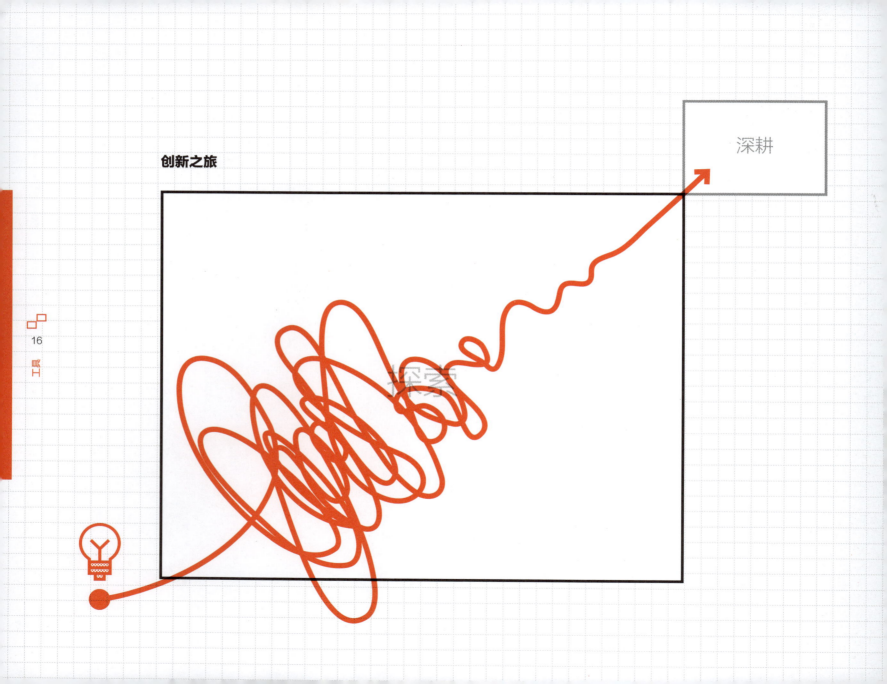

探索

创新之旅的五大误区

探索新的商业创意的旅程并不是线性的过程，与管理一个现有业务有着根本的区别。我们概述了关于创新（和创业）之旅的五大误区，这些误区可能会阻止你将一个创意变成真正的业务。

误区#1：创新（和创业）之旅中最重要的部分是找到并执行完美的创意。

现实：创新（和创业）之旅是将创意转化为客户关心的价值主张和可以规模化的商业模式。形成创意很容易，但它们只是起点。困难的部分是不断测试和调整那些在理论上看起来很好的创意，直到你有足够的证据证明它们能在现实中落地。探索之旅就是要反复调整创意，直到你找到客户真正需要的价值主张，以及可以盈利性成长的商业模式。

误区#2：当你系统地测试创意时，证据会为你指出一条清晰的前进道路。只要你足够频繁地测试和调整你的创意，解决方案就会神奇地出现。

现实：创新和创业是在不完整和有潜在矛盾的证据的基础上做出明智的决定，而有时"杀死"一个创意是明智的做法。

将一个创意变成一项真正的业务，即便基于最严格的测试过程，也永远是一门艺术。很少有证据能为你清晰地指出一条前进的道路，但是证据可以让你找出模式并做出明智的决定，比基于拍脑袋做出的决定风险更小。此外，你要确保自己不会纠缠于测试或证据分析。要根据手头的证据，决定坚持、转向或放弃一个创意。

误区#3：少量的大赌注会带来巨大的收益。

现实：通过下注在很多个小赌注上进行探索，随着时间的推移，基于证据逐渐收缩探索的范围。

在创新的早期阶段，我们不可能知道哪些创意能奏效而哪些不能。一开始要在大量的创意和项目上投入少量的资金和时间，对那些能够提供真实证据的创意和项目进行后续投资。如果系统性地持续这样做几轮，那些最好的创意和最有希望获得收益的团队就会显现出来。

误区#4：探索新业务和管理现有业务所需的技能几乎一致。生意就是生意。

现实：探索和深耕是两类完全不同的工作，需要不同的技能储备和不同的经验。

测试和调整一个商业创意直至成功，这与管理一项业务所需要的技能完全不同。在创新和创业中，你需要处理高度的不确定性。你需要从通过测试收集到的数据中发现模式，并将其转化为可获得盈利性成长的业务。随着经验的累积，你在探索方面会做得越来越好，就像随着时间的推移，你在管理方面会做得越来越好一样。

误区#5：创新团队是要来颠覆旧有业务的叛徒或海盗。他们需要以隐身模式运作，才能在公司内部生存。

现实：创新者需要被视为公司未来不可或缺的合作伙伴，否则不可能大规模出现任何有意义的创新。

被视为叛徒的创新团队很难获得公司的资源，比如接触客户、品牌、原型设计等。他们只有被视为负责创造公司未来的合作伙伴，才能成功地开展工作。

探索之旅的潜在阶段

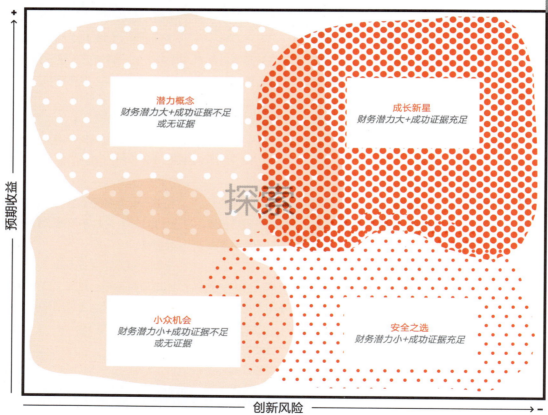

深耕

预期收益

潜力概念
财务潜力大+成功证据不足或无证据

成长新星
财务潜力大+成功证据充足

探索

小众机会
财务潜力小+成功证据不足或无证据

安全之选
财务潜力小+成功证据充足

创新风险

探索

预期收益和创新风险

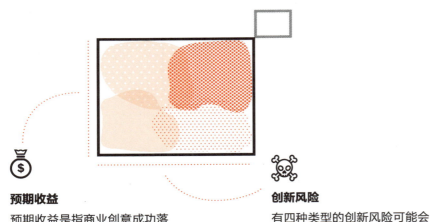

预期收益

预期收益是指商业创意成功落地后所带来的财务潜力（或影响）。你可以根据自己的偏好选择如何定义预期收益，可以是盈利能力、收入潜力、增长潜力、利润或任何其他财务指标，以供你评估一个创意在财务方面的潜力。你也可以关注社会收益或环境收益，而不是财务收益。

创新风险

有四种类型的创新风险可能会扼杀一个商业创意：需求性风险、可行性风险、收益性风险和适应性风险。

需求性风险
客户不感兴趣

由于企业的目标市场太小，与企业的价值主张匹配的客户太少，或者企业无法接触、获取和保留目标客户所带来的风险。

可行性风险
我们无法制造或交付

由于企业经营不善、不能规模化，或无法获得核心资源（技术、知识产权、品牌等）、关键业务或重要合作所带来的风险。

收益性风险
我们赚不到足够的钱

由于企业无法成功地形成稳定的现金流，如客户不愿意支付（足够的）费用，或者因成本太高而无法持续盈利等所带来的风险。

适应性风险
外部因素不利

由于业务与竞争环境、技术、监管、社会或市场趋势不匹配，或宏观环境不利（缺乏基础设施、经济衰退等）所带来的风险。

这里的图标代表商业模式画布，其简要介绍参见第78页。

工具

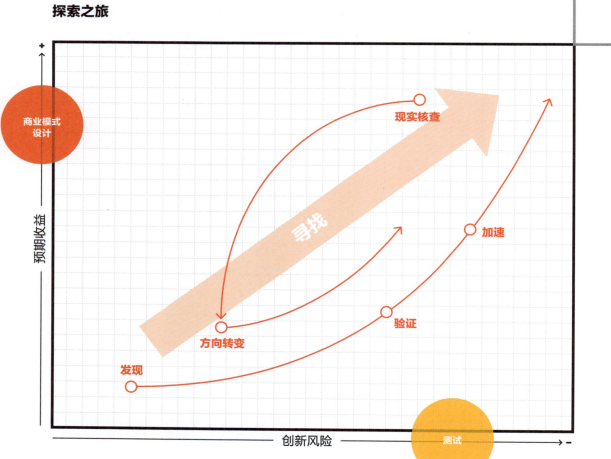

探索

寻找和转向

"探索模式组合"区域体现的是一项商业创意经历不断寻找和转向的过程,直到你有足够证据来证明该创意能成功。寻找可行的创意、价值主张和商业模式的过程包括以下两项互有助益的主要活动:

商业模式设计

设计是将模糊的创意、市场洞察和通过测试得到的证据转化为具体的价值主张和坚实的商业模式的活动。好的设计通过强有力的商业模式样式来实现收益最大化,并使竞争超越产品、价格和技术层面。

测试

测试是降低风险的活动,以避免追求理论上看起来不错但在现实中行不通的创意。你可以通过定义关键假设、进行快速试验和从证据中学习来测试你的创意。通过测试得到的证据可能会支持或推翻你正在探索的价值主张和商业模式。

寻找的路径

发现
客户洞察、情境和支付意愿

这是通过测试来降低风险的起点。最初的证据表明,你打算解决的问题正是客户关心的(需求性)。进一步的证据通常表明客户是有支付意愿的(收益性)。在这个阶段,发现原型不需要技术能力介入。常见工具有:故事板、视频和模拟宣传册。

转向的路径

现实核查
前期路径的失败

即便早期曾有过积极的证据,但是当新证据表明你一直在测试的创意不太可能奏效时,就需要进行现实核查。现实核查可能会导致你质疑整个商业模式或其中一些方面。它要求你重新思考初始创意和商业模式,决定其中哪些你会保留,哪些你会舍弃。

验证
已证实的兴趣和盈利迹象

在这个阶段,你要寻找更多的确凿证据,表明有人对你的产品和服务感兴趣(需求性)。第一次模拟销售或第一份意向书表明客户会支付多少钱(收益性)。第一次获得的关于成本结构的证据表明了预期的盈利能力(收益性)。拥有技术原型表明你可以管理活动和资源(可行性)。

方向转变
测试新方向

在这个阶段,你已经从最初的路径转向一个新的路径。你已经对商业模式的一个或多个要素做出了重大改变。这意味着你需要重新考虑新方向所依赖的假设。你需要分析哪些证据仍然成立,哪些证据不再成立。方向的改变通常需要你重新测试已经测试过的商业模式要素。

加速
有限规模下的已证实模式

在这个阶段,你的目标是创造一个有效的原型或第一批产品和服务,并在有限的市场中测试你的价值主张。你需要寻找证据来表明,你能够在有限的范围内创造和传递客户价值并从中获利。你需要寻找证据来争取更大规模的投资,以扩大获客和留存的规模,并测试规模化的盈利能力。

关于设计-测试循环的更多信息,请参见"管理"章节第76页。

关于设计强有力的商业模式的更多信息,请参见"发明样式库"章节第138页。

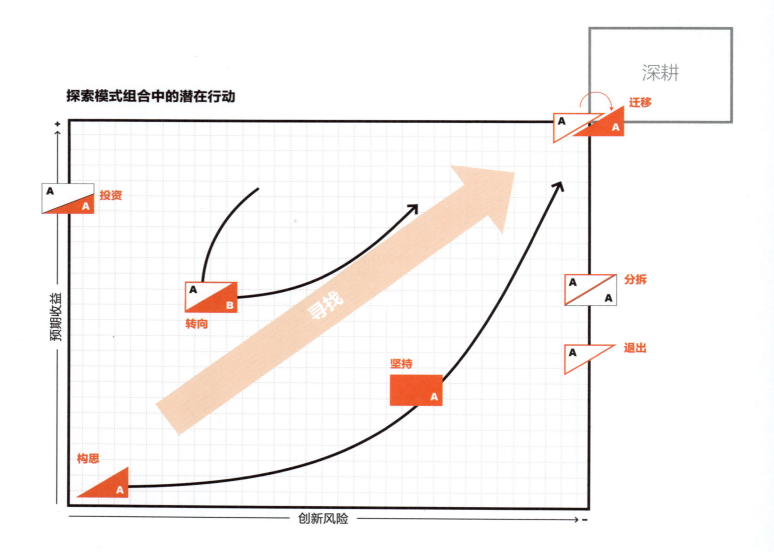

探索

探索行动

在"探索模式组合"的区域，你可以展开七种行动。所有这些行动都围绕着塑造和测试新的商业创意，以提高其收益率并降低其创新风险。从全新商业模式的建立到"深耕模式组合"中现有商业模式的渐进式改善，对新创意的探索贯穿全程。

用三角形将行动可视化的创意，产生在与Luis Felipe Cisneros讨论后。有关探索行动的更多信息，请参见"管理"章节第96页。

构思
A存在，但处于模式组合之外
↓
A属于模式组合

这是指将市场机会、技术、产品或服务转化为初步的商业模式和价值主张原型的活动，通常发生在研讨会的场景中。在这个阶段，没有切实的证据表明可以显著降低创新风险，你有的只是正准备测试的假设，你只能根据幻灯片和表格推测结果。

投资
A存在于模式组合之外
↓
A部分属于模式组合

这是指以加强内部项目的模式组合为目的，对外部创业者或探索型项目进行全部或部分投资的决策。

坚持
A属于模式组合
↓
A继续属于模式组合

这是指基于证据决定继续测试某个创意。通常你在基于对证据的分析，获得了有信心的洞察之后，会采取这一行动。你可以用更有力的试验对同一假设做进一步测试，或验证下一个重要假设。

转向
A属于模式组合
↓
A变成B，仍在模式组合内

这是指对商业模式的一个或多个要素进行重大调整的决策。当发现一直在测试的某个创意，如果不做出重大调整就无法在现实中落地时，你通常会采取这一行动。一次转向通常意味着一部分之前的证据可能与你的新路径不再相关。在这一阶段，你通常需要重新测试你已经测试过的商业模式元素。

退出
A属于模式组合
↓
A被终止

这是指基于证据或缺乏战略契合度而决定放弃寻找某个项目。证据可能表明，该创意在现实中行不通，或者盈利潜力不足。

分拆
A属于模式组合
↓
A仍然存在，但处于模式组合之外

这是指决定转让而不是扼杀一个有前景的创意。其形式可以是将创意出售给另一家公司、另一个投资人或探索该创意的团队。日后，公司可能会在风险更小的状态下，对已转让项目进行投资或者回购。

迁移
A属于探索模式组合
↓
A被迁移到深耕模式组合中

这是指基于强有力的证据，决定将一个商业模式创意从探索转为深耕。这通常发生在收集到需求性、可行性、收益性和适应性的有力证据之后。迁移需要在深耕模式组合中为商业模式创意找到一个好的归宿，这意味着它将成为现有业务的一部分，或作为一个新的独立业务出现。

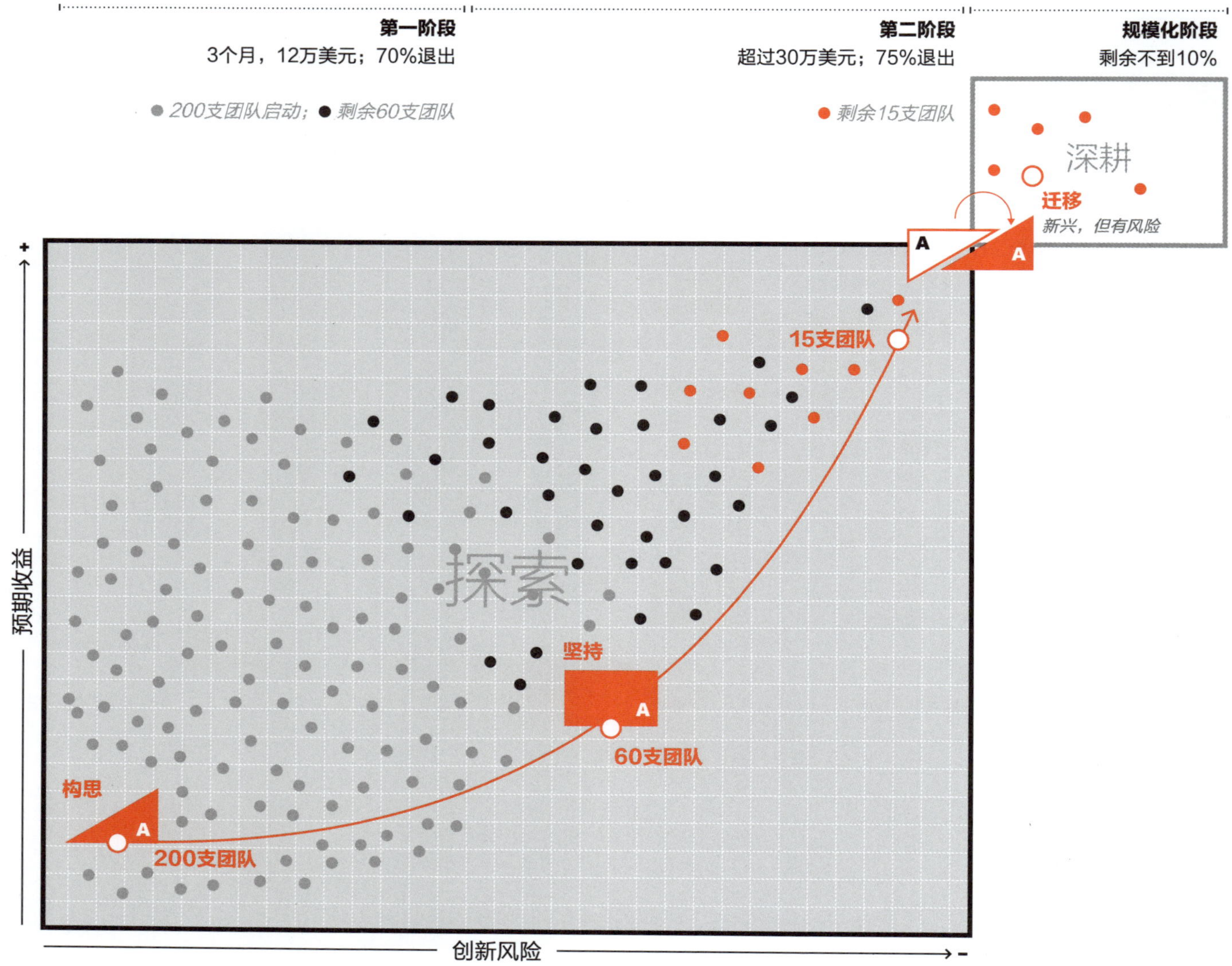

第一阶段	第二阶段	规模化阶段
3个月，12万美元；70%退出	超过30万美元；75%退出	剩余不到10%
● *200支团队启动*；● 剩余60支团队	● 剩余15支团队	

深耕

迁移
新兴，但有风险

15支团队

探索

坚持
60支团队

构思
200支团队

预期收益 →

创新风险 →

模式组合实例
2017~2019年

博世

为说明探索模式组合的概念，我们以博世为例，这是一家于1886年成立于德国的跨国工程技术公司。案例描述基于2017~2019年的博世加速器项目的匿名数据。

博世在全球拥有41万名员工，年销售额达785亿欧元（2018年）。[1]

博世有四项核心业务：移动解决方案（硬件和软件）、消费品（家用电器和电动工具）、工业技术（包括驱动和控制）以及能源和建筑技术。

从产品和技术到商业模式

自成立以来，博世一直是技术创新领域的主导力量。其研发成果包括柴油机喷油泵和防抱死制动系统（ABS）等。

2014年，博世的CEO沃尔克马尔·邓纳尔（Volkmar Denner）发文鼓励商业模式创新。他提到，博世需要保持对技术和产品的关注，同时将更多的注意力转向新型商业模式。

2015年，博世成立了商业模式创新部门，以商业模式开发能力完善其创新流程。博世看到了建立一个生态体系的重要性，并由此致力于探索、培育和促进增长型创新，以超越产品创新。

博世加速器项目

作为其服务组合的一部分，博世的商业模式创新部门建立了加速器项目。

加入该项目的团队可以探索一个新的创意，也可以探索一个源于现有业务的概念。这些项目团队对商业模式展开深入研究，并在两个阶段中系统地完善、测试和调整创意。

项目管理者从世界各地挑选出第一批共20~25个团队，共同工作2~10个月。团队会获得12万欧元的初始资金，并有两个月的时间来测试他们的商业模式创意能否规模化。根据成果，团队可以在项目第二阶段获得30万欧元或更多的额外资金。有了这笔额外的资金，团队可以与客户一起测试最小化可行产品（MVP），并证明商业模式创意有盈利性成长的能力。

在顺利完成"博世加速器项目"后，只有获得最充分验证的团队能进入项目孵化阶段。

自2017年以来，博世已经投资了200多个团队。其中，70%的团队在首轮投资后弃置了他们的项目，余下的团队又有75%停在了第二次投资之后。通过这一过程，最终有15个团队的项目通过后续成功的融资实现了规模化。

博世加速器项目已经成为博世验证新业务创意的全球标准，在欧洲、亚洲、北美洲和南美洲等地大批量开展。

> *"博世加速器项目让博世实现了快速、结构化、高资本效率的过程，对商业模式进行大规模验证，并促成了博世公司级的创新组合的建立。"*

乌韦·基施纳（Uwe Kirschner）博士

商业模式与创新副总裁，博世管理咨询

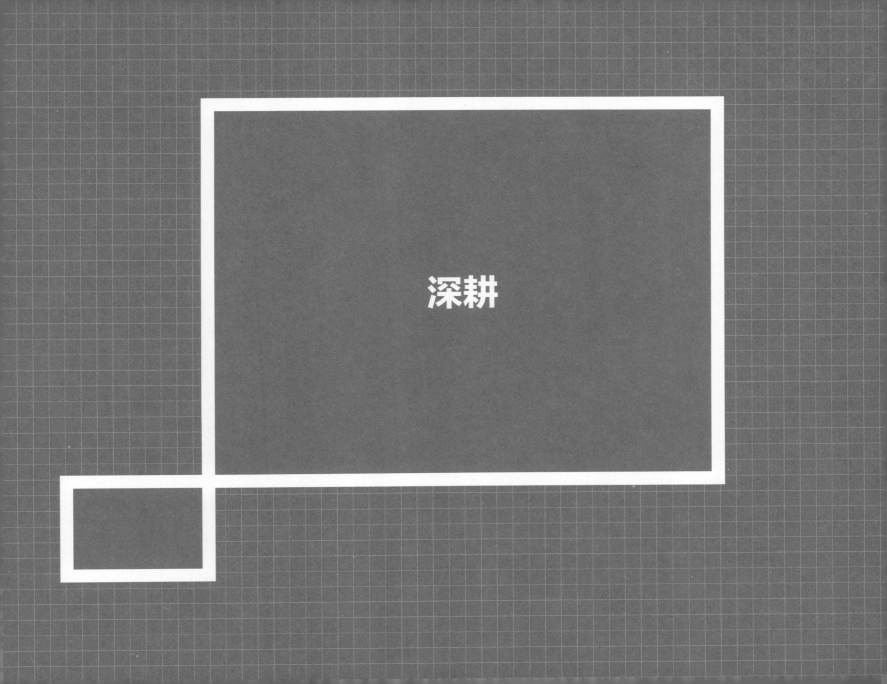

深耕

收益与覆灭风险

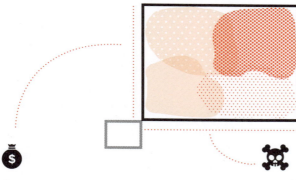

收益

现有业务的财务收益（或影响）。你可以根据自己的偏好来选择如何定义财务收益。可以基于盈利能力、收入、收入增长、利润或其他任何指标，只要能让你评估某项业务的财务收益。另外，你也可以关注社会收益或环境收益，而不是财务收益。

覆灭风险

有两种类型的覆灭风险可能会导致业务的终结：

内部商业模式设计风险
劣势

商业模式的设计决定了它在面临颠覆风险时的脆弱程度。例如，比起一家拥有强大的商业模式护城河的公司，一家主要在产品、服务或价格上竞争的公司更容易被颠覆。本书的"发明"和"升级"部分阐述了如何用更好的商业模式开展竞争。

外部商业模式颠覆风险
威胁

即使是最强大的商业模式也可能为外部力量所颠覆。颠覆可能来自四个不同的领域：不断变迁的市场、颠覆性的趋势（技术、社会、环境、监管）、不断变化的供应链和竞争状况，以及不断变化的宏观经济形势。

深耕之旅的潜在风险

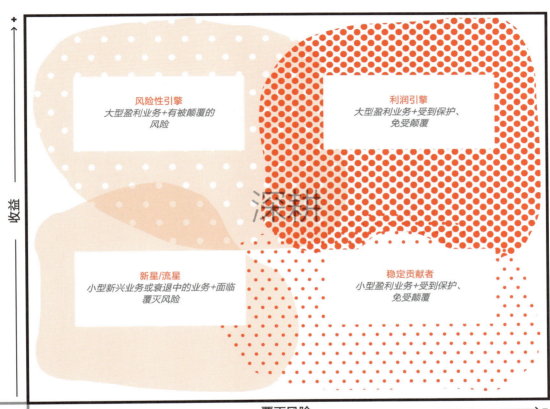

深耕

增长和衰退路径

"深耕模式组合"区域体现的是一项业务增长和衰退的过程。其目的是通过持续保护、升级和重塑现有的商业模式,防止其走向衰退。

有关测试商业模式升级的更多信息,请参见"管理"章节第124页。有关将旧有商业模式升级为新商业模式的更多信息,请参见"升级样式库"章节第228~229页。

增长路径

规模化
让业务起飞

这是第一个增长阶段,在这一阶段,你把一个经过验证的、有前景的机会变成一项真正的业务。其主要活动包括从获客、留存到产品/服务交付的规模化扩张。整个团队专注于各条战线的扩张,包括基础设施和人力资源。

加速
提升一项现有业务的业绩

在这一阶段,你通过持续的创新来促进和保持成熟商业模式的增长。可以使用创新产品、更新渠道和开拓邻近市场等手段来强化你的商业模式。

保护
提高业务的效率,并保护其免受颠覆

在这一阶段,你的重点是通过保护业务免受竞争和提高业务效率,来保持其强势地位。效率创新通常占这一阶段的主导位置。在这个阶段,你的业务规模大、利润高,但增长趋于停滞。

衰退路径

颠覆
出现威胁你的业务的外部力量

在这一阶段,外部环境的变化会威胁到你的业务,并使其变得脆弱。颠覆可能来自市场的变迁,技术、社会、环境或监管的趋势,供应链的变化,竞争态势,新进入者,或宏观经济环境的变化。在这一状态下,你的业务仍然规模大、利润高,但已面临风险。

危机
外力干扰你的业务,引发衰退

你的业务受到外部力量的颠覆,正在迅速衰退。在这一阶段,你仍然大量投入在旧的商业模式上,然而过时的商业模式需要经历重大变革以避免被淘汰。

升级与重生
实质性的商业模式升级和新的增长点

你成功地升级了一个过时并被颠覆的商业模式,使其焕然一新。新的商业模式开启了新的增长时代。

深耕模式组合之旅

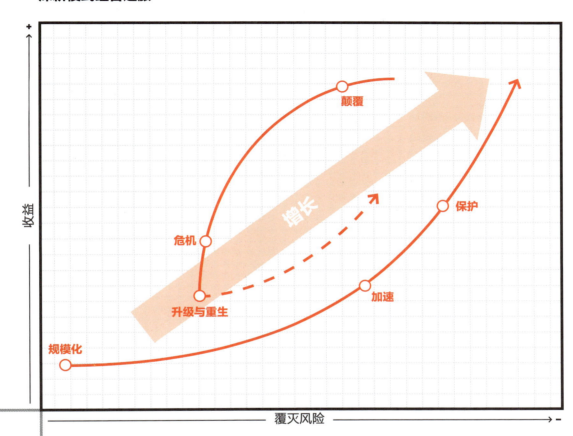

深耕

深耕行动

在"深耕模式组合"的区域，你可以展开七种行动。所有这些行动都与管理你现有的商业模式，并使其与企业形象保持一致有关，包括从增设新业务到摆脱部分与企业发展不再适配的旧业务的所有行动。它同时涵盖对现有商业模式进行渐进或彻底的升级，并将其呈现在深耕模式组合中以降低被颠覆的风险。不过，你仍需在探索模式组合的区域测试这些升级，以确保降低创新风险。

有关深耕行动的更多信息，请参见"管理"章节第110页。

收购

A存在于模式组合之外
↓
A属于模式组合

这是指通过收购某项外部业务，创建一个新的独立业务或与现有业务合并的活动。

合作

A属于模式组合，
B存在于模式组合之外
↓
A仍属于模式组合，得到B的加强，
B存在于模式组合之外

这是指通过与外部业务合作，加强你自身的一种或多种商业模式的活动。

投资

A存在于模式组合之外
↓
A部分属于模式组合

这是指全部或部分投资于某项外部业务，以加强你的模式组合的决定。

升级

A属于模式组合
↓
A转化为B，在模式组合内

这是指对过时的商业模式进行革新，使其升级为新的、更具竞争力的商业模式的活动。

合并

A存在于模式组合外，
B存在于模式组合内
↓
A被收购，并与B合并，进入模式组合内

这是指将收购的外部业务或自有的内部业务与一个或几个自有业务合并的活动。

剥离

A属于模式组合
↓
A仍然存在，但在模式组合之外

这是指从某种商业模式中脱离出来的活动。具体形式可能是将其出售给另一家公司、投资者或当前管理层（管理层收购）。

废除

A属于模式组合
↓
A被终止

这是指停止并解散某项业务的活动。

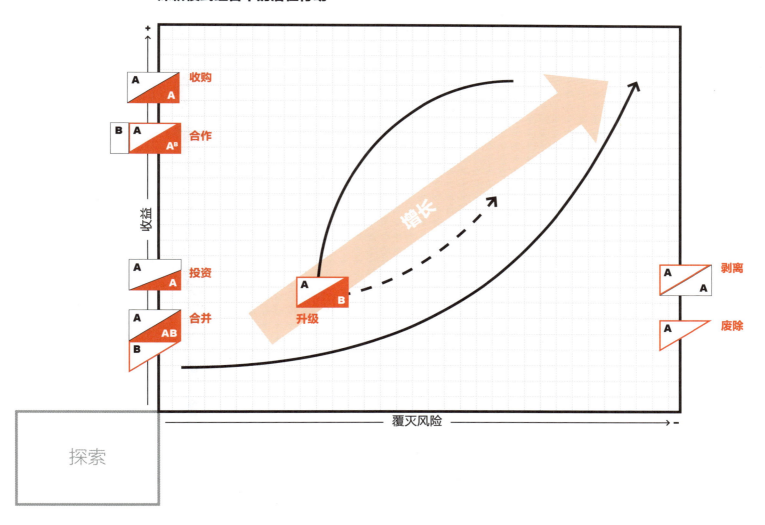

模式组合实例
2017~2018年

雀巢

为了说明深耕模式组合的使用情况，我们概述了瑞士食品公司雀巢在2017年和2018年如何管理其现有业务组合。这张插图基于首席执行官乌尔夫·马克·施耐德（Ulf Mark Schneider）在2019年2月14日"年度投资者日"的演讲绘制而成。施耐德先生于2017年1月加入雀巢，成为雀巢自1922年以来的首位外部CEO。

基于每个类别的总收入规模，我们定位了雀巢的主要业务类别，并对其进行纵向排列。你也可以选择其他的排列方式，按盈利能力、利润或贵公司用于评估财务收益的任何其他财务指标来组织信息。

由于缺乏关于覆灭风险的明确信息，我们没有根据风险对雀巢的主要业务类别进行定位。然而，首席执行官乌尔夫·马克·施耐德在"年度投资者日"的演讲中确实提到，他们正在对个别业务和品牌进行修复或战略盘点。我们将这些品牌定位在模式组合地图的升级区域。

收购、投资、合作

雀巢通过收购、投资或与外部公司合作，对其模式组合进行了跨类别的延展。

在饮料领域，雀巢获得了星巴克的永久性全球许可，通过零售渠道向消费者推销星巴克产品。在此之前，雀巢还收购了位于旧金山的咖啡连锁初创企业蓝瓶咖啡（Blue Bottle Coffee）的多数股权。

在健康科学领域，雀巢通过收购Atrium Innovations公司实现了业务扩展。

在宠物护理领域，雀巢普瑞纳（Purina）收购了tails.com的多数股权。

在预制食品领域，雀巢收购了加利福尼亚州（简称加州）的植物性食品制造商Sweet Earth。²

升级

在2017年和2018年，雀巢升级了其婴儿食品品牌嘉宝（Gerber）、中国食品品牌银鹭和雀巢护肤业务。它还对雀巢护肤品业务和食品品牌Herta进行了以出售为目的的战略盘点。

剥离

雀巢通过几次资产剥离调整了其模式组合。它在2018年以28亿美元现金将其美国地区的糖果业务出售给费列罗集团。

它将旗下的嘉宝人寿保险公司（简称"嘉宝人寿"），以15.5亿美元现金出售给了西南金融集团（Western & Southern Financial Group）。²

主要业务类别

雀巢按业绩将旗下业务分为七大类别。每个业务类别都拥有多个品牌，并可能涵盖几种不同的商业模式。雀巢没有按单个商业模式分列其业绩，而商业模式之间可能大相径庭（例如，Nespresso和Dolce Gusto都在销售胶囊咖啡，但其商业模式和品牌完全不同）。

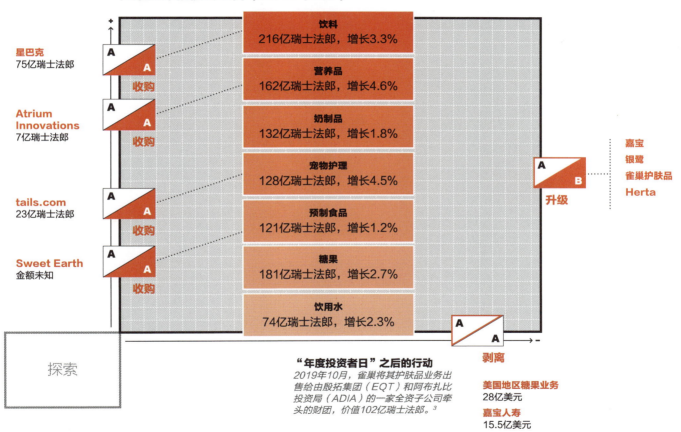

"年度投资者日"之后的行动
2019年10月，雀巢将其护肤品业务出售给由殷拓集团（EQT）和阿布扎比投资局（ADIA）的一家全资子公司牵头的财团，价值102亿瑞士法郎。[3]

美国地区糖果业务
28亿美元

嘉宝人寿
15.5亿美元

深耕模式
组合

探索模式
组合

定义

创新的类型

并非所有的创新都一样。不同类型的创新需要不同的技能、资源、经验水平和组织的支持。理想情况下，它们要存在于组织的不同部分，并拥有不同程度的自主权，才能取得成功。我们主要借鉴哈佛大学教授克莱顿·克里斯坦森的观点，将三种不同类型的创新区分开来：颠覆性创新、持续性创新、效率性创新。

← 探索　　　　　　　　　　　　　　　　　　　　　　　　　深耕 →

颠覆性

颠覆性创新是最困难的一种创新，它要求探索公司传统领域之外的创新机会。这类创新通常需要彻底改变或扩展公司的商业模式，它包括那些能帮助公司扩张和创造新的增长点的机会，也包括那些会颠覆现有业务的机会。颠覆性创新有助于公司的长期定位。

优势
为公司的长期发展定位；提供保护，使公司免受颠覆。

劣势
风险和不确定性都很高；很少得到快速收益。

位置
在业务单元之外建立专门的自主创新团队，并能够从主营业务中获得技能和资源。

持续性

持续性创新是指在公司现有商业模式的基础上，探索强化这些商业模式并保持其活力的机会。持续性创新的典型例子是新的产品和服务、新的分销渠道、新的支持性和生产技术或地域扩张。

优势
风险和不确定性较低，效果立竿见影，可预测性强；取决于创新程度，其财务影响从小到大皆有可能。

劣势
无法保护公司免受颠覆；无助于公司的未来定位。

位置
遍布整个组织的所有层级，最好是在专业创新者的支持下进行。

效率性

效率性创新是指探索改进公司现有商业模式的运营，它并不实质性地改变商业模式。典型的例子包括改善运营、分销或支持的技术创新，以及使组织更高效的流程创新。

优势
风险和不确定性较低，效果立竿见影，可预测性强；取决于创新程度，其财务影响从小到大皆有可能。

劣势
无法保护公司免受颠覆；无助于公司的未来定位。

位置
遍布整个组织的所有层级，最好是在专业创新者的支持下进行。

模式组合实例 2015~2019年

戈尔公司

我们以戈尔公司（W. L. Gore & Associates）为例来说明探索和深耕模式组合之间的平衡。戈尔公司是美国的一家跨国工程和技术公司，由比尔·戈尔和维芙·戈尔夫妇于1958年创立。

戈尔公司专注于材料科学，以创造技术驱动的创新解决方案闻名于世，包括从治疗动脉瘤的医疗设备到休闲和专业服装中的高性能GORE-TEX®织物等一系列成果。

戈尔公司的三大重点领域是工业和电子、高性能织物、植入式医疗设备。它的年收入为37亿美元，是美国最大的200家私营公司之一。该公司在全球50家工厂拥有10 500多名员工。[4]

触发

早先，戈尔公司的收入增长主要依靠拓展新的业务范围。它以绝缘电线和电缆起家，后在1970年增加了电子产品业务，1975年增加了医疗设备业务，1976年增加了可穿戴织物业务。然而，在过去十年中，戈尔公司最成功的产品所在的市场已经成熟。除此之外，随着便宜且更具竞争性的替代品的出现，戈尔公司在创新战略上变得更加雄心勃勃。戈尔公司决定为其现有核心业务推出创新举措，同时探索面向未来的潜在业务。

创新漏斗

2015年，戈尔公司发起了一项建立创新漏斗的计划，用来探索、测试和调整新的创意。其目标是建立一个流程驱动的生态系统，以便不断地催生并测试潜在的新增长引擎，同时寻找能持续改进现有业务的方法。

2015年秋，第一批6个内部创业团队开始了创新之旅。到2019年年底，共有12批合计103个团队通过了创新漏斗。

这个过程分为两个主要阶段。第一阶段称为"概念开发"，各团队要为"商业模式画布"的每一个组成部分提供有依据的建议；第二阶段称为"产品开发"，各团队要设法解决技术和市场方面的主要问题，以降低风险和不确定性。

各团队由工程师和其他同事组成，他们将100%的时间都投入到内部创业的各个阶段中。戈尔希望建立一个内部创业人才库，以供组织在未来的探索中调用。

对戈尔公司来说，创新是一项持续的活动，由一个端到端的流程和持续的探索管道来支持全过程。

> "我们通过培养真正的好奇心、丰富的想象力和承担风险的勇气开展创新工作。我们的创新文化和先进的材料专业技术使我们找到新的可能性。"

格雷格·汉农（Greg Hannon）
首席技术官

GORE-TEX® INFINIUM THERMIUM鞋类

GORE-TEX® INFINIUM THERMIUM鞋类是创新漏斗中首批经过测试和验证的产品之一。该团队将一项现有的技术转化为客户需要的鞋类技术，它提供了冬季雪地靴般的保暖性却不笨重。2018年上市的GORE-TEX® INFINIUM THERMIUM鞋类包括ECCO®和FRAU®品牌的多款女鞋，另有更多品牌在2019年的系列中应用了这项技术。

GORE® 隔热材料

一个创新团队与移动电子产业链中的80多名业内人士进行了交流，对价值主张进行了深入挖掘。他们最终与戴尔（DELL）公司达成了广泛的合作，在其最新的XPS笔记本电脑中使用GORE®隔热材料，以防止设备过热。

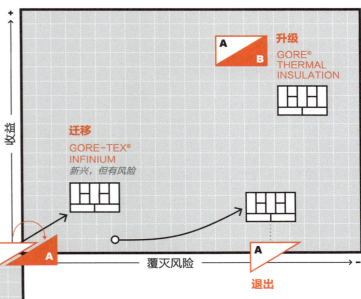

从小众市场到大众市场

一个团队探索了如何打开潜在销路，把一种现有产品从高端市场推广到中端市场。该团队的假设是，这个新的细分市场会看重该产品的差异化价值。然而，客户访谈的证据表明他们错了，终端用户的需求和感知价值都很低。这个创意被搁置了，他们没有在市场上行不通的东西上浪费大量的时间和精力。

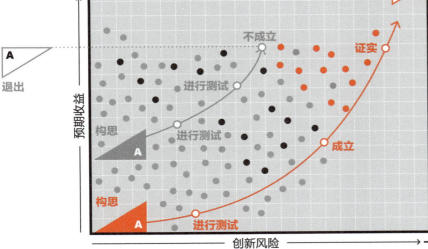

探索/深耕

使用模式组合地图

使用模式组合地图来可视化、分析和管理你的现有业务和正在探索的新创意。

	创业者	创新团队	高级领导者
可视化	根据预期收益和创新风险状况，将所有你正在探索的创意绘制到地图上	收集组织中所有的创新线索，并根据预期收益和创新风险（基于证据）将创新项目绘制到地图上	召集你的高管团队，根据收益和覆灭风险，将全部现有业务（按照类别、业务单元、商业模式、产品、品牌）绘制到地图上
分析	评估所有的创意，并根据你的创业愿景和风险偏好确定一个最有前景的创意	评估你的探索模式组合是否有可能产生你预期的收益。自问是否探索了足够多的创意，是否充分地降低了创意的风险	评估你的探索和深耕模式组合。确定你是否正在探索足够多的创新项目，以降低现有业务被颠覆的风险
管理	继续对你最有前景的创意进行测试和降低风险，并改进其商业模式以提高预期收益	如果你需要提高预期收益，就要扩充你的探索模式组合。如果你的大部分项目还不能降低风险和不确定性，就要加强测试工作	如果你面临较高的被颠覆风险，就应当在探索方面加大投资。根据你的愿景扩大或精简你的深耕模式组合，并升级你面临风险的业务

模式组合地图

业务：

绘制：

日期：

收益 $

深耕

覆灭风险

预期收益 $

探索

创新风险

DESIGNED BY: Strategyzer AG
The makers of Business Model Generation and Strategyzer

Strategyzer
strategyzer.com

清晰呈现　洞悉未来

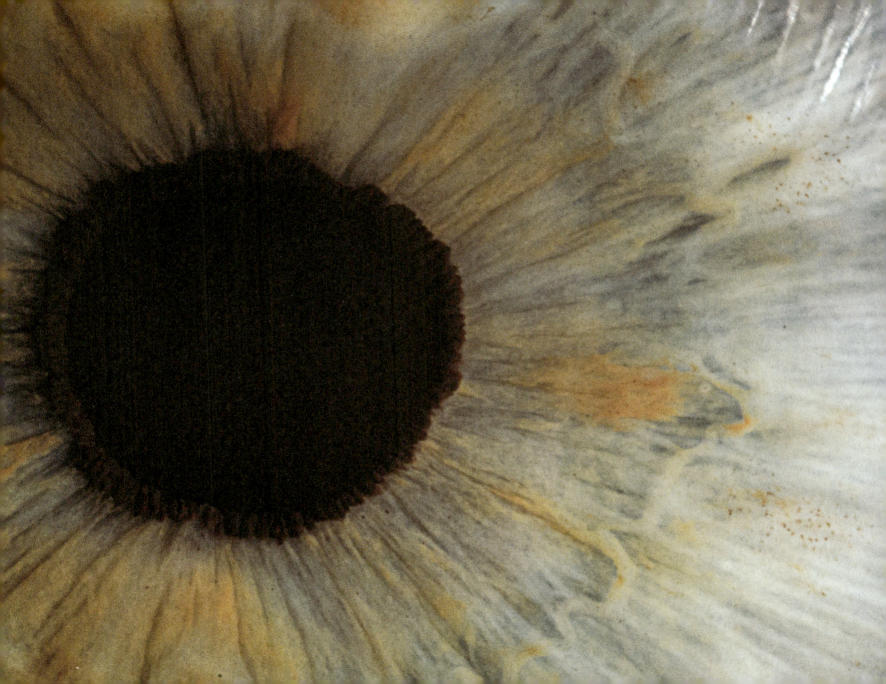

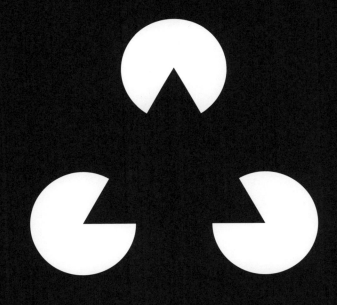

管理

模式组合的管理

那些坚不可摧的公司会同时对现有业务和潜在的新业务采取战略性的指导、多样化、衡量和行动等举措。

指导

为模式组合提供战略指导原则，以明确应该跟进或停止哪些类型的项目、创新、升级和组合行动。

多样化

建立创新漏斗，分散投注，以将创新风险降到最低。让最好的项目和团队浮现出来，向获得证据的团队逐步追加投资。

衡量

系统地衡量和可视化所有业务和机会的创新风险和覆灭风险，了解你的模式组合对未来的适应程度。

行动

使用全方位的组合行动来优化你的模式组合。对内培育新业务，对外进行收购和剥离，或根据情况决定是否两者兼顾。

模式组合的管理

指导原则

你需要提供一个明确的方向，以便设计并保持一个强有力的模式组合。我们将其称为战略指导原则，它包括描述你的战略方向、所需要的组织文化，以及你希望向外界展示的公司形象。一旦制定出这一战略性的模式组合指导原则，你就能够确定所有的组合行动。

确定你对组织的期望。此处需要明确你的"战场"在哪里，以及你希望达成什么样的财务业绩。战略方向就是要确定你想打造一家什么样的公司。

战略方向
你为什么要从事这一行业

企业身份
我们是谁

组织文化
你的价值观如何引导你

品牌形象
如何描述你想成就的事业

确定为实现你所描述的战略方向，公司员工需要践行的关键行为，此处需要描述你将采取哪些措施来营造你想要的组织文化。

确定你希望外界如何看待你。外界包括客户、股东等利益相关者和媒体。你希望打造的外部形象应该与你的战略方向和组织文化一致。

改编自：The VCI (Vision-Culture-Image) model. *M.J. Hatch and M. Schultz (2003)*

模式组合指导原则

战略指导原则为模式组合的管理设定了明确的方向，它帮助你为资源分配和组合行动确定出模式组合指导原则。模式组合指导原则提供了明确的边界，帮助你判定什么是重点而什么是非重点，在哪里投资又从哪里剥离，以及探索什么和不探索什么。

总体指导原则

确定……

- □ 财务业绩理念（如保底分红、业绩增长目标等）。
- □ 长期发展的领域（如市场、地理区域、技术领域等）。
- □ 要发展的战略性关键资源和能力（如技术资源、商业模式基础等）。

深耕的指导原则

- □ 短期财务业绩目标。
- □ 商业模式升级目标（如技术投资、商业模式升级）。
- □ 如何对现有模式组合进行价值主张层面上的发展或改进。

探索的指导原则

- □ 对探索项目进行优先级排序的业绩准则（如机会的大小、市场的大小、成本节约的幅度等）。
- □ 探索的边界和战略契合度（如是否涉及新领域、新商业模式、新技术等）。
- □ 优先考虑的关键资源和能力（如技术资源、商业模式基础等）。

迁移的指导原则

确定……

- □ 将探索项目并入现有的业务核算单元，或制定新的业务单元的管理方法。
- □ 保护探索项目不被占主导地位的既有商业模式吞噬的管理办法。

收益 ↑ +/−
预期收益 ↑ +/−
覆灭风险 → −
创新风险 → −

模式组合的管理

模式组合的
漏斗测验

如果公司在每个项目上投资10万美元，需要投资多少个项目才能产生至少一个超大量级的成功项目（例如，一个价值5亿美元以上的新业务）？

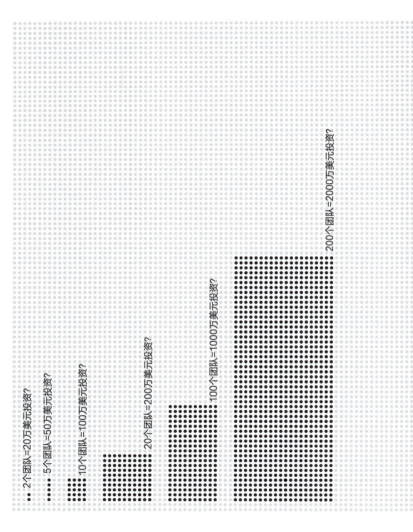

2个团队=20万美元投资？
5个团队=50万美元投资？
10个团队=100万美元投资？
20个团队=200万美元投资？
100个团队=1000万美元投资？
200个团队=2000万美元投资？
1万个团队=100亿美元投资？

如果我们投资_____个项目，每个项目10万美元，^A_____个项目会失败，^B_____个项目会小有成绩，而^C_____个项目将成为新的增长引擎。

答案见下页→

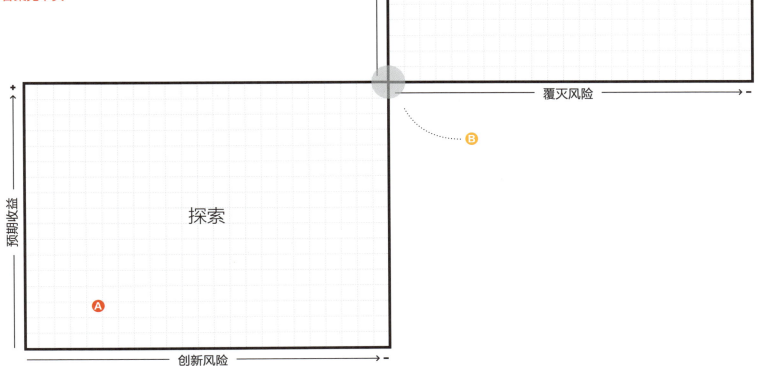

模式组合的管理

你无法只选择赢家

本页的统计数据来自一项对初创公司的早期风险投资的复盘。这些数据提供了很好的参考依据，可以用来估计在既有公司中成功/失败比率的数量级。如果我们假设既有公司往往比初创公司更少采取创新行动和更厌恶风险的话，那么这个比率可能会更加极端。

54

管理

美国风险投资基金的回报分布情况

2004~2013年

早期风险投资的统计数据显示，大部分早期投资不能回本或只能获得少量收益。

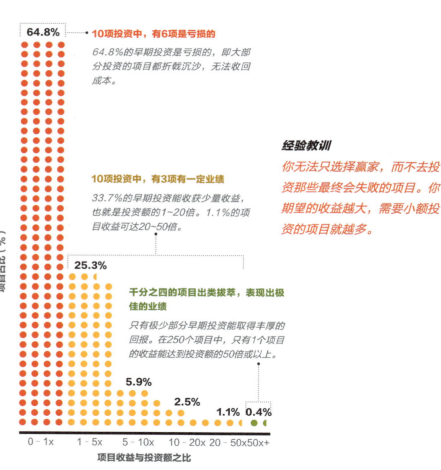

10项投资中，有6项是亏损的

64.8%的早期投资是亏损的，即大部分投资的项目都折戟沉沙，无法收回成本。

10项投资中，有3项有一定业绩

33.7%的早期投资能收获少量收益，也就是投资额的1~20倍。1.1%的项目收益可达20~50倍。

千分之四的项目出类拔萃，表现出极佳的业绩

只有极少部分早期投资能取得丰厚的回报。在250个项目中，只有1个项目的收益能达到投资额的50倍或以上。

经验教训

你无法只选择赢家，而不去投资那些最终会失败的项目。你期望的收益越大，需要小额投资的项目就越多。

如果我们投资 __250__ 个项目，每个项目10万美元，^A __162__ 个项目会失败，^B __87__ 个项目会小有成绩，而 ^C __1__ 个项目将成为新的增长引擎。

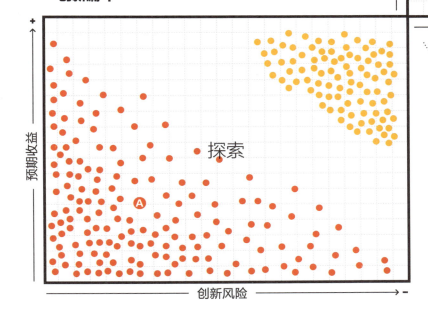

计量投资法

在成熟企业的传统投资流程中，企业会为团队先行投放大量的预算来实施一个完整的项目，这就导致了对未经证实的创意进行大额的风险投注。而在创新领域，你不可能预知什么项目会成功。

在创业和风险投资界，人们了解风险和不确定性，认同投资需要多元化，遍布于项目组合之中。与计量投资法相结合，只有具备吸引力的创意才会被保留下来，相应团队在一轮轮筛选中胜出并获得后续资金以继续推进。换句话说，大量的创意可以获得小额启动资金，而在这些创意中，只有得到广泛认同和具备充足证据的创意团队才会获得后续资金，不成功的创意或不具备相应条件的项目团队则会被淘汰。

模式组合的管理

更低的产出，更少的投注

并非每一项投资都需要诞生出类拔萃的项目。例如，对一家中小型企业而言，如果一项新业务与现有业务的收入和利润水平接近，就已经能让它满意了。或者说，一家既有公司的某个部门或业务单元，不需要把增长预期拔高到整个公司的级别。然而，不变的是，你无法只选择赢家。如果想得到任何超出投资额的收益，你必须投资至少4个项目。基于统计数据的预测，收益会达到1~5倍。100个项目中只有6个会产生5~10倍的收益。

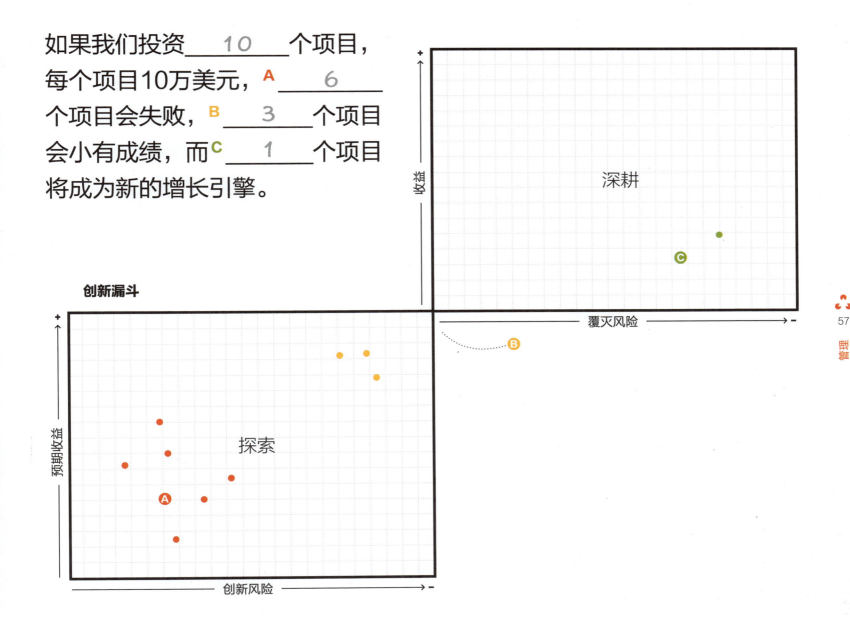

你不可能做到点石成金,小额多次下注,

才能抓到一次成功

模式组合实例
2008~2018年

亚马逊

亚马逊CEO杰夫·贝佐斯说："失败和发明是不可分割的孪生兄弟。"理解错误是学习的源泉，是亚马逊超级成功的核心。亚马逊通过从领导层开始拥抱失败，激励每一位员工勇于尝试，建立起整个组织的文化。

贝佐斯明白，成功的道路上充满失败。亚马逊战略上的高明之处在于，它具备从接受失败的文化中创造价值的能力。对外，它让投资者习惯于它的许多代价高昂的失败，从而使公司的价值不与损失挂钩，而是与潜在的成功挂钩。对内，它通过宣扬"冒险、努力尝试，失败完全可接受"的理念，来奖励那些主动探索可能性的员工。

贝佐斯还指出，亚马逊的规模越大，其失败的代价也会越高。为了让一个组织真正拓展其创新的边界，较小的"安全"失败起不了多大作用。大量犯错，甚至是灾难性的失败（为Fire Phone花了1.7亿美元），才是保证亚马逊未来留在竞技场上的原因。[1]

阅读更多关于亚马逊创新文化的内容，请参见第302页。

	亚马逊电商业务		亚马逊AWS云服务业务
		2007	
	推出亚马逊物流服务		推出亚马逊AWS云服务
		2005	
			在南非设立卫星地面中心
	推出为超过99美元的订单免费送货服务	**2003**	投入57人专职团队建设"世界性基础设施"
	拍卖业务关闭		
	多家厂商退出拍卖业务；零售与拍卖的混淆		贝佐斯宣称技术要达到"足够优秀以供外部使用"的水平
	电商平台上线		
	zShops关闭	**2001**	宣布技术/基础设施的部署时间表
	为亚马逊网站上的其他零售商推出zShops迷你商店		
	与苏富比合作建立一个拍卖网站，用于高端产品的拍卖活动		搭建merchant.com以供第三方卖家建立线上网站
	购买LiveBid以实现拍卖会现场直播		
	亚马逊拍卖平台上线	**1999**	
	秘密项目，建立一个拍卖网站从零开始对抗eBay		

拥抱失败，让赢家显现

本页列示了亚马逊自2001年以来探索并退出的部分业务。

杰夫·贝佐斯
亚马逊创始人兼首席执行官

"大赢家要为成千上万失败了的试验买单。"

✕ Amazon Wallet

✕ Endless.com

✕ Amazon Music Importer

✕ Amazon Destination

✕ zShops

✕ Amazon Local Register

✕ Kozmo.com

✕ Amazon Spark

✕ Askville

✕ Instant Pickup

✕ Amazon Local

✕ Dash Buttoms

✕ Testdrive

✕ Auctions

✕ Quidsi

✕ Storybuilder

✕ Webpay

✕ Fire Phone

✕ Amazon Webstore

✕ Amazon Restaurants

模式组合实例
2008~2018年

中国平安

2008年，中国平安保险(集团)股份有限公司（以下简称"中国平安"）的创始人马明哲，将公司从金融集团升级为科技公司。中国平安构建起一个创新漏斗，以跨越行业边界，在银行业和保险业以外的五个不同领域展开竞争。

中国平安由马明哲创立于1988年，是一家中国金融集团，其子公司主要经营保险、银行和金融服务业务。2007年，它成为中国第二大保险商。

从2008年起，马明哲开始了中国平安从金融集团向科技公司的转型。中国平安构建起一个创新漏斗，以跨越行业边界，在银行业和保险业以外的五个不同领域展开竞争。

2008年，中国平安在《财富》全球500强榜单中排名第462位。2019年，其排名升至第29位，并成为全球第三大最具价值的金融服务公司。[2]

预防被颠覆

2008年的全球金融危机使中国平安意识到面临颠覆时自己有多脆弱。公司决定升级战略方向和商业模式，使系统更富有韧性。

富有韧性

马明哲
中国平安创始人兼首席执行官

战略方向
2008年，中国平安将战略方向从金融转变为科技，使其能力可以跨行业迁移，并从单一生态系统战略转向多生态系统战略，涵盖金融、医疗保健、汽车服务、房地产和智慧城市等生态系统。

组织文化
为了成为科技巨头，中国平安明白它需要像创业公司一样思考和行动，优先考虑其生态系统中的科技创业公司——现在占中国平安价值的1/3。中国平安甚至聘请了一位联席CEO陈心颖（Jessica Tan），负责推动中国平安的技术转型，并致力于构思和管理中国平安投资组合中的创业公司。像一家创业公司一样，中国平安认识到自己在很多领域缺乏经验，但它并不害怕尝试。中国平安在新板块建立的创业公司很快就失败了，它从中吸取教训，并将这些失败的创业公司升级为更成功的版本。

品牌形象
中国平安不再将公司看作金融服务提供商，而是升级为一个具有适应性技能组合和能力的组织，能够跨越不同行业解决问题。中国平安希望重新定义行业界限，将自己定位为一家领先的科技型公司，业务横跨房地产业、汽车服务业甚至娱乐业等一系列行业。就像其他科技型创业公司一样，中国平安以在线活跃用户数来衡量成功。

深耕的指导原则

在过去的十年里，中国平安向平安科技投入了70亿美金，持续开发对未来金融服务³至关重要的四大核心技术：认知识别、人工智能、区块链和云计算。这些技术为中国平安的核心金融服务注入了新的活力，在提升利润的同时降低了覆灭风险。

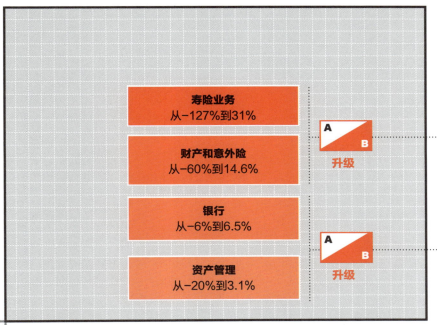

2008～2018年现有业务收入变化

- 寿险业务 从-127%到31%
- 财产和意外险 从-60%到14.6%
- 银行 从-6%到6.5%
- 资产管理 从-20%到3.1%

A → B 升级

探索

2014年，**平安财险**开发了平安好车主App，利用人工智能和远程信息处理技术追踪司机行为，以定制保单价格政策和风险选项。这重新定义了中国平安与客户的关系，将被动的产品变成了能奖励客户正向行为的主动响应的个性化商品。通过使用App，平安可以将单笔理赔的平均周转时间缩短至168秒，无须后台人工操作的介入。截至2019年，该App月活跃用户数达1600万，位居中国汽车服务App榜榜首。⁴

中国平安花了4年时间，开发利用人工智能进行贷款申请和欺诈检测的专利技术。到2017年，该技术可以读取申请人的微表情，测谎的准确率达到90%。这一技术取代了信用评分被用于贷款审批，让中国平安获得了新的客户群体：40%的中国消费者目前没有信用评分。这项技术可以帮助客户降低60%的信用损失，准确率远高于其他方式。[5, 6]

未来的探索

中国平安自2008年战略转型以来，承诺每年将收入的1%用于研发（约占利润的10%）。[7] 这是为了将平安科技打造成平安集团的"科技孵化器"。平安科技负责孕育集团最成功的创业公司，同时改革中国平安现有的金融服务。到2028年，中国平安预计投入210亿美元的研发费用，推进向科技巨头进化的战略脚步。[8]

这种对研发投资的坚定承诺，加上敏捷的"能为"（can do）文化，使中国平安拥有了强大的创新通路，形成了多样化的探索组合，构成了公司1/3的品牌价值。这些品牌包括11家科技型创业公司，其中2家上市（陆金所、汽车之家），4家估值超过10亿美元（陆金所、平安好医生、汽车之家和金融壹账通）。

陈心颖
中国平安联席首席执行官

衡量成功

中国平安最成功的平台是那些能够全面拥抱其生态系统战略，即为客户提供"一站式服务"，持续改进在线用户体验，并与用户需求保持一致的平台。中国平安通过跟踪用户参与度来衡量其业务的成功。2019年，其年度活跃用户数达到2.69亿，相当于给每个用户提供在线服务2.49次。[9]

平安好医生（2014年）

中国平安意识到中国的医疗需求存在大量服务缺口，并且看到了利用自身能力改善生态系统的机会。平安好医生由阿里巴巴集团原副总裁王涛开发。2013年，他以平安健康CEO的身份加入，旨在打造中国最大的医疗App。平安好医生目前是中国最大的在线医疗平台，拥有超过2.65亿用户。它通过其人工智能技术，为用户提供全天候的全面在线咨询服务。平安好医生于2018年上市，IPO金额为11.2亿美元。

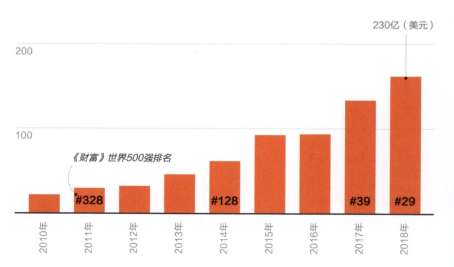

中国平安净利润增长情况（2010～2018年）
单位：十亿（元）

金融壹账通（2015年）
中国平安的专有技术已经非常先进，它将其捆绑在一个名为金融壹账通的云平台上，为其他金融机构提供金融科技解决方案。截至2018年，金融壹账通已经为3289家金融机构提供了服务，包括中国各地的590家银行、72家保险公司和2627家非银行金融机构。目前，它也在向亚洲其他地区和欧洲推广。

汽车之家（2016年）
中国平安从澳洲电讯手中收购了O2O平台汽车之家的多数股权（16亿美元）。中国平安对该平台进行了重大改进，整合了包括智能推荐、智能在线销售、智能营销等数据产品，帮助汽车厂商和经销商提高转化率。15

汽车之家（2019年）
目前，汽车之家估值已达100亿美元。2019年上半年，汽车之家的业务增长迅速，收入总额为39.21亿元，同比增长24.2%。该应用在2019年的日均独立访客数为3800万。12, 13

平安好医生（2019年）
月度活跃用户数为6270万。11

金融壹账通（2019年）
风险管理产品被使用7.21亿次。

深耕（2019年）

投资

探索（2008~2018年）

迁移

陆金所（2019年）
1158万活跃投资者用户。

退出

构思

平安好车（2013~2016年）
平安好车是连接汽车厂商和合作经销商的O2O二手车销售平台。推出一年时间，沉没成本达2亿美元后，它很快就淡出了市场。14

陆金所
陆金所就是一个例子，说明了中国平安如何通过转型为科技公司，向之前无法进入的细分市场提供金融服务。它通过为中产阶层提供超过5000种投资额低至1000美元的金融产品，来匹配借款人和贷款人从而达成交易。陆金所利用人工智能（机器人顾问）来降低运营成本并优化互动，为中国平安开辟了全新的投资者市场。陆金所目前估值50亿美元，中国平安持股41%。10

平安好房（2014~2018年）
平安好房是集房屋销售、租赁、房地产投资和房产开发于一身的一站式服务平台。它之所以失败，是因为无法把握房地产行业的复杂性，这是一个中国平安没有任何经验但非常愿意去尝试的生态系统。

商业研究与开发

商业研发

创新是一项新兴业务,与管理有本质区别,与传统的研发也不尽相同。由于它是一门如此年轻的学科,一些错误的概念持续存在,阻碍了组织以正确的方式投资。下文阐述了高级领导者常常陷入的五个误解。

误解1
创新=新技术和研发。
真相
技术可能在某项创新中发挥作用,也可能不发挥作用。

创新首先是探索为客户和组织创造价值的新方法,这比基于技术的升级更广泛。例如,任天堂的Wii游戏机在推出时是一个低端技术的平台,但它颠覆了游戏行业。(见第240页。)

误解2
创新=找到完美的创意。
真相
好创意很容易。

创新的难点在于寻找和迭代的过程,即塑造和调整创意,直到你找到一个客户切实关心的价值主张,并将其嵌入一个可以盈利性成长的商业模式。最后,为了降低风险,你不应该把赌注下在几个看起来不错的大胆创意上,而应该建立一个模式组合,在这个组合中探索更多创意,好让最佳创意浮现出来。

成功的创新 =（研发）*+商业研发+执行[16]

发明*
*可选择的

客户价值　　商业模式

误解3
创新=打造客户喜爱的产品（和服务）。
真相
客户关心的产品、服务和价值主张是创新的重要组成部分，但仅靠它们是不够的。

如果没有一个可以盈利性成长的商业模式，再好的产品也会"死掉"。从效率性到颠覆性创新，所有类型的创新都需要一个可持续的商业模式。

误解4
创新=无法学习的创造性天赋。
真相
创新并不是依靠创造性天赋的黑魔法。

将创新转化为商业成果是一门艺术，也是一门可以学习的科学。有些方面，比如工具、商业模式样式或测试方法可以 "在课堂上"学到。其他方面，比如将测试中的证据转化为更好的价值主张和商业模式，更像一门"艺术"（即样式识别），并且来源于经验。

误解5
创新=业务和战略照旧
真相
大多数组织做了几十年的传统研发。

在过去行之有效的方法已经不适合未来。商业模式和价值主张的过时速度比以往任何时候都要快，行业边界正在消失，竞争对手越来越多地来自意想不到的地方。是时候将新型的商业研发列入战略议程了。

商业研究与开发

指导原则

商业研发是指公司为发现、创造、测试、消除风险和投资于新的商业机会组合而开展的活动。机会的范围包括从改善现有业务到探索全新业务。商业研发的核心是塑造价值主张和商业模式的艺术和科学,以及识别并测试每个机会的需求性、可行性、收益性和适应性风险。它与传统的技术和产品研发是互补的,后者主要关注可行性。

创新绩效和研发支出

普华永道旗下的思略特在2018年的一项研究显示,创新成功与研发支出之间并没有紧密的直接联系。例如,汽车制造商大众汽车在研发上花费了158亿美元,是研发支出第三的公司,但其没有进入最具创新力公司的前十名。特斯拉的研发支出仅为15亿美元,占营收的7%,却能在该项研究中位列最具创新力公司的第五名。[17]

该榜单中的前两位看起来也很不一样。排名第一的苹果公司只位列研发支出第七,研发支出116亿美元,占营收的5.1%。排名第二的亚马逊是第一大研发支出方,研发支出226亿美元,占营收的12.7%。罗氏、强生、默克、诺华、辉瑞和赛诺菲等制药公司都是研发支出前20名的大户(占营收的14%~25%),但它们中没有一家进入最具创新力公司的前十名。思略特的研究显示,十大最具创新力的公司在收入增长、毛利率和市值增长方面都优于研发支出排名前十的公司。

创新与支出[17]

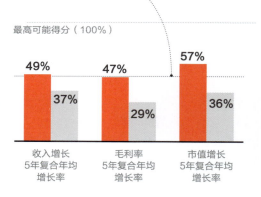

被思略特研究的受访者选为最具创新力的公司,其表现优于最高研发支出者。

商业研发进行时

商业研发并不能取代传统的技术和产品研发，它们是互补的。前者的目的是创造、探索和研究新的价值主张和商业模式，并为其隐含的业务假设降低风险。商业研发可以借鉴传统研发，后者更注重技术层面的可行性。

商业研发的主要任务包括：

1）机会的识别

这是为了寻找有前景的机会而不断扫视环境的一项活动，目的是升级现有业务或探索全新业务。机会可能来自不断变化的客户需求、技术创新、法规变化、社会趋势等。它还可能包括收购竞争对手、创业公司或有互补性的组织。

2）塑造、测试并调整价值主张和商业模式

大部分的商业研发都致力于测试机会，并将其转化为实际业务。这包括塑造、测试并调整价值主张和商业模式，直到赢得客户关注并有证据表明你可以在建立并扩张商业模式的同时实现盈利。

3）模式组合的管理

商业研发的最后一项活动是通过维持商业（模式）组合来保护公司不被颠覆。这包括将你的创新投注分散在所有类型的创新项目中，并逐步投资于那些能得到验证的项目，搁置那些不能得到验证的。这样可以分散风险，让最好的创意和团队出现。

管理探索模式组合

探索

探索模式组合

你的探索模式组合可以为未来孕育新的增长引擎，并保护你免受外部颠覆。它可以帮助你降低自主开发和实施的新业务领域的风险，或者使你具备足够的洞察力来进行更好的收购。

你所有的探索项目都通过两个主要的迭代回路展开：升级你的商业模式设计，以实现预期收益的最大化；降低风险和不确定性，以避免投资于无法在现实世界站稳脚跟的项目。

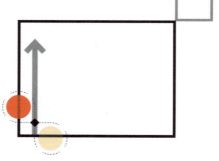

商业模式设计
提升预期收益

在商业模式设计回路中，团队塑造和重塑他们的商业创意，将其转化为具有最佳预期收益的商业模式。最初的迭代基于直觉和起点（产品创意、技术、市场机会等）。后续的迭代基于测试回路中的证据和洞察。

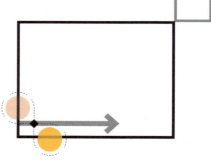

测试
降低创新风险

在测试回路中，团队对其商业创意所隐含的假设进行反复测试，直到他们充分降低了一个创意的风险和不确定性，从而证明有理由得到更多的投资。最初的迭代通常基于快速而低成本的测试（例如，以访谈和问卷调查来衡量客户的兴趣），随后进行更多复杂测试来印证最初的判断。

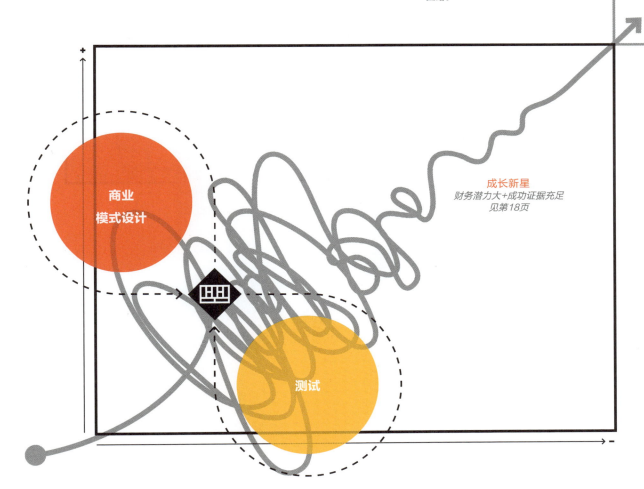

"纸面上"强大的商业模式设计并不意味着某个创意必然成功。想知道你的创意能否成功,你需要在"现实世界中"测试你的商业模式设计。商业模式设计和测试是两个相辅相成的回路。

深耕

成长新星
财务潜力大+成功证据充足
见第18页

商业模式设计

测试

探索

商业模式设计
的效果

良好的商业模式设计是要超越优秀或创新的产品、服务和低价格，在更高的层面展开竞争；是要在卓越的盈利能力和保护能力的基础上，创造出足以击败对手甚至颠覆竞争格局的商业模式。在创新之旅的每一个阶段，你都应该问问自己，根据从市场中学到的知识，如何创造出更好的商业模式。

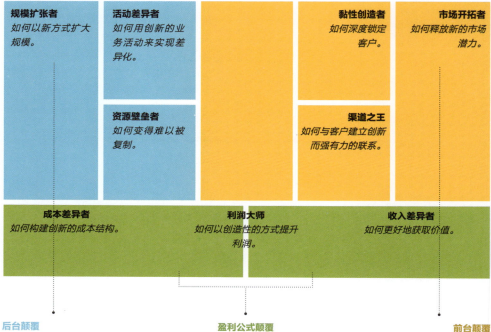

规模扩张者
如何以新方式扩大规模。

活动差异者
如何用创新的业务活动来实现差异化。

黏性创造者
如何深度锁定客户。

市场开拓者
如何释放新的市场潜力。

资源壁垒者
如何变得难以被复制。

渠道之王
如何与客户建立创新而强有力的联系。

成本差异者
如何构建创新的成本结构。

利润大师
如何以创造性的方式提升利润。

收入差异者
如何更好地获取价值。

后台颠覆
彻底改变创造价值的方式。

盈利公式颠覆
彻底从收入和成本两方面改变盈利方式。

前台颠覆
彻底改变目标对象和价值交付的方式。

商业模式样式库

为了帮助你提升商业模式的效果,请参考第3章中的九种商业模式样式库。这些样式可作为参考库或灵感来源,帮助你在超越产品、服务和价格的层面上展开竞争。

评估你的设计

我们还在第213~214页引入了一张评估表,用于评价你的商业模式创意、现有业务或业务单元的当前设计。高分表示该商业模式很强大,低分表示该商业模式有很大的改进空间。你也可以用这个分数来评估市场上现有的和新的竞争对手。注意:好的设计不等于"一定会成功"。

探索

设计—测试

要系统地探索创意,需要通过两个迭代回路进行:用商业模式设计回路塑造创意,用测试回路降低风险。

商业模式设计回路

在商业模式设计回路中,你可以塑造和重塑商业创意,将其转化为最佳的商业模式。最初的迭代基于你的直觉和起始条件(产品创意、技术、市场机会等),随后的迭代基于测试回路中的证据和你的洞察。

构思

在第一步,你可以试着想出尽可能多的替代方法,利用你的第一直觉或从测试中获得的洞察,将你的创意变成一项更强有力的业务。在这个阶段,注意不要陷入最初的创意。

商业原型

在第二步,你需要用商业原型收窄构思出的方案范围。最初你可以使用粗略的原型,比如餐巾纸上的草图。随后,你可以用价值主张画布和商业模式画布让创意变得清晰和形象。在未来的迭代中,你可以根据自己在测试中获得的洞察不断改进你的商业原型。

评估

在商业设计回路的最后一步,你可以用第110页的评估表对商业原型设计进行评估。一旦你对商业原型的设计满意了,就可以开始在现场进行测试。如果你正在进行后续的迭代,也可能要时不时地回到测试这一步。

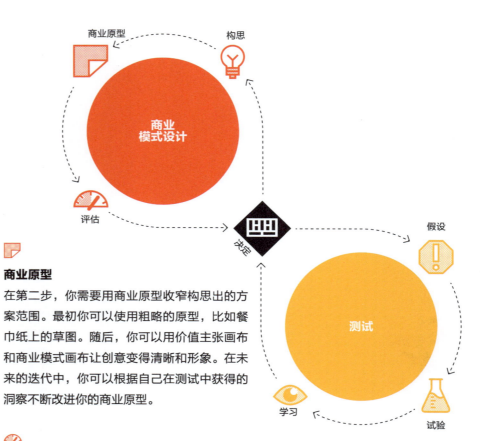

史蒂夫·布兰克

客户开发概念的提出者，精益创业运动的教父。

"没有一个商业计划书能在初次接触客户之后幸存。"

图片来源："Blank, Steven Gary" by Eric Millette / CC BY-SA 3.0

测试回路

每一个全新的商业创意、产品、服务、价值主张、商业模式或战略都需要放胆一试。如果被证明是错的，你的创意中这些重要而尚未证明的方面可能会成就或挫败你的业务。

这就是为什么要把你的创意分解成可测试的更小颗粒。为实现这一点，你可以把创意背后隐含的不确定性和前提以假设的形式罗列清楚。然后你可以对这些假设进行排序，优先测试最重要的假设。

假设

测试一个商业创意的第一步是了解其风险和不确定性。问问自己："这个创意需要具备哪些条件才能成功？"这个问题可以让你把一个创意隐含的前提条件以可测试的假设的形式罗列清楚。换句话说，你把一个大的创意分解成了若干个较小的可测试的部分。

试验

为了降低创意的风险和不确定性，仅仅明确你的假设是不够的。不要犯没有证据就实施商业创意的错误。用试验彻底检验你的创意，不管它们在理论上看起来有多美好。这一步将防止你追捧那些理论上看起来不错，但在现实中行不通的创意。

学习

在测试过程的最后一步，你要分析试验中的证据，以证实或推翻你的假设。你的洞察将成为你决定坚持、转向或摒弃创意的依据。

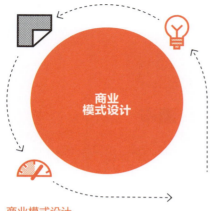

商业模式设计

商业模式画布

使用本书不要求你必须成为商业模式画布的专家,你可以利用画布把创意塑造成一个可以定义、测试并管理风险的商业模式。在本书中,我们使用商业模式画布来定义一个创意的需求性、可行性和收益性。如果你希望深入了解商业模式画布,我们推荐你阅读《商业模式新生代》或上网了解更多。

客户细分
这描述的是企业想要获得和期望服务的不同目标人群和机构。

价值主张
这描述的是企业为某一客户群体提供能为其创造价值的产品和服务。

渠道通路
这描述的是企业如何与它的客户群体取得沟通并建立联系,以向对方传递自身的价值主张。

客户关系
这描述的是企业针对某一个客户群体所建立的关系模式。

收入来源
这描述的是企业从每一个客户群体中获得的现金收益。

核心资源
这描述的是企业为保障一个商业模式顺利运行所需的最重要的资产。

关键业务
这描述的是企业为保障其商业模式顺利运行所需做的最重要的事情。

重要合作
这描述的是企业为保障一个商业模式顺利运行所需的供应商和合作伙伴网络。

成本结构
这描述的是企业运营一个商业模式所发生的全部成本。

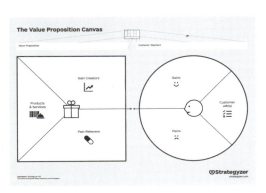

价值主张画布

就像商业模式画布一样，价值主张画布也是如此。你不需要成为这本书的专家，也能从中获得价值，但我们的确会依照它来构筑你的试验框架，尤其是借助它来理解客户以及你的产品和服务是如何创造价值的。如果你希望深入了解价值主张画布，我们推荐你阅读《价值主张设计》或上网了解更多。

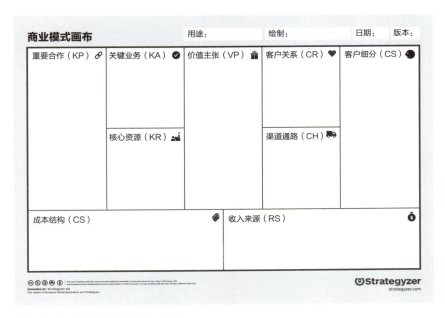

要想了解有关商业模式画布的更多信息，请访问
strategyzer.com/books/business-model-generation

要想了解更多关于价值主张画布的信息，请访问
strategyzer.com/books/value-proposition-design

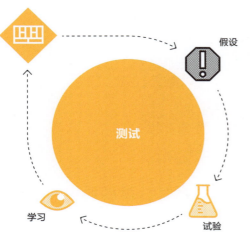

识别四种类型的假设

为了了解你的创意的风险和不确定性，你需要问："这个创意需要具备哪些条件才能成功？"这个问题会帮你识别商业创意隐含的全部四种类型的假设：需求性、可行性、收益性和适应性。

测试

假设

测试回路的第一步是识别你的商业创意中隐含的关键假设并排列其优先级。这可以让你厘清创意中最重要的风险，以便对它们展开测试。

定义

- 对你的价值主张、商业模式或战略起到支撑作用的某个前提条件。
- 为了理解你的商业创意是否可行，你需要了解的事情。
- 与商业创意的需求性、可行性、收益性或适应性有关。
- 拟定后，可以根据证据并结合经验对其进行测试，最后得到证实（成立）或推翻（不成立）的结论。

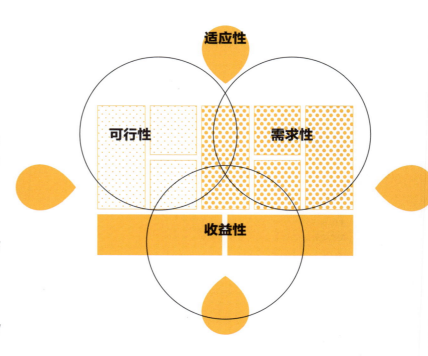

为你的假设排列优先级

不是所有的假设都是同等的。关键的是识别那些最重要又缺乏证据的假设,以便首先对它们进行测试。你可以使用"假设地图"来实现这一点,该工具包含以下两个维度:

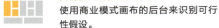

需求性
市场需要这个创意吗?
使用价值主张画布和商业模式画布的前台来识别需求性假设。

可行性
我们能大规模地交付吗?
使用商业模式画布的后台来识别可行性假设。

收益性
这个创意是否有足够的盈利性?
使用商业模式画布中的收入来源和成本结构来识别收益性假设。

适应性
在不断变化的环境中,这个创意能否生存和适应?
根据商业模式所处的环境来识别适应性假设。

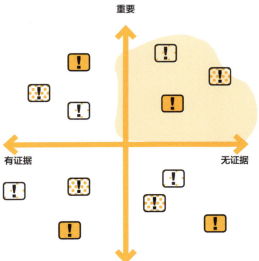

重要性
试问一个假设对于你的商业创意的成功有多重要。换句话说,如果这个假设被证明是错误的,你的商业创意就会失败,其他所有的假设则瞬间无关紧要。

证据的存在
试问你是否掌握以及掌握了多少可观察到的、近期的、第一手数据以证实或推翻某个假设。

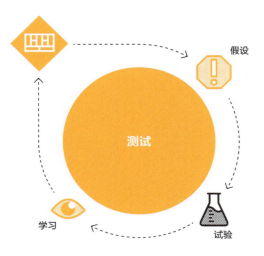

测试

试验

通过试验降低你的创意风险

为了避免打造一些无人问津的产品,你需要用商业试验彻底测试你的创意。首先测试最重要的假设,然后持续测试直到你充分相信这个创意可以落地。

定义

- 是降低某个商业创意的风险和不确定性的程序。
- 能产生或多或少能证实或推翻某项假设的证据。
- 可以速度或快或慢、成本或高或低地进行。

有大量的试验方法可以用来测试你的创意。我们在《测试商业创意》(strategyzer.com/test)一书中详细描述了44种不同的商业试验。试验的范围可以从讨论原型的简单访谈,一直到模拟销售、可行性原型(最小化可行产品,MVP),以及与客户共创。总的来说,我们观察到大多数团队没有充分测试他们的创意,并且测试几乎没有超越访谈的形式。我们希望邀请你在将创意迁移到执行组合并规模化之前,通过这三个阶段对其进行更彻底的测试。

要了解更多关于测试商业创意的信息,请访问
strategyzer.com/test

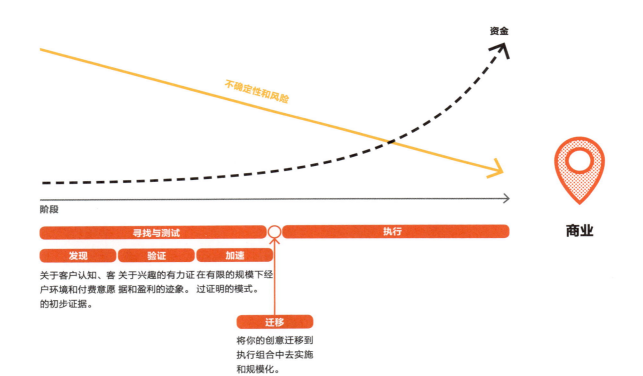

以下是我们在《测试商业创意》中描述的四条经验法则，以挑选合适的试验来测试你的商业创意。

1. 先从低成本且快速的试验开始。

在测试早期，你一般知之甚少，要坚持用低成本且快速的试验来探测正确的方向。最初证据偏弱是可接受的，因为后面还有更多的测试。在理想的情况下，即使你选择一个低成本且快速的试验，仍然能产生强有力的证据。

2. 对同一假设进行多次试验，以增加证据的可信度。

进行多次试验来证实或推翻一个假设。先尽快了解某个假设，然后进行更多的试验，以产生更有力的证据来印证假设。不要只基于一次试验或薄弱的证据就做出重要的决定。

3. 在限制条件下，始终选择能产生最有力证据的试验。

在给定的背景条件下，始终选择和设计最有力的试验。当不确定性很高时，你应该快速、低成本地进行试验，但这并不一定意味着你不能产生有力的证据。

4. 在创意落地之前，尽可能地降低不确定性。

人们经常以为开始测试一个创意前应该有成型的方案。实际恰恰相反，创意落地的成本越高，你就越需要进行多次试验来证明客户确实需要做你认为的工作、拥有痛点且能产生收益。

83

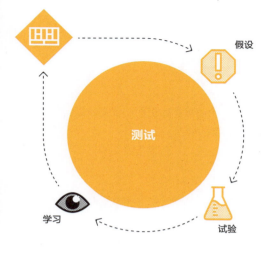

测试

学习

测试回路的最后一步是要判断测试中的证据能否证实或推翻你的业务假设。学习是指通过分析证据来侦测样式并获得洞察。你进行的试验越多,拥有的证据就越多,而证据越强,你就对自己的洞察越有信心。

证据

证据的作用是证实或推翻你的商业创意隐含的假设,它是你从研究中得到的或从商业试验中产生的数据。证据可以有许多不同的形式,强度也各不相同。

定义

- *是从试验中产生或在现场收集的数据。*
- *是用来证实或推翻假设的某种事实。*
- *性质不同(如引述、行为、转化率、订单、购买等),强度不同(可以是弱/强)。*

证据强度

证据的强度决定了该证据对证实或推翻一个假设的可靠程度。你可以通过检查以下四个方面来评估证据的强度。

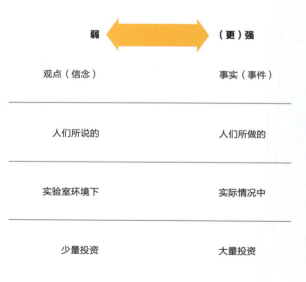

置信水平

置信水平表明你有多相信你的证据足以证实或推翻某个特定的假设。

| 0 | 0.1 | 0.2 | 0.3 | 0.4 | 0.5 | 0.6 | 0.7 | 0.8 | 0.9 | 1.0 |

完全不可信　　　　　　　　　　　　　　非常可信

非常可信
如果你已经做了几个试验，其中至少有一个是产生了极有力证据的行为层面测试，你可以认为证据非常可信。

部分可信
如果你已经进行了几个产生有力证据的试验，或者是一个特别有力的行为层面试验，你可以认为证据部分可信。

不太可信
如果你只做过访谈或问卷调查，人们只是描述了他们的行为，那么你就需要进行更多、更有力的试验。因为人们在现实中的行为可能与他们的描述不一致。

完全不可信
如果你只进行了一次试验（比如访谈或问卷调查），得到的证据强度较弱，那么你就需要进行更多试验。

证实　　不确定　　推翻

洞察

洞察是指你从研究证据中得到的结论。你需要寻找某种样式，以证实或推翻你所测试的假设。

定义

- *是你从研究证据中学到了什么。*
- *是关于假设的有效性和新方向的潜在发现的总结。*
- *是做出明智的商业决策和采取行动的基础。*

避免重大失败，否则必死无疑

拥抱细微失败，否则必死无疑

定义

创新指标

在创新中,你的主要任务不是衡量是否按时、按预算进行,这些是执行项目层面的关键指标。在创新和探索中,关键是要衡量你在增加投入、扩大规模之前,是否降低了新商业创意的风险和不确定性。

探索		深耕
寻找和发现	**目标**	执行和规模化
低	**可预测性**	高
降低新创意的风险和不确定性	**关键绩效指标**	按时和按预算进行
学习和适应	**关键活动**	计划和实施
可接受(低成本且快速)	**失败**	不可接受
用于学习的投资	**失败的代价**	损失=惩罚
预期投资回报率	**财务指标**	实际投资回报率

在三个不同层面上衡量风险和不确定性。

1. 假设层面

通过将一个创意分解成更小的颗粒，你可以在更微观的层面上理解并测试风险。我们将其称为创意隐含的假设。换句话说，这是你的创意要想成功所必备的最重要的条件之一。如果你没有近期的证据来证实或推翻一个假设，你就需要测试该假设以降低风险和不确定性。

2. 商业模式层面

在商业模式层面，你可以看见创意隐含的所有重要假设。未被证实的假设越多，你的创意风险就越高。要规避创意的风险，你需要测试最重要的假设，直到你确信这个创意可以成功。

3. 模式组合层面

在模式组合层面，你可以关注目前拥有的所有创意，以及到目前为止为它们降低了多少风险。你还应关注审视每个创意的财务潜力。

对于每个探索项目，你都需要跟踪四个主要的关键绩效指标（KPIs）：

- *风险和不确定性*
  到目前为止，你为这个创意降低了多大风险？还有多大风险？
- *预期盈利能力*
  从财务角度看这个创意能有多盈利？
- *学习速度和花费的时间*
  到目前为止，你在这个创意上花了多少时间？在这段时间里，你学到了多少？
- *成本*
  你花了多少钱来测试这个创意？

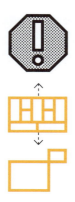

创新指标

假设层面

在假设层面，你可以捕捉与某个特定假设相关的一切信息，包括对其所做的试验和得到的洞察。

	假设	试验日志
数据	假设陈述	• 试验描述 • 成功指标 • 成功标准
类型	• 需求性 • 可行性 • 收益性	• 实验室与实际情况 • 描述与行为
指标	状况	• 成本 • 运行时间
示例	假设1：人们会在网上买鞋（需求性1）	试验1：登录页面 衡量指标：点击"买鞋"按钮的百分比。 成功标准：点击"买鞋"按钮的百分比 > 访问者的10% 成本：200美元

试验日志

你可以在此处记录为证实或推翻某个特定的假设所做的所有试验。对于每个试验，你可以记录试验类型、衡量指标、成功标准、花费的时间和成本。

学习日志 | 行动

证据	洞察	置信水平	转向 / 搁置 / 坚持 / 再测试
• 证据 • 低/中/高强度 • 数据量	✓ 证实　？ 不明确　✗ 推翻	0　0.1　0.2　0.3　0.4　0.5　0.6　0.7　0.8　0.9　1.0 完全不可信　　　　　　　　　非常可信	
证据强度：高 数据量：10 000+ 结果质量评价：强	✓ 证实了假设1	可信度0.75	坚持

学习日志
你可以在此处记录基于证据得出的判断，以证实或推翻一个特定假设。你可以具体记录收集到的所有证据、数据量、证据的强度，以及你对自己的洞察是否有足够信心。

洞察
表示我们能否证实（√）或推翻（×）一个假设，或者结论仍不明确（？）。

置信水平
表示你对证据足以证实该洞察的信赖程度（从0=无信心，到1=绝对信心）。

行动
表示你是摒弃这个创意，或是坚持并测试下一个假设，还是转向其他创意。

91

管理

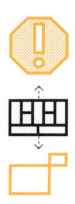

创新指标

商业模式层面

在商业模式层面,要汇总与某特定项目有关的所有假设。估算在一个创意的总体风险和不确定性中,每个单独的假设占有多大比重。你可以据此跟踪整个项目过程,了解自己为某个创意降低了多少风险。

在项目的总体水平上,你现在可以看到:

- **创新风险水平**:表示你为一个创意降低了多大风险,以及还有多大风险。
- **预期盈利能力**:显示这个创意的财务潜力。
- **项目持续时间**:显示你花了多长时间来测试这个创意。
- **总成本**:概述你为测试这个创意花了多少钱,可选择是否涵盖团队成员的工资。

风险降幅
将假设所占的风险比重与置信水平相乘,以确定你为这个特定假设实际降低了多少风险。

一旦你采集了所有数据,就可以轻松地绘制出风险水平随时间变化的图表,并了解到你为测试这个创意所花费的成本。

转向

每一次转向都意味着你决定改变之前的创意。这通常会导致创意的风险上升,因为在你已经测试并去除了风险的假设中,有一部分和新方向并不相关。新的方向会带来新的假设,你需要再次测试以降低风险和不确定性。

成本上升

通常来说,你的试验周期和成本会随着风险的降低而拉长和上升,因为进行昂贵的试验风险会更低。在项目的后期,你需要拿出更有力的证据,甚至专门为降低风险和不确定性而调整后续创意。这通常会增加试验的成本。

项目指标

名称	开始日期	项目期限
项目A	2020年12月9日	8周

假设日志 / 试验日志 / 学习日志 / 行动

假设名称	风险（%）	试验名称	成本（美元）	洞察（✓?×）	置信水平（从0到1）	风险降幅 =风险比重×置信水平	再测试、搁置、坚持、转向
需求性							
假设1	10%	试验1	200美元	✓	0.75	10% × 0.75 = 7.5%	坚持
假设2	7.5%	试验2	500美元	×	1	0%	转向
假设3	7.5%	试验3、试验4	1200美元	✓	1	7.5% × 1 = 7.5%	坚持
可行性							
假设7	15%	试验9、试验10	200美元	✓	0.5	15% × 0.5 = 7.5%	坚持
假设8	10%	试验11	1000美元	?		0%	再测试
收益性							
假设4	15%	试验5	1300美元	×	1	0%	转向
假设5	10%	试验6、试验7	500美元	✓	0.5	10% × 0.5 = 5%	坚持
适应性							
假设6	15%	试验8	200美元	?		0%	再测试
假设9	10%	试验12	700美元	✓	0.25	10% × 0.25 = 2.5%	坚持

预期收益

收入潜力
10亿美元

成本结构
2.5亿美元

总成本（美元）: 5800美元

创新风险水平（%）: 70%

预期收益（美元）: 7.5亿美元

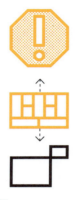

创新指标

模式组合层面

一旦你能让团队跟踪其单个探索项目的KPI,你就能可视化整个探索模式组合的状态。这将为你提供有力的整体视角,看到正在探索的创意的风险水平和财务潜力。有了这些数据,你就可以做出更好的投资决策,并决定要投资和支持哪些项目,要退出哪些项目。

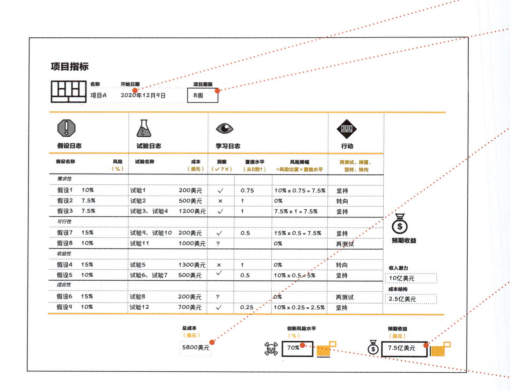

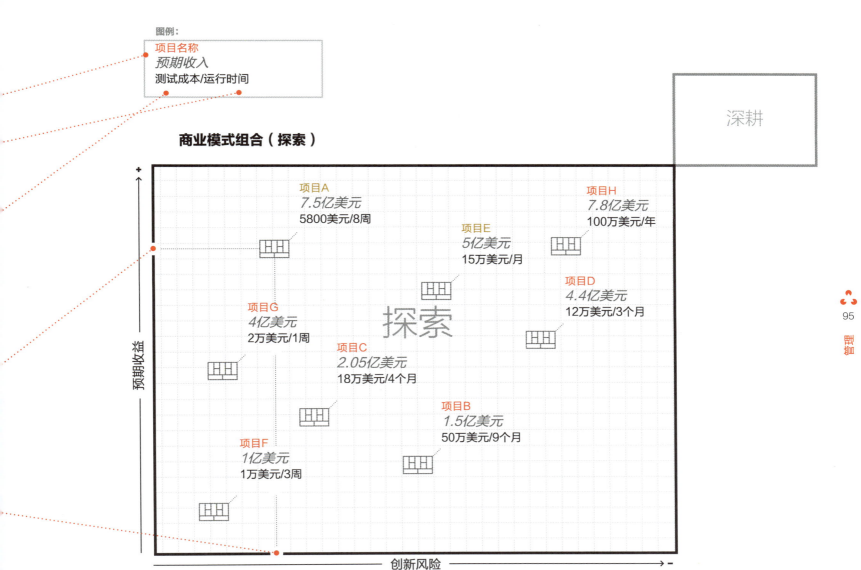

探索行动

决定和行动

我们开发了创新项目计分卡，以系统地评估创新和探索团队在寻求可行的商业创意方面的进展，并帮助他们做出更好的投资决策。

基于上文概述的创新指标和模式组合准则，创新项目计分卡主要评估三个维度。

战略契合度

第一个维度是战略契合度。项目需要展示出它们与公司的愿景、文化、形象和模式组合指导原则的契合度，并得到领导层的支持。

风险控制

第二个维度是风险控制，也是最重要的。它涉及评估一个团队是否在降低商业创意的风险和不确定性方面取得了进展。除了电子表格和幻灯片展示之外，团队需要提供强有力的证据，证明他们的创意有可能在实际中获得成功。

机会规模

第三个维度是财务上的契合度。团队需要表现出对财务机会的清晰理解，并从试验中得出证据，证明他们的财务预测不是天方夜谭。

创新项目计分卡的使用者：

领导者
- *用于评估一个拟投资的项目。*
- *用于提出更好的问题并指导团队。*

团队
- *用于在例会中和项目节点时评估自己的进度。*

领导者和团队
- *用于衡量某个创新项目的进度。*
- *用于决定接下来的测试步骤。*

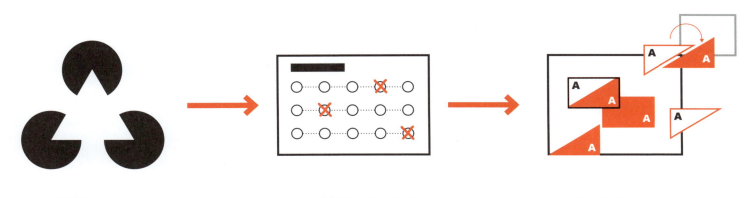

战略契合度

第50页

创新项目计分卡

第98页

探索行动

第23页和第100页

探索行动

创新项目计分卡

战略契合度 — 一致性

		无	弱	有限	强	极强
企业身份	我们的创意/项目与企业身份（战略方向、组织文化、品牌形象）一致。	0	○	5	○	10
创新指导原则	我们的创意/项目与公司的创新指导原则一致。	0	○	5	○	10
领导层支持	我们的创意/项目得到了至少一位内部关键资助人的支持，他能助力项目落地实施。	0	○	5	○	10

机会 — 价值

		无	小	有限	大	极大
	我们了解创意的财务潜力。	0	○	5	○	10

部分公司以价值创造影响的地理区域大小来划分机会：

- 规模小代表机会仅影响本地团队
- 规模极大代表机会有全球影响力

其他公司以创造价值的大小来划分机会：

- 规模小代表机会的价值低于10万美元
- 规模极大代表机会的价值高于1亿美元

风险控制 · 需求性 — 证据和信心

		无	弱	有限	强	极强
客户细分	我们的关键客户群拥有与我们销售的价值主张相符的工作、痛点和收益。	0	○	5	○	10
价值主张	我们的价值主张与关键客户群产生了共鸣。	0	○	5	○	10
渠道通路	我们已经找到了接触和获取关键客户群的最佳渠道。	0	○	5	○	10
客户关系	我们已经建立了良好的客户关系，可以留住客户，并反复从他们身上获利。	0	○	5	○	10

风险控制 · 可行性　　　　　　　　　　证据和信心

		无	弱	有限	强	极强
	核心资源 我们拥有合适的技术和资源来创造价值主张。	0	○	5	○	10
	关键业务 我们有适当的能力来开展创造价值主张中最关键活动。	0	○	5	○	10
	重要合作 我们已经找到合适的重要合作伙伴，他们愿意与我们共同创造并传递我们的价值主张。	0	○	5	○	10

风险控制 · 收益性　　　　　　　　　　证据和信心

		无	弱	有限	强	极强
	收入来源 我们了解客户付费意愿的大小及其支付方式。	0	○	5	○	10
	成本结构 我们了解创造并传递价值主张的成本。	0	○	5	○	10

风险控制 · 适应性　　　　　　　　　　证据和信心

		无	弱	有限	强	极强
	行业影响力 我们的创意/项目定位准确，在面对竞争对手和新进入者时可以取得成功。	0	○	5	○	10
	市场影响力 我们的创意/项目考虑到了现有市场的情况和新兴市场的变化。	0	○	5	○	10
	关键趋势 我们的创意/项目定位准确，可以从关键技术、监管、文化和社会趋势中受益。	0	○	5	○	10
	宏观经济影响 我们的创意/项目能适应现有的宏观经济和基础设施，也能适应其新兴趋势。	0	○	5	○	10

例如，**有限**意味着证据仅来自一次试验，**强**意味着证据来自一次有极高置信水平的试验，**极强**意味着证据来自多次有极高置信水平的试验

探索行动

从风险评估到行动

我们在第96页介绍了探索组合行动，下文将围绕该话题，聚焦探索背景下的决策。事实上，有两类实体需要在探索背景下进行决策：

团队：团队需要根据测试过程中的证据，反复评估他们的商业模式和价值主张。团队每周都要决定是保持航向（坚持），大幅改变创意的各个方面（转向），还是彻底摒弃这个创意（退出）。

委员会：决策或投资委员会应该隔几个月就召开一次会议，决定要投资或叫停哪些团队和创意。决策的主要依据应该是创新项目计分卡和测试的证据。委员会应该信任这个过程，不要在两次委员会会议之间干涉团队工作。

行动		创新团队/创业者	委员会
构思		团队不应只在项目开始时进行构思而应该在整个过程中进行多次小规模的构思，以创造更强大的商业模式和更好的价值主张。理想情况下，构思要基于测试中的证据。	在初始构思阶段，委员会的作用是制定探索准则，帮助团队了解如何在规模和方向上评估战略契合度。委员会应当支持团队同时探索多个创意。
投资		基于测试得出的证据，团队可能会建议在外部投资一家初创企业或收购一项技术，而不是在内部探索。	委员会应该经常询问是外部投资还是内部探索更合适。另外，内部测试会带来更明智的投资决策。
坚持		在每一个阶段，团队都应该评估证据，以证明保持航向的正确性。证据越充分，团队就越有信心坚持下去。	委员会应当只在预先确定的日期做出"坚持""转向""退出"或"分拆"的建议。委员会的作用是支持团队在每两次委员会会议之间，自行做出基于证据的决策。

委员会的所有建议都应当基于证据而非主观意见，并以战略契合度为落脚点。这些建议应该以所有团队的探索工作为大背景。对于那些探索战略级创意但无法提出坚实证据的团队，委员会应当只在极罕见情况下才鼓励他们坚持下去。 |
转向		当证据不支持你最初的探索方向时，团队应该考虑小幅或是彻底改变方向。在转向前要确保你的证据足够有力。	
退出		当转向没有意义时，最好的选择是摒弃一个创意。请记住，摒弃一个不会成功的创意是在节省资金、时间和精力。	
分拆		如果团队认为一个项目可以成功，但不符合公司的模式组合指导原则，则可以建议对项目进行分拆。	
迁移		当团队基于多次试验得到了有力证据，据此充分相信一个创意会成功时，就应该建议规模化并执行该创意。	如果其中某个团队展示出有力的证据表明创意可能成功，委员会应建议该创意从探索转向执行。

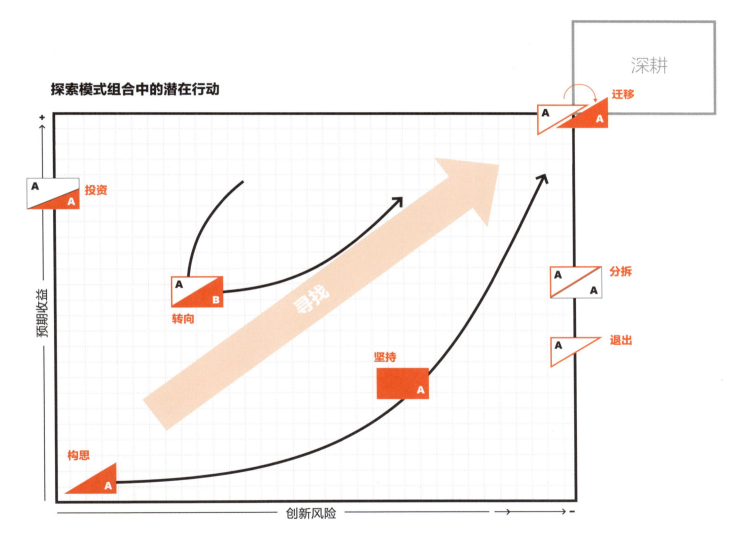

探索行动

像风险投资家一样投资

对于探索项目，投资举措应当趋近风险投资式，而不应趋近深耕项目中实行的相对固化的年度预算周期。

创新的"敌人"：商业计划书

那些仍然要求项目团队制订商业计划书的公司其实是在放大失败的风险。商业计划书是一份详细描述创意及其执行情况的文件，这放大了执行一个未经证实的创意的风险，即便它在书面上看起来很美好。创新就是要承认风险和不确定性，它基于试验证据进行迭代和调整，直到成功落地。这样才能使风险最小化，避免执行一个有致命缺陷的创意。

要遵循以下四个原则：

1. 投资项目组合而不是单个项目，以分散投注并管理风险（见第54页"你无法只选择赢家"）。

2. 在项目的风险和不确定性较高时，从小额投注（投资/基金）开始。

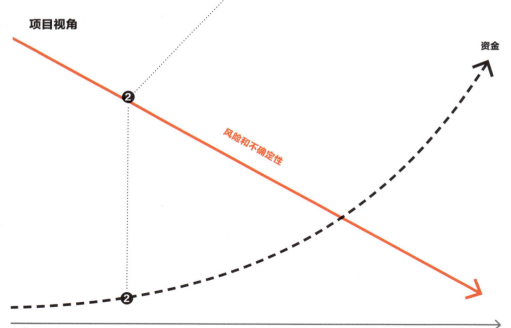

3. 逐步提升你的投注，当试验的证据和迹象表明风险得到控制，且项目具备成功的潜力时，再追加投资。

4. 管理整个模式组合而非单个项目的投资收益。

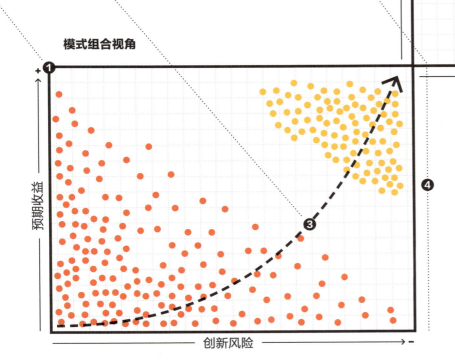

模式组合视角

模式组合收益

由于创新项目的高度不确定性，你需要接受一个现实，即你无法只选择赢家。不要只关注单个项目的收益，而要关注整个模式组合的收益。

通过分散投注并投资不同类型的创新项目，你可以分散模式组合的风险。基于证据和业绩，分散投注可以让最佳的团队和创意出现。投资全部三种类型的创新，即效率性创新、持续性创新和颠覆性创新，可以将投注在不同的风险和收益水平上分散开来。

探索行动

增长和创新投资委员会

要像风险投资家一样投资，组建一个专门负责增长和创新的投资委员会至关重要，因为针对创新项目的投资逻辑和投资风格与深耕项目有很大不同。

委员会由在预算方面有决策权的少数领导者组成。理想情况下，它既包括全身心投入探索的成员，也包括更专注于深耕的成员。投资决策会通常每3~6个月进行一次，这取决于组织的类型。投资主要面向内部团队，但也可能面向外部初创公司。

项目指导原则和投资准则
沟通模式组合指导原则会明确哪些项目可以进入而哪些项目要退出。强调财务预期则会概述团队获得初始发现资金的方式，以及团队需要提供什么样的证据才能获得后续的认可和加速投资的资格。

模式组合管理
保持一个平衡的模式组合，即在发现、验证和加速阶段中有适当数量的项目。确保你的探索管道中有充足的项目可用来改善现有业务，以免业务面临严重的衰退甚至覆灭的风险。确保你投资了足够多的探索项目，而其中一些将成为组织未来的基石。

基于证据投资
投资那些通过测试能够提供证据的项目，而非那些只在幻灯片和电子表格中看起来难以抗拒的创意。确保让团队探索创意，因为你无法预知哪些创意会脱颖而出。让最好的团队和创意在这个过程中浮现，而不是试图提前选中它们。

对项目团队的支持和保护
通过询问项目团队如何改进其商业模式，帮助他们更上一层楼。通过建议他们如何进一步测试创意以产生所需的证据，帮助他们获得后续资金。公司内部干扰力量可能会使探索和测试变得困难，要保护项目远离这些干扰。

鼓励创新行为，而不仅关注结果
确保所有测试创意的团队都能感受到自己的价值，而不仅是那些获得后续投资的团队。鼓励那些表现出强大测试能力的创新者和团队，使其在每次失败后还能带着新的创意和项目回来。

计量投资法

为了给探索项目提供资金,你应该采用风险投资家的做法,而不是采用深耕项目所实行的年度预算审批制。对测试中得到证据的项目你应该追加投资,对缺乏证据的项目你应该搁置。在发现阶段,你要将少量的资金投入到大量的小团队中去探索创意。在验证阶段,你可以对30%~50%在发现阶段产生证据的团队增加投资。在加速阶段,你要继续收窄模式组合,再次只投资于30%~50%的团队。

将模式组合管理和计量投资法结合起来,可以增加你成功的机会,找到那些能创造巨额回报的黑马项目,并显著降低如果你对创意进行1~2次大额投注时带来的风险。

10倍经验法则

成功是不可预知的,并且取决于组织和大背景,不过根据过往经历,我们在此推荐10倍经验法则:在你的模式组合中,大约需要投资100万美元以创造1000万美元的收益(或节约1000万美元的成本)。例如,向10个小团队各投资2万美元,对产生最佳证据的5个团队各追加投资5万美元,最后再向其中证据最好的团队投资约50万美元。如果想获得10亿美元的成功,就要投资1亿美元到规模更大的项目组合中去。

图例:
- 需求性
- 可行性
- 收益性
- 适应性

	发现	验证	加速
筹资	低于5万美元	5万~50万美元	50万美元以上
团队规模	1~3人	2~5人	5人以上
每个团队成员投入的时间	20%~40%	40%~80%	100%
项目数量	多	中等	少
目标	客户认知、客户环境和支付意愿	已证明的客户兴趣和项目盈利的迹象	有限规模下,已证明的商业模式
关键绩效指标	• 市场规模 • 客户证据 • 问题/解决方案契合 • 机会规模	• 价值主张的证据 • 财务证据 • 可行性证据	• 产品/市场契合 • 客户获取和保留的证据 • 商业模式契合
试验主题	50%~80% 10%~30% 0~10% 0~10%	30%~50% 20%~50% 10%~40% 0~10%	10%~30% 20%~50% 40%~50%

模式组合实例
2014~2019年

索尼创业加速计划

2014年，索尼集团公司（以下简称"索尼"）制订了索尼创业加速计划（SSAP），旨在对索尼传统业务部门之外的商业创意进行构思、商业化和规模化。该项目负责人直接向CEO汇报。

索尼，由井深大和盛田昭夫于1946年创立，是一家日本跨国集团，业务涵盖电器、游戏、电影、音乐和金融服务。

2012年平井一夫接任CEO，在他的带领下索尼经历了21世纪最初10年的复兴。在平井一夫"一个索尼"的政策下，索尼精简了移动等表现较差的部门，同时更深入地关注产品。这让索尼得以精简并专注于核心竞争力。

作为该政策的一部分，索尼制订了SSAP，平井一夫直接对SSAP全权负责，因为他预见到持续的创新引擎对索尼的未来至关重要。由CEO（而非业务部门）负责SSAP坚定了索尼

平井一夫
2012~2018年任索尼董事长兼CEO

创新漏斗的长期目标，并使其不易受到短期业务波动的影响。2019年，索尼实现了8.66万亿日元的收入，并创造了公司73年历史上的最高利润。[18]

索尼创业加速计划

SSAP制订于2014年，由小田岛伸至领导，旨在让索尼内部员工对索尼传统业务单元之外的商业创意进行构思、商业化和规模化。自那时起，SSAP已经构思了超过750个商业创意并孵化了34个，其中有14项业务成功创建。

在推出的14项业务中：6项在SSAP下进入规模化阶段，5项合并到现有业务单元内，2项已成为索尼旗下的子公司，1项已经成为完全独立的公司。允许多种退出策略意味着SSAP不局限于可能的创意范围，并愿意最大限度地接受能够证明盈利能力的创意。

开放式创新

2019年，该项目从对内转为对外，可帮助任何人孵化他们的创意。SSAP成员将创新视为一个数字游戏，根据他们以往的经验，任何创意的成功概率都很小（1.85%），因此通过加速计划运行的创意越多，成功的数量才能越多。

SSAP也成为索尼在不颠覆核心业务的前提下，与外部实体开展合作与协同的载体。2014年，索尼与风险投资公司WiL合作创建了Qrio，一款可以轻松安装在任何门上的智能锁。

图片来源：*Kazuo Hirai, Sony President by cellanr / CC BY-SA 2.0*

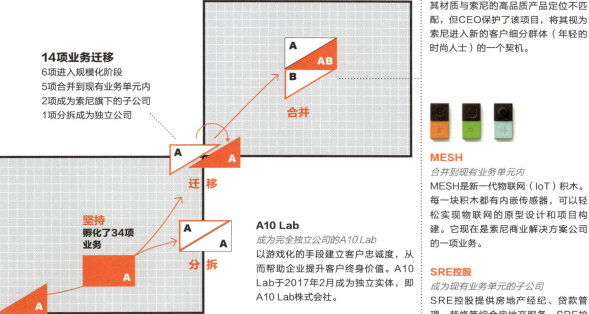

众筹活动已经成为SSAP 测试策略的核心组成部分。确保产品-市场契合度的最佳方式是让客户预先付费。

14项业务迁移
6项进入规模化阶段
5项合并到现有业务单元内
2项成为索尼旗下的子公司
1项分拆成为独立公司

合并

迁移

坚持
孵化了34项业务

分拆

构思
创造了750项创意

A10 Lab
成为完全独立公司的A10 Lab
以游戏化的手段建立客户忠诚度，从而帮助企业提升客户终身价值。A10 Lab于2017年2月成为独立实体，即A10 Lab株式会社。

FES手表
合并到现有业务单元内
FES Watch U是一款电子纸时尚手表，可以让佩戴者随时改变其设计。索尼起初是要退出这个项目的，因为其材质与索尼的高品质产品定位不匹配，但CEO保护了该项目，将其视为索尼进入新的客户细分群体（年轻的时尚人士）的一个契机。

MESH
合并到现有业务单元内
MESH是新一代物联网（IoT）积木。每一块积木都有内嵌传感器，可以轻松实现物联网的原型设计和项目构建。它现在是索尼商业解决方案公司的一项业务。

SRE控股
成为现有业务单元的子公司
SRE控股提供房地产经纪、贷款管理、装修等综合房地产服务。SRE控股于2019年12月成为独立实体，并在东京证券交易所上市。

管理深耕模式组合

覆灭指标

表现评估

覆灭风险评估有助于识别你的模式组合中的商业模式是否健康,有多大风险,以及它需要多高的关注度进行升级和规避风险。该评估考量两个维度:

1. 商业模式的表现

优势和劣势

显示现在在深耕模式组合 x 轴上的位置

2. 商业模式的趋势

机会和威胁

表示未来在 x 轴上可能的位置

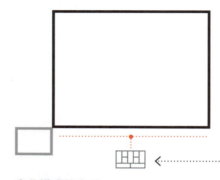

商业模式的表现

优势和劣势评估

该评估基于一个商业模式近期的表现,揭示其健康及风险程度。它评估的是一个模式的前台、后台和盈利公式的优势与劣势,所得分数范围从 −3(高风险)到 +3(低风险),你可以将每个商业模式置于深耕模式组合的 x 轴上。

分数和定位

商业模式表现评估的得分表明了商业模式的健康程度。该评估审视了商业模式的前台、后台和盈利公式。你能够根据得分评估每个商业模式的覆灭风险,将其定位在深耕模式组合的 x 轴上。有风险的商业模式分布在深耕模式组合的左半边,健康的商业模式分布在深耕模式组合的右半边。

前台

	VP	我们的产品和服务的表现比竞争对手差。	-3	-2	-1	0	+1	+2	+3	我们的产品和服务是高度差异化的，深受客户喜爱。
	CS	在过去的半年内，我们失去了超过20%的客户。	-3	-2	-1	0	+1	+2	+3	在过去半年内，我们的客户至少增加了50%。
	CH	我们百分之百依靠中介机构向客户提供产品和服务，前者抬高了市场准入门槛。	-3	-2	-1	0	+1	+2	+3	我们拥有直接的市场准入权，完全掌握着产品和服务与客户的连接。
	CR	理论上我们所有的客户都可以立即离开我们，离开我们不会给他们带来直接或间接的转换成本。	-3	-2	-1	0	+1	+2	+3	我们所有的客户都被锁定在几年内，离开我们将使他们承受巨大的直接和间接转换成本。

后台

	KR	我们的核心资源明显不如竞争对手，而且在过去半年内进一步落后。新进入者以更新、更好或成本更低的资源进行竞争。	-3	-2	-1	0	+1	+2	+3	我们的核心资源在未来几年内都不容易被复制或赶超，并且给我们带来了竞争优势（如知识产权、品牌影响力等）。
	KA	我们的关键业务的表现明显不如竞争对手，并且在过去的半年内进一步变差。新进入者以更新、更好或成本更低的活动进行竞争。	-3	-2	-1	0	+1	+2	+3	我们的关键业务在未来几年内都不容易被复制或赶超，并且给我们带来了竞争优势（如成本效益、规模等）。
	KP	在过去的半年内，我们丢失了重要合作伙伴。	-3	-2	-1	0	+1	+2	+3	我们与重要合作伙伴在未来几年内已经锁定。

盈利公式

	RS	在过去的半年内，我们的收入下降超过20%。	-3	-2	-1	0	+1	+2	+3	在过去的半年内，我们的收入翻了一番，并且增长速度明显快于竞争对手。
	CS	我们成本结构的扩张速度快于收入增长，并且效率明显低于竞争对手。	-3	-2	-1	0	+1	+2	+3	与收入增长相比，我们的成本结构有所收缩，并且效率明显高于竞争对手。
	Mar（利润贡献）	我们的利润在过去半年内缩减了50%以上，明显低于竞争对手（例如，低50%以上）。	-3	-2	-1	0	+1	+2	+3	我们的利润在过去半年内至少增加了50%，明显高于竞争对手（例如，高50%以上）。

覆灭指标

趋势评估

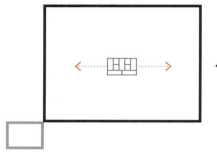

商业模式的趋势

机会和威胁评估

该评估揭示了商业模式在应对外部风险时呈现的趋势。它评估的是对商业模式的前台、后台和盈利公式而言，外部力量意味着机会还是威胁，所得分数范围从−3（趋向风险轴的左侧）到+3（趋向风险轴的右侧），并预示商业模式在未来可能的表现。

分数和方向

商业模式趋势评估的得分表明，基于外部因素，商业模式可能向哪个方向发展，以及未来可能怎样表现。该评估审视了外部力量如何影响和颠覆商业模式的前台、后台及盈利公式。得分显示出商业模式未来在深耕模式组合中可能向左移动（具有较高的覆灭风险）还是向右移动（具有较低的覆灭风险）。

添加影响权重

为了预判外部力量如何影响商业模式，需要结合每一种力量发生的可能性及其影响的严重性，对每一种力量赋予权重，以提高预判的准确性。例如，试问出台新监管规定的可能性有多大，而这对商业模式的影响有多严重；或者试问新进入者获得认同的可能性有多大，而这对商业模式的影响有多严重。

前台

			-3	-2	-1	0	+1	+2	+3	
	VP	新进入者正以更廉价、更好的或替代产品和服务获得认同，这可能造成我们的商业模式过时。	-3	-2	-1	0	+1	+2	+3	我们面临的竞争正在变小，我们的产品和服务更可能获得认同并创造收益。
	CS	预计未来几年，我们现在经营的市场将大幅萎缩。	-3	-2	-1	0	+1	+2	+3	预计未来几年，我们现在经营的市场将大幅扩张。
	CR	各种趋势（科技、文化、人口）都促使我们的客户离开我们且不再回来。	-3	-2	-1	0	+1	+2	+3	各种趋势使我们的客户更难抛弃我们，他们离开我们的成本也在增加。
	VP/CS	社会和文化趋势的发展方向正在推动客户离开我们（例如，可持续发展、时尚等）。	-3	-2	-1	0	+1	+2	+3	各种趋势使我们的客户更难抛弃我们，他们离开的成本也在增加。

后台

			-3	-2	-1	0	+1	+2	+3	
	KR	那些从根本上破坏我们的商业模式或使其过时的技术趋势正在受到重视。	-3	-2	-1	0	+1	+2	+3	那些从根本上强化我们商业模式的技术趋势正在受到重视。
	KR/KA	新监管规定使我们的商业模式成本大增甚至难以维继，却给我们的竞争对手带来了优势。	-3	-2	-1	0	+1	+2	+3	新监管规定使我们的商业模式成本更低或更易运营，使我们比竞争对手更有竞争优势。
	KR/KA	供应商和价值链上的其他角色正在发生的变化，给我们的商业模式带来风险。	-3	-2	-1	0	+1	+2	+3	供应商和价值链上的其他角色正在发生的变化，从根本上强化了我们的商业模式。

盈利公式

		-3	-2	-1	0	+1	+2	+3	
经济	在未来半年内，经济下行将对我们的商业模式造成致命影响（例如，由此产生的高成本结构、债务责任等）。	-3	-2	-1	0	+1	+2	+3	我们的商业模式是有韧性的，在未来半年内甚至会受益于经济下行（例如，由此产生的竞争对手疲弱）。
地缘政治	我们的商业模式所依赖的核心资源或其他因素，可能会受到地缘政治或其他外部力量（如大宗商品价格、贸易战等）的影响。	-3	-2	-1	0	+1	+2	+3	我们的商业模式所依赖的关键资源或其他因素，不受地缘政治或其他外部力量（如大宗商品价格、贸易战等）的影响。
风险投资资金	在我们的领域内，有大量由风险投资资金参与的创业公司，而且在过去半年内这一数字有所增长。	-3	-2	-1	0	+1	+2	+3	在我们的领域内，几乎没有风险投资资金参与的创业公司。

深耕行动

从风险评估到行动

我们在第32页介绍了深耕行动。其他相关图书已经对这一主题展开了详尽的阐述。本书的主要贡献在于统一用词，并为管理现有业务组合中的所有行动创造了一种共同语言。

收购

收购外部公司或业务单元，有助于通过填补漏洞或强化现有内部业务的方式来优化现有的模式组合。你可以将收购的业务与现有业务整合（合并），或者允许收购的业务在组织结构上保持独立。

升级

当你的某项业务正在经历衰退时，你可能会决定通过对商业模式进行重大调整来革新这项业务，这就需要在经营现有商业模式的同时，测试新的商业模式（见第124页）。革新有两种类型：第一种是为了维持它在模式组合中的支柱地位，第二种是为了以有吸引力的价格进行剥离。

剥离

当某项业务在契合度或业绩方面不再匹配你的模式组合准则时，你可以将其剥离。剥离方式既可以是立即关停某项业务（废除），也可以是将其出售给其他公司、投资者或当前管理层（管理层收购）。你也可以先对业务进行改造，使其对潜在买家更具吸引力，然后再逐步剥离。

投资

当你的准备不足或尚且无法全资收购一家外部公司时，你可以通过投资占股的方式来分享其成功收益。合资企业是一种特定的投资形式，由两家或多家公司成立一个独立公司并共同所有。

合作

某些合作伙伴至关重要，值得提高到模式组合的层面考量，而不能仅仅停留在某个特定的商业模式中。这些合作伙伴具有战略意义，会对模式组合中的若干业务产生重大影响。

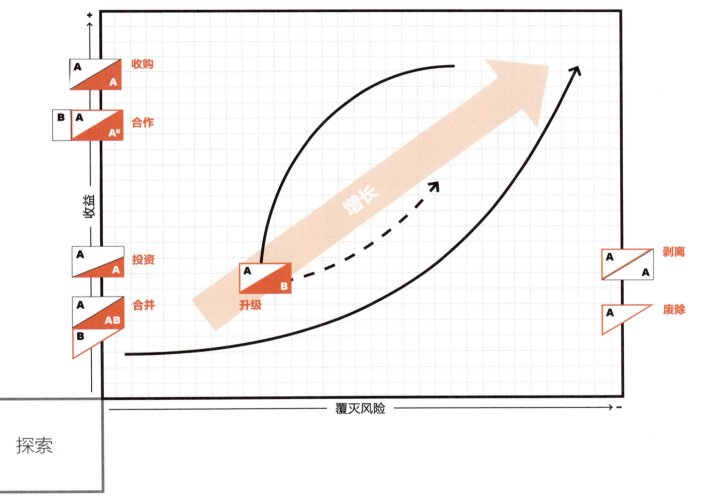

模式组合实例
2014~2019年

微软

萨提亚·纳德拉（Satya Nadella）在2014年出任微软CEO，并从根本上对公司进行了重新定位，从Windows操作系统转向关注企业用户和云计算。纳德拉明白，微软下一阶段的增长需要建立在开放的心态和与合作伙伴的协作上。

微软由比尔·盖茨和保罗·艾伦创立于1975年。公司的飞速增长来自于其操作系统Windows，这一系统通常预装在大多数市售的个人电脑（PC）上。微软还开拓了针对Windows这一专有操作系统的软件和硬件领域。

2014年，萨提亚·纳德拉出任微软CEO，接替了领导并发展公司十多年的史蒂夫·鲍尔默。纳德拉不再强调专有Windows的作用，深刻地改变了公司的战略，面向未来重新定位。在传统意义上，Windows一直是微软的核心和基础业务。

纳德拉将微软的重点放在企业用户和云计算

图片来源：Used with permission from Microsoft

降格公司历史上的增长引擎

到了2010年，智能手机和平板电脑的发明导致PC市场不可逆转的下滑。当时，Windows占微软营业收入的54%。公司不仅需要转型，而且要尽快转型。

萨提亚·纳德拉
微软CEO

上。为了完成这一转变，他提倡开放和协作的思维方式，与公司传统上封闭和独断的态度相比，这是一个彻底的改变。纳德拉希望微软的技术能够在所有平台上运行，而不是等待它"追赶上"竞争对手。技术应该适用于Windows，而不是只能用于Windows。

战略方向
生产力和平台公司

Ⓐ 加快脚步为产品和服务解耦，做到全平台适配，以获得更广泛的应用。

Ⓑ 成为云平台技术的行业领导者，并促进跨平台的开源协作。

Ⓒ 帮助企业用户完成更多工作，创造更好的结果。

组织文化
协作和以客户为中心

纳德拉将微软的思维方式从固定型思维转向成长型思维，领导层必须"以无边界和全球性的眼光寻找解决方案"。这带来了一个共识：如果你真的想给客户提供最好的产品，那么你就不能单打独斗。

品牌形象
开放创新

Ⓓ 微软正在与亚马逊和索尼等"竞争对手"建立合作关系，为消费者提供更好的产品和兼容性，使他们的软件可以应用在更多的平台上。

微软还加入了Linux基金会（2016年）和开源发明网络（2018年）等协作组织，进一步信守它对开源协作的承诺。这些组织中的开发者可以在任何平台上免费使用微软已发布的6万项专利产品。[19]

D GitHub(2018年，75亿美元)
GitHub是一个跨平台的托管框架，开发者可以使用它为任何平台进行构建，并部署到设备、云或物联网服务器中。微软很快成为该平台最大的贡献者之一。[23]

领英（LinkedIn）(2016年，262亿美元)
提供人才解决方案、市场营销和高级订阅服务。[24]

B 云公司（2013~2018年）
微软收购了23家与云计算相关的公司，以打造自己的智能云部门。[25]

A Windows/Office
到2013年，Windows的营收落到Office和企业服务之后，位列第三。[27]消费者正在选择智能手机和平板电脑等更简单的设备，而不是传统PC。认识到这一点，纳德拉作为CEO的首要任务就是将Office带到Android和iOS上，甚至提供包括Word和Excel在内的免费应用。[28]

2019年业绩

A 收购

牛津计划（2015年）
通过整合微软先进的机器学习技术，帮助开发者创建更智能的面部识别应用，测试版免费提供给拥有Azure账户的开发者使用（Azure是微软的云计算平台）。[22]

更多PC
457亿美元，下降8%

生产效率与商业流程
410亿美元，下降15%

智慧云
390亿美元，下降21%

A/B 升级

B Azure
许多分析师对比后认为微软的Azure不如亚马逊的AWS。微软设法革新了这项业务，并将其变成增长最快的业务之一，收入年化增长53%。Azure现在是全球使用量第二大的云基础设施服务。[29]

B Azure认知服务（2019年）
Azure认知服务在2019年正式发布，它的前身就是"牛津计划"，作为Azure AI服务的一个组成部分帮助企业用户解决业务问题。

D 微软小娜（Cortana）
微软小娜数字助理（2014年）落后于Alexa和Google助理，主要原因是缺乏对硬件的集成（仅限于Windows 10 PC）。为了跨越这一障碍，微软选择与亚马逊合作来整合它们的数字助理（2018年）。[30]

探索

A 迁移

A 废除

C Hololens第2版（2019年）
微软调整了Hololens的客户细分，并对第2版提供了企业定制服务，以帮助各类企业用户更好地完成工作。微软与大型企业（萨博、空中客车、霍尼韦尔、丰田）建立合作关系，帮其优化生产流程。[21]

Hololens（2016年）
微软的"混合现实"头盔还在开发阶段，到2018年5月销量达到5万台。[20]

诺基亚（2015年，注销80亿美元资产）。
微软退出移动设备业务。[26]

117

模式组合实例
2010~2019年

联合利华

保罗·波尔曼（Paul Polman）于2010年加入联合利华并担任CEO，并将联合利华重新定位为一家愿景驱动的公司。他相信，大多数消费者都愿意购买具备"可持续生活"理念的产品——同时他认为，一家公司应该"行善以至美"。

联合利华成立于1929年，是一家英国-荷兰跨国公司，主要生产食品和饮料、家庭日用品和个人护理产品。联合利华目前拥有400多个品牌，2018年营业额达510亿欧元，是全球最知名的品牌之一。

2000~2010年，联合利华正在全力应对大宗商品涨价和金融危机（2008年）。2010年，联合利华挑选了一位外部人士担任CEO，以努力提升公司与市场之间的沟通效率和透明度。

保罗·波尔曼相信眼光要放长远，并为联合利华设定了雄心勃勃的可持续发展目标，同时将业务翻番。他认为，公司的发展可以脱离对环境的负面影响；长期来看，有愿景的产品可以创造更高的消费需求，更好的供应链也意味着更具可持续性。

纳入可持续性

联合利华在2000~2010年正在全力应对大宗商品价格上涨和金融危机（2008年）。保罗·波尔曼接任CEO后制订了"可持续生活计划"。

保罗·波尔曼
联合利华前CEO

2019年，保罗·波尔曼卸任CEO，由乔安路（Alan Jope）接任。后者承诺进一步明确联合利华的可持续发展目标，让旗下的每一个品牌都被该愿景引领。

战略方向
让可持续生活成为常态
联合利华将通过减少对环境的负面影响，同时增加对社会的积极影响，使旗下400多个品牌都成为愿景引领型品牌。

可持续发展与利润
联合利华希望调整产品（从低利润转向高利润）将收入翻倍，同时把产品对环境的影响减半。这些雄心勃勃的目标表明了它同时做到"行善"和"至美"的信心。

长期规划
取消季度报告和缩减对冲基金的持股比例，可以控制股价波动。这反过来又创造了一个更稳定的环境，使规划聚焦于长期增长而非短期收益。

组织文化
有愿景、有原则
在联合利华，成功的定义是"以最高企业行为标准对待与我们合作的每个人、我们所接触的社区以及我们所影响的环境"。每个人都应该做到诚信经营并尊重业务所触达的人、组织和环境。

品牌形象
愿景驱动而非利润驱动
"超过90%的千禧一代表示，他们愿意把在用品牌更换为一个倡导某种愿景的品牌。" 联合利华希望自己的对外形象是一家由"可持续发展"愿景驱动的公司，且这一愿景对公司业务有利。

2018年，联合利华内部愿景驱动的可持续生活品牌的增长比其他业务快69%，对公司的整体增长贡献率高达75%。31

Schmidt's Natural（2017年，可持续发展）
天然、无化学成分的除臭剂

Living Proof（2016年，高端）
高端护发产品

Mae Terra（2016年，可持续发展）
天然和有机食品业务

GRAZE（2019年，可持续发展）
健康的订购式零食

Seventh Generation（2016年，可持续发展）
环保型清洁产品

The Laundress（2019年，高端）
高端、环保的洗衣和家居清洁产品

探索

联合利华表示将放弃那些不会"对世界做有意义的贡献"的品牌，即使这会影响它的根基。其中包括许多备受喜爱的品牌，如梦龙、Marmite和Pot Noodle。34

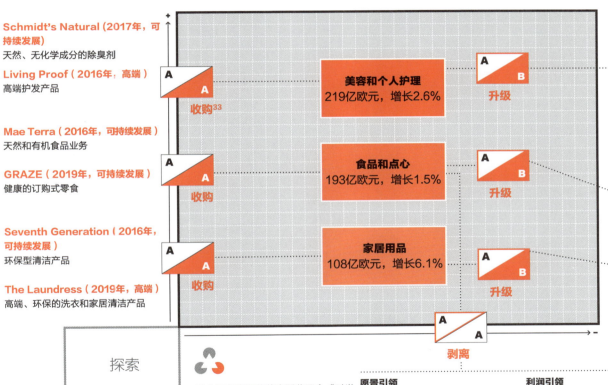

2019年业绩

美容和个人护理
219亿欧元，增长2.6%

食品和点心
193亿欧元，增长1.5%

家居用品
108亿欧元，增长6.1%

收购33   升级   剥离

愿景引领
2014年，联合利华将SlimFast出售给Kaios集团。SlimFast生产奶昔、零食和其他促进饮食和减肥计划的膳食补充品。32

利润引领
联合利华出售了许多食品品牌，以实现向高利润组合的升级。
2013年，它以5.8亿美元出售Wish-Bone沙拉酱，以7亿美元出售四季宝花生酱。2014年，它以12.6亿英镑出售意面酱品牌乐鲜。

金纺
新版本所需的用水量比旧版本减少了20%，每年可节省的用水量能填满1000万个奥运会标准游泳池。

卫宝
制订洗手计划，以防止每年60万儿童死于呼吸道感染和腹泻疾病。

多芬
创建了"自尊计划"，以确保青少年在成长过程中对自己的外表充满自信，充分发挥自己的潜力。自2005年以来，这个计划已经帮助超过3500万年轻人提升自尊。

PG Tips
2018年推出的以植物性材料制成的完全可生物降解的茶包，大大改善了对环境的影响。

蓝多霸
2017年，结合南非地区的缺水问题，向南非市场推出Flush Less节水型洁厕喷雾。

模式组合实例
2013~2019年

罗技

2013年，布拉肯·达雷尔（Bracken Darrell）执掌罗技，他通过将公司从不断下滑的PC市场中解脱出来实现了增长。受益于云计算市场的崛起，罗技建立了一个以设计为中心的产品组合，覆盖消费级和企业级用户的电子配件市场。

罗技于1981年在瑞士成立。凭借其创新的计算机外部设备，如无线鼠标，其业务迅速成长。但在PC市场下滑和2012年谷歌电视1亿美元损失的影响下，罗技也承受了不小的压力。35

布拉肯·达雷尔重新将公司的产品组合聚焦在消费级和企业级配件市场上，这些配件将受益于云和互联设备的增长。罗技又收购了几个品牌来扩充其产品组合，特别是在音乐和游戏领域。

罗技在传统意义上是一家以工程为中心的公司，却决定将设计作为公司和产品组合的中心。2013年，它聘请了曾任诺基亚首席设计师的阿拉斯泰尔·柯蒂斯（Alastair Curtis），以期建立一个设计引领型组织。

重拾创业精神

2012年，PC市场开始了不可逆转的下滑，并向移动、平板和云端迁移。传统上依靠PC产业增长的罗技，不得不做出巨大的改变。

以设计为中心

多品类
多品牌

设计 | 工程 | 进入市场 | 营销

运营

来自罗技的演讲

战略方向
领先的云计算外部设备供应商

Ⓐ 在（多个）小池塘里当一条"大鱼"，并避开苹果、谷歌、亚马逊等巨头。

Ⓑ 将利润进行再投资，用来保证主营品类的增长，并将利润提升至较高区间。

成为一家"设计公司"。

组织文化
创业和设计驱动

重振创业文化，让人们愿意尝试新事物，保持被收购企业的创业独立性。

拓展核心能力，尤其是内部设计能力和客户服务能力。

在早期就进行成本设计，以提高运营效率。

品牌形象
高端设计

Ⓐ 一家通过音乐、游戏、视频和计算机将人们聚在一起的多品牌公司。

凭借为客户提供创新服务而闻名，以高端的设计为客户提供他们最想要的产品。

罗技2019财年与2013财年对比[36]

▪ 2013财年　■ 2019财年

零售收入净增长10%　战略性增长占销售收入的60%　非公认会计准则下的营业利润3.52亿美元

−7%　10%　20%　60%　0.67亿美元　3.52亿美元

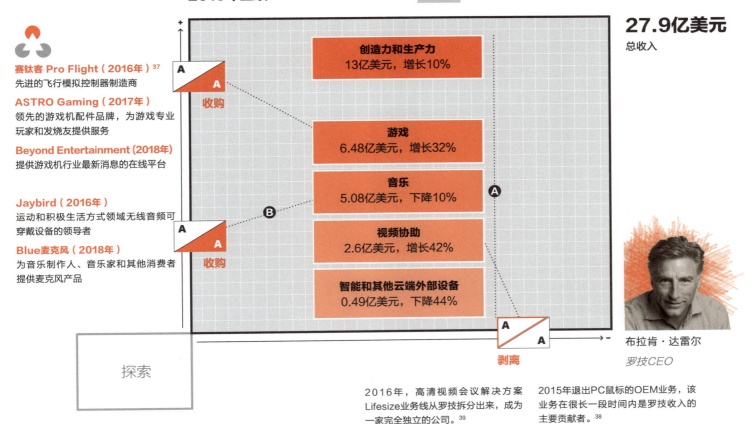

2019年业绩

27.9亿美元 总收入

创造力和生产力
13亿美元，增长10%

游戏
6.48亿美元，增长32%

音乐
5.08亿美元，下降10%

视频协助
2.6亿美元，增长42%

智能和其他云端外部设备
0.49亿美元，下降44%

收购

赛钛客 Pro Flight（2016年）[37]
先进的飞行模拟控制器制造商

ASTRO Gaming（2017年）
领先的游戏机配件品牌，为游戏专业玩家和发烧友提供服务

Beyond Entertainment（2018年）
提供游戏机行业最新消息的在线平台

Jaybird（2016年）
运动和积极生活方式领域无线音频可穿戴设备的领导者

Blue麦克风（2018年）
为音乐制作人、音乐家和其他消费者提供麦克风产品

剥离

2016年，高清视频会议解决方案Lifesize业务线从罗技拆分出来，成为一家完全独立的公司。[39]

2015年退出PC鼠标的OEM业务，该业务在很长一段时间内是罗技收入的主要贡献者。[38]

布拉肯·达雷尔
罗技CEO

探索

121

模式组合实例
2001~2019年

富士胶片

2003年，古森重隆被任命为富士胶片的CEO。他明白，公司要想在数字化的浪潮下生存，就必须彻底革新架构，并将自身定位为技术型企业。

富士胶片成立于1934年，是日本第一家相机胶片生产商。到20世纪80年代中期，它与柯达一起主宰着这个行业。然而在21世纪初，数字化浪潮瞬间颠覆了市场，使胶片行业几乎失去了意义。

2004年，CEO古森重隆提出了一个5年中期经营计划，旨在"拯救富士胶片于水深火热之中，确保其作为龙头企业的生存能力"。古森重隆决定缩减相机胶片业务，并在全球范围内裁减近5000个工作岗位，同时建立一个价值4亿美元的研究机构，以进军新市场。[40]在此之前，富士胶片花了1年半的时间盘点自己的技术储备，结论是富士胶片在相机胶片领域积累的能力足以再度获得青睐。

医疗和材料解决方案作为新业务单元现在占总收入的43%，而相机胶片仅占收入的不到1%。[41]

迎战颠覆

到了2005年左右，摄影的数字化应用使相机胶片成像几乎失去了意义。古森重隆明白他需要制订一个计划彻底改变公司的发展方向，以确保公司得以生存。

战略方向
古森重隆在5年中期经营计划中提出的三个战略方向是：
- 实施结构性重组以降低成本。
- 通过多元化的模式组合建立新的增长战略。
- 提升综合管理能力，以加快决策速度。

组织文化
为确保富士胶片能及时完成快速转型，古森重隆明白组织需要建立正确的结构：
- 更强的个体，拥有更高的自主权和灵活性，更具主动精神和创业精神。
- 精简、果断的公司领导层，快速的决策过程。[42]

品牌形象
富士胶片以拥有当时最先进的技术，提供最优质的产品而闻名于世。它希望将通过胶片业务建立的品牌形象和客户信任延续到其一系列护理产品上，因为它正在向其他行业跃迁。

"在此之前，富士胶片一直是摄影产品行业的龙头企业之一，并不断创造着丰厚的利润。我想确保它在下个世纪仍保持这种状态，这是我作为CEO的工作。"

古森重隆
富士胶片全球总裁兼CEO

富士胶片收购了两家公司（**Diosynth RTP LLC和MSD Biologics（UK）Limited**），并将其更名为富士胶片 Diosynth 生物技术公司。此举是为了开展生物制药相关的委托生产业务，以扩大其医疗和材料解决方案的事业版图。

2008年收购**富山化学**（现为富士胶片富山化学），标志着富士胶片全面进军制药业务。

2001年，富士胶片又收购了与施乐公司合资的**富士施乐公司**25%的股份，使其成为一体化的子公司。现在，文档处理解决方案部门的年收入占比达41%。

2006年，摄影的数字化转型已经开始，富士胶片意识到必须通过收缩摄影胶片业务，大幅重组其胶片生态系统，释放大量稀缺资源以满足其多元化计划。2019年，**相机胶片业务**占其年收入的比例已不足1%。

建立多元化的模式组合（2004~2019年）

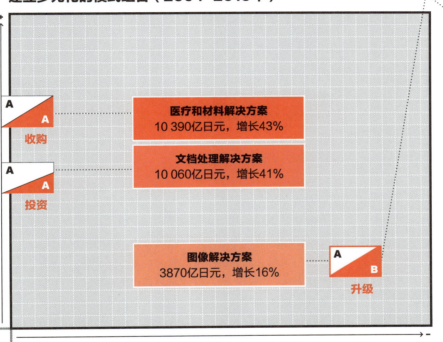

探索

富士胶片预判了液晶屏的市场繁荣，大胆决定投资液晶薄膜。富士胶片投资超过1500亿日元购入新设施，用来生产**FUJITAC**，一种制造电视、计算机、智能手机等液晶面板所必需的高性能薄膜。

富士胶片将照片随时间褪色和氧化的处理经验，应用到功能性化妆品领域并实现了飞跃，因为人类的皮肤也会以类似的方式老化。2007年，富士胶片的护肤品品牌**艾诗缇（Astalift）**成立。

■ 医疗和材料解决方案
保健与材料、高性能材料、记录媒体、图形系统/喷墨显示材料

■ 文档处理解决方案
办公用品和打印机、生产型服务、解决方案和服务

■ 图像解决方案
照片成像、电子成像、光学器件

测试升级

商业模式升级

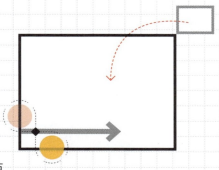

当一家公司决定革新某个即将过时的商业模式,以便升级为新的商业模式时,需要应用探索模式组合的流程和指标。更准确地说,它需要一边运营即将过时的商业模式,一边探索和测试新模式。这是一段极富挑战性的征程,但只有在运用探索而非执行的思维方式来测试潜在的新商业模式时,你才能取得成功。这种做法能降低你向新的商业模式转型而无法成功的风险。

测试你的升级过程

盲目升级到一个新的商业模式是很有风险的,因为不确定性很高。然而,如果你应用探索模式组合中的测试过程和指导原则,就可以大幅降低升级失败的风险,因为整个过程是建立在现有业务基础之上的。当然,这样做既有优点也有缺点,优点是你可能很了解客户、市场和技术的情况,缺点是你可能会优先考虑按原样运行业务,而放弃了对有利于商业模式升级的假设的测试。

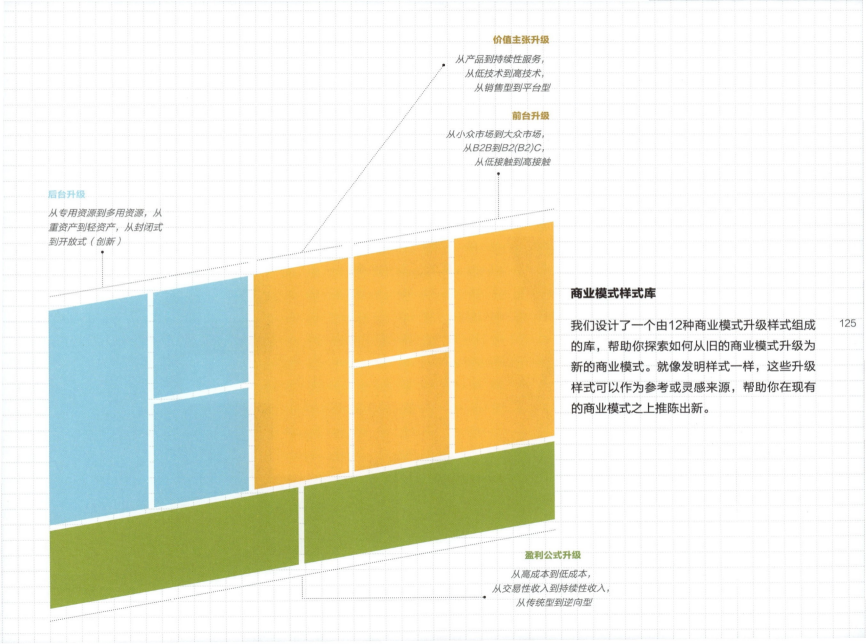

价值主张升级
从产品到持续性服务，
从低技术到高技术，
从销售型到平台型

前台升级
从小众市场到大众市场，
从B2B到B2(B2)C，
从低接触到高接触

后台升级
从专用资源到多用资源，从重资产到轻资产，从封闭式到开放式（创新）

商业模式样式库

我们设计了一个由12种商业模式升级样式组成的库，帮助你探索如何从旧的商业模式升级为新的商业模式。就像发明样式一样，这些升级样式可以作为参考或灵感来源，帮助你在现有的商业模式之上推陈出新。

盈利公式升级
从高成本到低成本，
从交易性收入到持续性收入，
从传统型到逆向型

祥

武

商业模式样式

商业模式不同模块间的配置方式，
用以强化组织的整体商业模式。

帮助新创企业打造超越技术、产品、服务或价格的竞争优势。

帮助既有企业从过时的商业模式升级为更具竞争力的商业模式。

一个单独的商业模式中可以包含多种样式。

样式库

在下文我们概述了一个样式库,可以分为如下两类:一是发明样式,用来赋能新创企业;二是升级样式,可用来大幅改进既有但逐步衰落的商业模式,使其更具竞争力。

发明样式

编制一个卓越商业模式的各个方面。每一种样式都帮你通盘考虑如何以卓越的商业模式展开竞争，超越基于技术、产品、服务或价格的传统竞争手段。最好的商业模式通常结合了几种样式从而在其他模式中脱颖而出。

深耕

探索

升级样式

编制从一种商业模式向另一种商业模式升级的过程。每一种样式都帮你通盘考虑如何通过将现有商业模式从竞争较弱的模式升级为更具竞争力的模式，从而大幅改善你目前的商业模式。

应用样式

了解商业模式的样式,才能更好地开展以下商业模式活动:

设计并评估

围绕市场机会、技术创新或新产品和服务,利用样式来设计更好的商业模式,并使用它们来评估现有商业模式的竞争力。(第229页)

颠覆并重塑

以样式作为灵感来重塑你所在的市场。在接下来的章节,我们提供了一个颠覆整个行业的公司库。它们都是将新的商业模式样式引入各自领域的先行者。

质疑并改进

使用样式来提出更好的商业模式问题,超越传统的产品、服务、价格和市场层面。无论你是高管、创新领导者、创业者、投资人还是普通职员,你都可以用更好的问题帮助公司开发出卓越的商业模式。

对在位者的最大威胁

是后起之秀

发明样式库

源头

商业模式的样式可能源于商业模式的前台（客户驱动）、后台（资源驱动）或盈利公式（财务驱动）。

后台颠覆
彻底改变创造价值的方式。

盈利公式颠覆
彻底从收入和成本两方面改变盈利方式。

前台颠覆
彻底改变目标对象和价值交付的方式。

发明样式库

前台颠覆

p. 144 市场开拓者

p. 145 愿景先驱
p. 145 改变用途者
p. 145 大众普及者

p. 150 渠道之王

p. 151 去中介化
p. 151 机会创造者

p. 156 引力创造者

p. 157 黏性扩张者
p. 157 强力胶制造者

后台颠覆

p. 164 资源壁垒

p. 165 用户基数壁垒
p. 165 平台壁垒
p. 165 知识产权壁垒
p. 165 品牌壁垒

p. 172 活动差异者

p. 173 效率颠覆者
p. 173 速度大师
p. 173 可持续性大师
p. 173 按需生产者

p. 178 规模扩张者

p. 179 外包者
p. 179 许可者
p. 179 特许人

盈利公式颠覆

p. 190 收入差异者

p. 191 持续性收入
p. 191 诱钓
p. 191 免费增值者
p. 191 补贴者

p. 198 成本差异者

p. 199 资源掮客
p. 199 技术专家
p. 199 低成本

p. 204 利润大师

p. 205 叛逆者
p. 205 高端玩家

发明样式

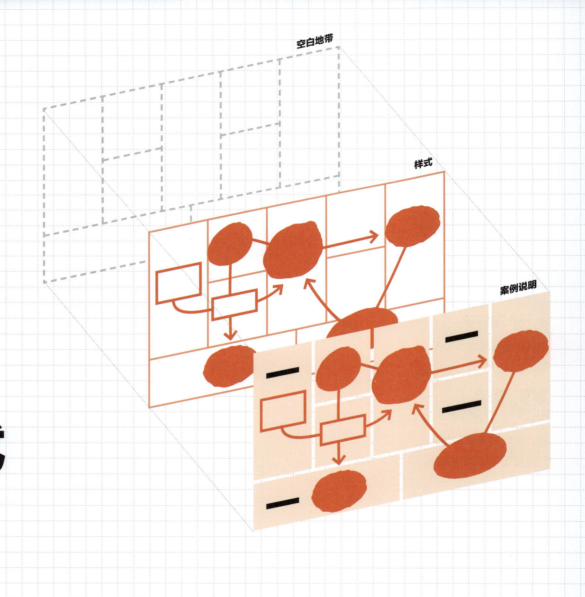

空白地带

我们在本章所描绘的公司都是从零到一的。它们围绕某一技术、机会或趋势,从零开始建立商业模式。它们都通过应用该行业闻所未闻的强大商业模式样式,颠覆了这个行业。

样式

我们重点介绍了9种不同的发明样式,共有27种变体,新创公司和成熟公司都可以应用这些样式来建立更好、更有竞争力的商业模式。我们对每一种样式进行了详细描述,以便你可以将其作为参考库来使用。

变体
每个样式都有两种或以上的变体。这些变体可以帮助你了解相关样式的不同应用方法。

案例说明

每一个案例都是为了强调某种样式的应用过程。我们并未罗列每家公司的整体商业模式,只是展示了它如何应用某个特定的样式来建立更具竞争力的商业模式。在现实中,一个完整的商业模式可能由几种样式组合而成。

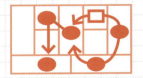

图例

- 空白地带

- 商业模式样式

- 案例说明

- 样式模块

- 可选的样式模块

- 商业模式的原有模块

- 商业模式的其他模块

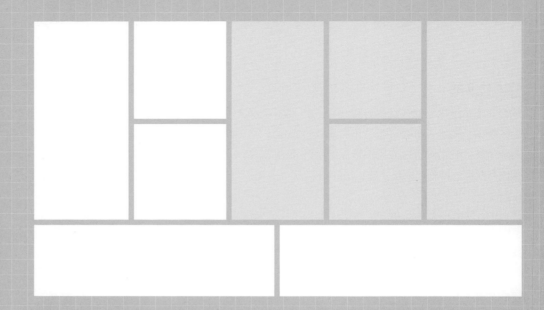

前台颠覆

市场开拓者

p. 146　愿景先驱　　　特斯拉汽车
p. 148　改变用途者　　M-Pesa
p. 149　大众普及者　　西尔斯百货

渠道之王

p. 152　去中介化　　　Dollar Shave Club
p. 154　机会创造者　　特百惠

引力创造者

p. 158　黏性扩张者　　微软Windows
p. 159　强力胶制造者　微软Xbox

彻底改变目标对象和价值交付的方式。

市场开拓者

解锁市场

开发创新的价值主张，创造、释放或解锁全新的、未开发的或未满足的潜力巨大的市场。成为市场开拓者，通过探索市场挖掘出新的收入潜力。

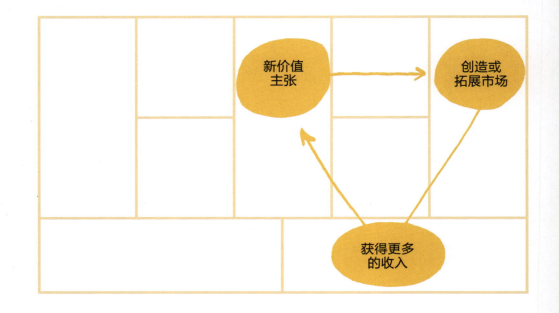

触发问题
我们如何能开拓全新的、未开发的或未满足的潜力巨大的市场？

评估问题
我们正在追逐的未开发的市场潜力有多大，其吸引力有多大？

市场潜力不大，正在萎缩。　　　　市场潜力巨大，且还在增长。

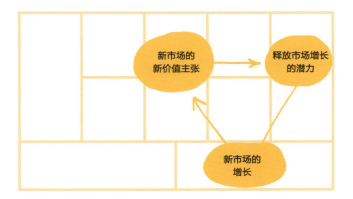

愿景先驱——发挥想象力,在别人看不到的地方挖掘巨大的市场潜力。通过探索以新的价值主张来满足未经证明的需求,从而释放市场增长的潜力。

示例
特斯拉、iPhone、任天堂Wii。

触发问题
大型市场中哪些未经证明的需求值得探索?

改变用途者——通过改变现有技术或基础设施的用途,找到创新的方法来挖掘已经证明的市场需求。

示例
M-Pesa、亚马逊云服务AWS。

触发问题
我们如何能重新利用现有的技术或基础设施,来解锁已被证明但至今无法实现的客户需求?

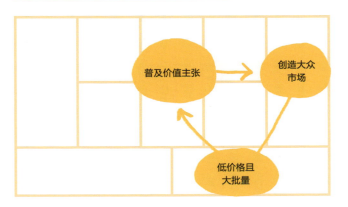

大众普及者——找到创新的方法,使以前只提供给少数高端客户的产品、服务和技术得到普及。

示例
西尔斯百货、Azuri、M-Pesa、亚马逊云服务AWS。

触发问题
我们如何能解锁小众市场中的产品、服务和技术,让它们更广泛地适用于大众市场?

愿景先驱
2012~2019年

特斯拉汽车

2012年，特斯拉预见了一个巨大的未开发市场，当时高端电动车市场一片空白。通过推出Model S，特斯拉打造了正确的价值主张，成功解锁了这个市场机会。

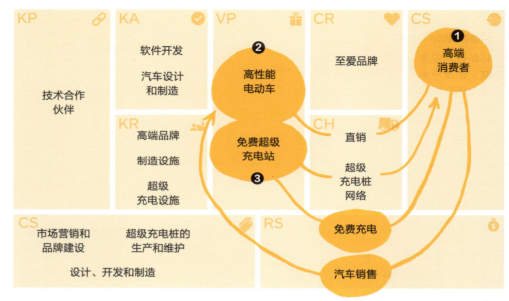

特斯拉成立于2003年，旨在实现电动汽车的商业化，以豪华跑车进入市场，然后转向经济实惠的大众车型市场。2008年，特斯拉开始销售其Roadster，而第一个突破点是在2012年推出Model S，第一款"平价"汽车Model 3于2015年发布，并于2017年问世。

在特斯拉之前，电动汽车的市场并不亮眼，都是一些实惠而没有特点的车型。特斯拉是第一个对电动汽车市场有不同看法的汽车制造商，它看到了一个重大的机会，即专注于性能车型和高端市场。

1 预见一个巨大的、未开发的、为其他人所忽视的市场

特斯拉发现了一个潜在的市场，那就是具有环保意识的高端消费者，他们对电动汽车感兴趣，但不愿意牺牲舒适性、性能和设计感。

2 以新方式创造客户收益

特斯拉推出的Model S满足了其初始客户群的愿望，2013年，它被称为"史上最佳被测车型"，并成为美国最富有的25个地区中8个地区的最畅销汽车车型。[1]

3 用新方法缓解客户的痛点

特斯拉意识到客户对电池续航能力的担忧，于是大幅提高了其车型的充电效率，并在交通密集地区建立了自己的免费超级充电站网络。

+ 至爱品牌

特斯拉在创纪录的时间内建立了一个至爱品牌。它凭借对环保的贡献、高品质的汽车和优质的客户服务，收获了巨大的品牌忠诚度。2014年，特斯拉Model S被评选为"美国最受喜爱的汽车车型"。

+ 直销

从一开始，特斯拉就以直销的方式售卖汽车（通过互联网、商场中展厅以及车主忠诚度计划），向客户宣传汽车的功能。

+ **从硬件到软件和数据**

特斯拉不仅是一家汽车制造商，还是一家真正的软件公司。它的汽车都配备一套复杂的软件，可以无线更新。2014年推出的自动驾驶软件，可以不断从特斯拉驾驶员社区的数据中学习。软件驱动着特斯拉车主的整体用户体验。

+ **为颠覆而打造后台**

为了实现撬动电动汽车市场的愿景，特斯拉与丰田、奔驰和松下等技术合作伙伴一起加强了其核心资源和关键业务的组合。特斯拉还设法克服了首款平价汽车Model 3在量产时遇到的巨大挑战。

14 000
台超级充电桩

部署在全球1261个站点，此数据来源截至2019年9月。³

27.6
万台

Model 3最初两天的预订量，对特斯拉而言价值超过100亿美元，此数据来源截至2016年4月2日。⁴

特斯拉战略画布²
电动汽车比较一览表

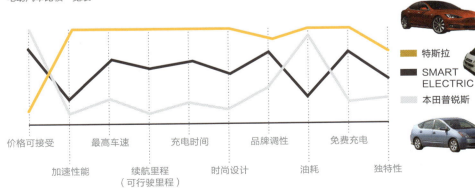

特斯拉
SMART ELECTRIC
本田普锐斯

价格可接受　最高车速　充电时间　品牌调性　免费充电
　加速性能　续航里程　时尚设计　油耗　独特性
　　　　　（可行驶里程）

2019年全球电动汽车销量⁵

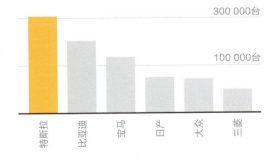

300 000台

100 000台

特斯拉　比亚迪　宝马　日产　大众　三菱

改变用途者
2007~2019年

M-Pesa

2007年，Safaricom改变其电信网络的用途创建了M-Pesa——可靠的大众汇款解决方案。

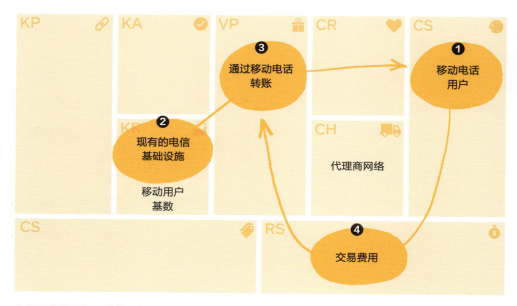

Safaricom是肯尼亚最大的电信运营商。2007年，它决定利用其电信基础设施建立M-Pesa，一个简单的移动汇款系统，却满足了一项已经证明的需求：数百万拥有移动电话的肯尼亚人需要移动支付服务。

当时的金融服务费用昂贵，且不适合小额转账。2009年，肯尼亚全国（人口约3900万）只有352台自动取款机和491个银行分支机构。大多数转账以现金形式进行，这种方式昂贵且不可靠，有时还很危险。

M-Pesa改变了这种状况。在推出后的两年内，M-Pesa每天都会收到1万个新注册申请。[6] 2010年，M-Pesa处理了肯尼亚90%以上的移动货币交易，市场份额占移动货币注册用户的70%。[7]

M-Pesa还在肯尼亚产生了深层影响，有研究表明M-Pesa使约2%的肯尼亚家庭摆脱了极端贫困。[8]

1 基于你的资源，确定一个可解锁的已证明需求

Safaricom公司有市场需求的证据：它们的一些移动客户使用短信共享自己的可用通话时长，作为一种电子货币来解决自己的移动支付难题。

2 重新利用你的核心资源来实现新的价值主张

2007年，Safaricom改变其电信网络的用途而创建的M-Pesa提供了可靠的汇款解决方案。作为肯尼亚占主导地位的电信运营商，它已经与数百万肯尼亚人建立了关系。

3 区别于竞争对手

在21世纪最初10年，金融服务费用昂贵且不适合非常规和小额交易，只有少数肯尼亚人会使用银行系统交易。通过M-Pesa的廉价汇款服务，Safaricom向以前没有开通银行业务的人开放了金融系统。

4 获得新收入来源

M-Pesa为Safaricom创造了新的收入来源，达到629亿先令（约合6.25亿美元），占2018年Safaricom总收入的28%，[9] 收入来自对汇款和其他金融服务收取的小额交易费用。

+ 代理商网络

到2018年，M-Pesa在肯尼亚各地建立了一个由11万名代理商组成的分销网络，让肯尼亚人可以将现金与虚拟货币相互兑换。[10]该网络包括小商店、加油站、邮局，甚至是传统的银行分支机构，是肯尼亚银行自助取款机数量的40倍。

到2013年，有

2300

万肯尼亚人

使用该系统，人数相当于

74%

的肯尼亚成年人口[11]

M-Pesa活跃客户数[12]

截至2019年

3700
万

2007年　　　　　　　　　2019年

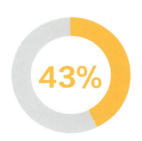

2013年，肯尼亚每月通过该系统转账的金额占GDP的比例为43%，这一数字在2009年为10%。[13]

大众普及者

1888~1993年

西尔斯百货

在19世纪末，西尔斯百货（以下简称"西尔斯"）通过西尔斯邮购目录实现了零售的普及。在美国邮政和快递业增长的加持下，西尔斯得以将其产品分销到美国所有农村地区。

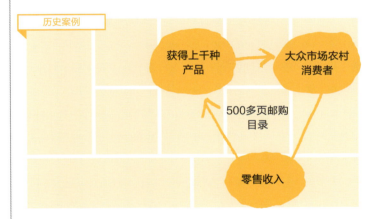

历史案例

西尔斯邮购目录使美国西部偏僻地区的居民接触到以前无法买到的各种低价日用品。到1895年，该目录已超过500页，每年带来75万美元的销售额（相当于今天的2300万美元）。

1925年，第一家西尔斯零售店在芝加哥开业，直到1991年，西尔斯一直是美国的顶级零售商。西尔斯邮购目录在使用了一个多世纪后于1993年停用。

2300
万美元

1895年邮购目录带来的销售额（折合当今的美元购买力）。[14]

渠道之王
触达用户

彻底改变接触和获取大量用户的方式。以行业内前所未有的形式开拓创新性的渠道通路。

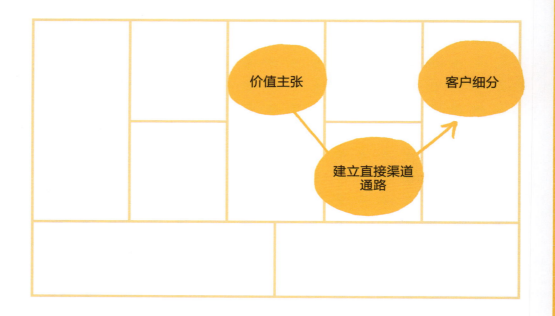

触发问题
我们如何能提高市场触达，并建立直接面对最终用户的有力渠道通路？

评估问题
我们是否有大规模且（理想情况下）直接触达最终用户的方式？

我们的市场触达有限，依赖中间商为用户提供产品和服务并与他们互动。

我们拥有大规模的市场触达，并拥有为最终用户提供产品和服务的直接渠道和关系。

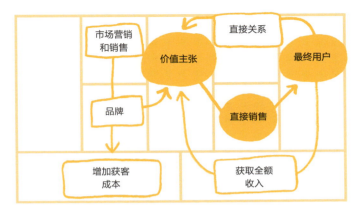

去中介化——建立直接接触用户的渠道，凭借你自己的（通常是创造性的）营销手段、获客活动和强大的品牌影响力来取代中间商。你可以获得更深入的市场理解，建立更强大的客户关系，获取全部收入而不再与中间商分享。

示例
Dollar Shave Club (DSC)、Nespresso、戈尔特斯（Gore-Tex）。

触发问题
我们如何跳过中间商，创造直接接触最终用户的机会？

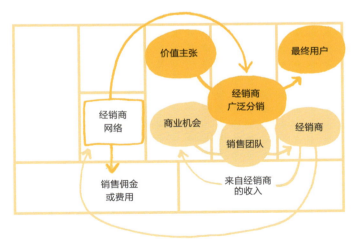

机会创造者——为他人创造商机，来销售本公司的产品和服务。通过帮助他人赚钱和/或获取地位的方式，有力地激励他人帮你提升市场触达。

示例
特百惠、Grameen Phone、J. Hilburn。

触发问题
我们如何能让产品和服务足以吸引大量的人或第三方企业来销售？

去中介化
2012~2016 年

Dollar Shave Club

2012年，Dollar Shave Club（DSC）以病毒式营销活动起家，并通过直接面向消费者销售的方式打破了男士剃须产品市场的平静。

Dollar Shave Club敏锐地发现了消费者的不便，而大多数企业只看到了一个服务过剩的市场。在剃须产品市场上，男士不得不在（所谓的）高科技剃须刀和简陋廉价的剃须工具之间做出选择。DSC的目标是通过提供端到端的用户体验，以及平价剃须产品来改变这种状况。15

2012年，DSC刚一推出网店便迅速在价格过高的男士剃须刀片市场掀起波澜。它从批发商处购买产品，跳过传统的实体零售渠道，以更低的价格在网店上销售剃须刀和刀片。

DSC非常注重网络营销，用营销代替中间商的作用。创始人迈克尔·杜宾（Michael Dubin）的发布会视频传递了品牌的幽默感，并获得了病毒式的传播。DSC每次送货附赠的品牌杂志，内容也往往充满幽默的反转剧情。在2016年，联合利华以近10亿美元收购了该公司。

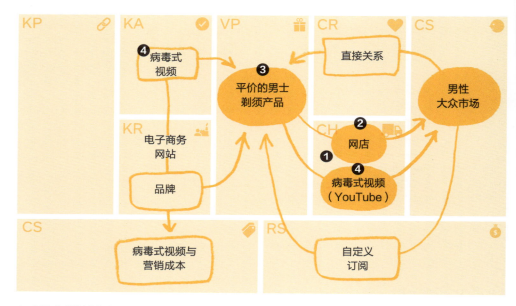

1 去掉（或绕过）中间商

DSC停止了零售店直接销售的模式。正面影响是节省了以往零售商分走的利润，负面影响是失去了零售商广泛的市场触达。

2 建立一个优化的直销渠道

公司于2012年推出网店，这使其能够完全掌控用户体验、客户关系和销售数据。DSC利用这一渠道不断测试其产品线，并优化其价值主张。

3 使你的价值主张差异化

DSC以端到端的用户购买体验与实惠的产品与同行竞争。它推出了灵活的订阅计划，会员只需1美元就可以购买第一件产品，然后选择产品和发货频率。

4 用创新的营销手段取代"历史上"中间商的作用

因为DSC不能依靠零售商，所以它通过病毒式视频创造了知名度和品牌辨识度。DSC以其独特的品牌声音、宣传视频和独家品牌杂志，让消费者持续复购。

截至2019年11月
Dollar Shave Club第一段视频的浏览量为

26 525 768
次[16]

69%
留存率

在首次购买后的第一个月内再次
购买的用户比例[17]

颠覆性的直销品牌

聚焦单一产品和提升用户体验的品牌引领了近期直销品牌的增长。

DTC公司使用去中介化的手段，通过控制以下方面获得了成功：①它们与用户的关系，②无论是网店还是实体店内的产品展示，③用户数据的收集，④新产品的上市速度。

越来越多的直销品牌也走出了网店专供的局面，进入实体店（例如Warby Parker、Bonobos和Glossier）。这些实体店进一步巩固了品牌关系（用户可以在购买前实际试用），并允许品牌定制实体体验。

主流品牌	产品和 全球市场规模 （美元）	直销品牌
耐克	运动鞋 625亿	Allbirds
高露洁	口腔护理 280亿	Quip
陆逊梯卡	眼镜 1235.8亿	Warby Parker

机会创造者
1948~1958年

特百惠

1948年，特百惠通过特百惠理家课堂进行销售，赋能女性利用自己的社交网络向其他女性售卖产品而闻名。

虽然伊尔·特百（Earl Tupper）在1946年就发明了现在无处不在的Wonderlier密封碗，但直到1948年他与布朗妮·怀斯（Brownie Wise）合作创建特百惠理家课堂之日起，这种创新的钟形塑料容器才得以走红。

布朗妮·怀斯开创了女主人团体的产品展示会（特百惠理家课堂），利用女性社交网络的力量进行个性化的家庭产品展示。

特百惠将销售塑料制品的行为上升到女性独立于丈夫赚钱的高度。由于这些独立经销商非常成功，特百惠在1951年完全放弃了门店销售。

特百惠是一家以女性为中心的企业，赋能女性并利用她们的社交网络作为扩大影响和建立信任的销售渠道。

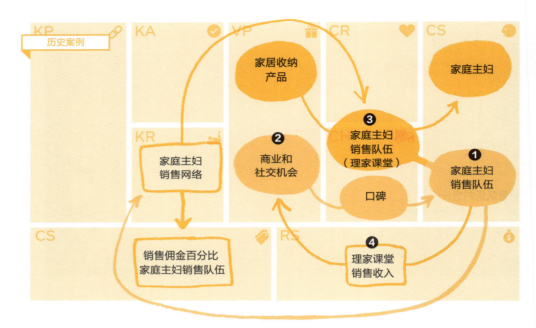

1 确定谁是你要创造机会来帮你销售的人

在为第二次世界大战做出贡献后，女性就被告知要回到厨房。布朗妮·怀斯看到了一个机会，那就是帮助家庭主妇成为特百惠独立经销商。

2 设计机会

怀斯开创了特百惠理家课堂，形式通常是由一位女主人聚集自己的社交关系，特百惠经销商展示产品。女主人作为活动主办方获得产品奖励，经销商则获得销售额的分成。

3 发展渠道

到1954年，经销商网络已经多达2万人，她们是独立经销商而非特百惠员工，共同充当公司和消费者之间的渠道。[18]

4 从帮助他人中挣钱

女性通过亲眼看到产品，并从朋友那里得到有说服力的推荐，从而确信产品的实用性。这种销售渠道非常成功，以至于特百惠公司在1951年决定完全放弃门店销售。

70%

20世纪50年代，70%的美国家庭都是在职丈夫和家庭主妇的组合。[19]

销售队伍的增长[20]

1954年特百惠经销商增长情况

20 000

7 000

1月　　　　　　　　　　12月

2.33 亿美元

特百惠的家庭收纳产品销售额飙升，在1954年达到2500万美元（以2019年的货币计算，超过2.33亿美元），这完全是由特百惠经销商的销售努力推动的。[21]

到了20世纪90年代，美国家庭中至少拥有一件特百惠产品的比例是[22]

90%

Natura

南美洲最大的化妆品公司之一Natura是现代版的特百惠。自1974年以来，它一直在使用一种名为"通过关系销售"的直销模式。

170万

Natura网络中销售顾问的数量[23]

数十万女性创业者担任品牌大使和美容顾问，并销售Natura产品。2005年，Natura涉足零售领域，在法国巴黎开设了第一家精品店。2012年，它创建了数字化平台来支持全球的销售顾问，提供在线课程和支持功能。

2019年5月，Natura同意以换股方式收购其最大的直销竞争对手雅芳。

引力创造者

锁定客户

使客户难以离开我们或切换至竞争对手。在以前没有切换成本的地方创造切换成本,并把单次交易型业务变成长期关系型业务。

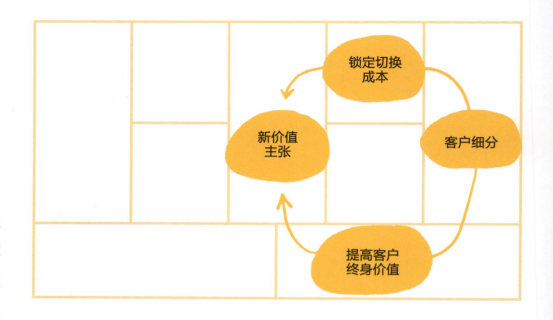

触发问题
我们如何能让客户难以离开,并用积极的方式提高切换成本?

评估问题
客户离开我们或切换至另一家公司有多困难?

理论上我们所有的客户都可以立即离开我们,而不会承受直接或间接的切换成本。

我们的客户在几年内都被锁定,离开我们将使他们承受巨大的直接和间接切换成本。

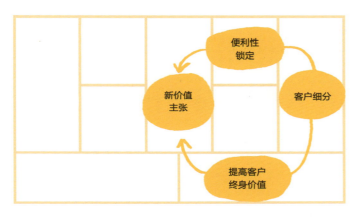

黏性扩张者——通过让客户不方便离开来提高关系的黏性。不方便可能与数据转移的难度、重新学习的工作量、离开程序的烦琐步骤或其他客户决定离开时会面对的痛苦有关。

示例
微软Windows

触发问题
我们如何能提高客户的黏性？

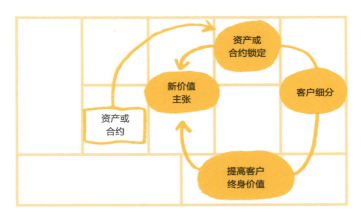

强力胶制造者——通过锁定客户而使他们难以离开。锁定的手段可以基于多年合约、前期沉没成本、取消费用、消除替代品以及其他技术方式。

示例
微软Xbox、Nespresso

触发问题
我们如何能强力锁定客户？

黏性扩张者
1990~2014年

微软Windows

1990年，微软让30家PC制造商在其机器上预装Windows 3.0。此举有效地将数百万用户锁定在微软的生态系统中，并产生了此后20多年的持续性收入。

微软在1985年推出的Windows，最初是作为PC最初的操作系统MS-DOS的附加软件。然而，1990年，当微软推出Windows 3.0时，它利用其与PC制造商的关系预装了该操作系统（而不是单独发售）。超过30家厂商同意免费将该程序预装在每台机器上。因此，Windows迅速得以普及，在问世后的两个月内出货量就超过了100万份。[24]

一旦消费者学会了如何使用Windows及其兼容程序，他们中的大多数人就不愿意投入时间、成本和精力去切换新的操作系统和新程序。PC用户一旦购买了第一台配备Windows的PC，就将自己锁定在微软的生态系统中了。

历史案例

1 发现一个客户切换成本低的市场

早期的市场比较分散，每个PC厂商都经营着自己独特的操作系统。此时，用户从一个系统切换到另一个是相对容易的。

2 创建一个能锁定客户的价值主张

Windows 3.0从三个方面提高了切换成本：①PC厂商预装Windows，提高了用户切换所需的精力；②Windows图形交互界面和丰富的新功能使学习曲线陡峭化；③微软建立了一个Windows兼容软件的生态系统，通过软硬件的协同性锁定客户。

3 注重扩大首次获客规模

微软在1990年扩大了首次获取Windows 3.0的用户规模，让30家主要PC制造商预装Windows 3.0并签署长期许可协议。这就一举把Windows交付到数百万用户手中，并有效地锁定了他们。

4 获得锁定的收益

由于学习曲线和软件兼容性的优势，客户不断地复购装有Windows系统的PC。这种锁定保证了微软可以向PC制造商收取持续性的授权使用费，以及20多年来Windows对零售用户的销售。

+ Windows兼容软件的爆发

微软锁定战略的一个重要组成部分是通过软件开发者的爆发式增长，迅速提升可用于Windows生态系统的软件数量：与Windows兼容的软件从Windows3.0发布前的700个增加到一年后的1200个，到1992年达到5000个。[25]

每台电脑的授权费

50美元

制造商为每台1000美元的PC上的Windows拷贝支付约50美元费用。[26]

80%~90%

所有PC中,配备微软公司软件的占比。[27]

微软收入一览[28]
(单位:百万美元)

 强力胶制造者
2001~2006年

微软Xbox

2001年,微软首次进军生活领域,发布了初代Xbox游戏机。这款为用户发放补贴的游戏机迅速借此锁定了游戏玩家,并从自有游戏销售和第三方游戏的版税中提升了客户终身价值。

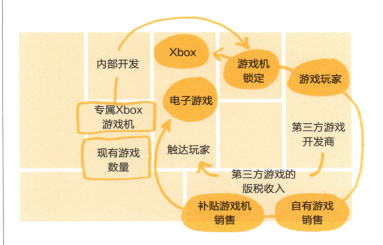

微软在2001年开发的Xbox是一款封闭式系统的游戏机。它通过补贴游戏机销售来吸引和锁定大量的游戏玩家。微软在Xbox上变现的方式是销售像《光环》之类的独家自有游戏,以及第三方游戏开发商在其系统上每售出一款游戏支付的版税。由于游戏玩家前期的游戏机投资以及后期购买的游戏库,他们不太可能换游戏机。微软在和索尼PlayStation 2的竞争中成功地采用了这种商业模式。

50亿美元

截至2015年,《光环》系列在游戏和硬件销售方面取得的成绩。[29]

前台颠覆

领导者
评估问题

市场开拓者

触发问题
我们如何能开拓全新的、未开发的或未满足的潜力巨大的市场？

评估问题
我们正在追逐的未开发的市场潜力有多大，其吸引力有多大？

市场潜力不大，正在萎缩。　　　　　　　　　　　　　　　　市场潜力巨大，且还在增长。

渠道之王

触发问题
我们如何能提高市场触达，并建立直接面对最终用户的有力渠道通路？

评估问题
我们是否有大规模且（理想情况下）直接触达最终用户的方式？

我们的市场触达有限，依赖中间商为用户提供产品和服务并与他们互动。　　　　　　　　我们拥有大规模的市场触达，并拥有为最终用户提供产品和服务的直接渠道和关系。

引力创造者

触发问题
我们如何能让客户难以离开，并用积极的方式提高切换成本？

评估问题
客户离开我们或切换至另一家公司有多困难？

理论上我们所有的客户都可以立即离开我们，而不会承受直接或间接的切换成本。　　　　　　　我们的客户在几年内都被锁定，离开我们将使他们承受巨大的直接和间接切换成本。

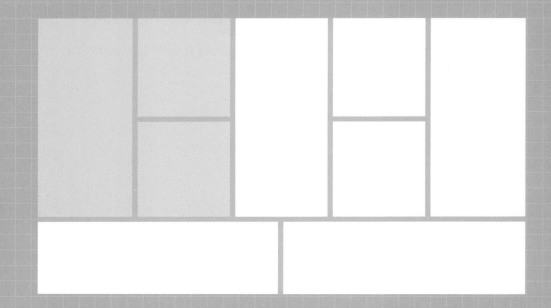

后台颠覆

资源壁垒

p.166	**用户基数壁垒**	Waze
p.168	**平台壁垒**	某出行服务商
p.170	**知识产权壁垒**	戴森
p.171	**品牌壁垒**	Wedgwood

活动差异者

p.174	**效率颠覆者**	福特T型车
p.175	**速度大师**	Zara
p.176	**可持续性大师**	巴塔哥尼亚
p.177	**按需生产者**	戴尔电脑

规模扩张者

p.180	**外包者**	宜家
p.182	**许可者**	ARM
p.184	**特许人**	哈珀

彻底改变创造价值的方式。

资源壁垒

建造护城河

利用竞争对手难以复制或无法复制的核心资源建立竞争优势。

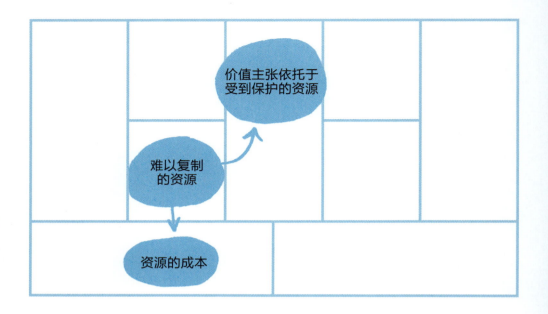

触发问题
我们如何能让难以复制的资源成为商业模式的重要支柱？

评估问题
我们是否拥有难以复制或无法复制的核心资源而具备显著的竞争优势？

我们的核心资源明显不如竞争对手。

我们的核心资源在未来几年内不容易被复制或赶超，并且给我们带来了显著竞争优势（如知识产权、品牌等）。

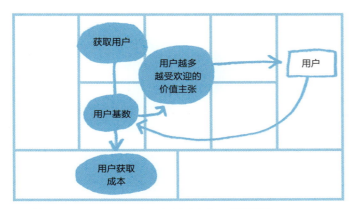

用户基数壁垒——创造一个具有网络效应的商业模式，大量的用户会给其他用户带来某种相对价值。企业应获取庞大的用户基数以建立竞争优势，让竞争者都难以追赶。

触发问题
我们如何能在价值主张中建立根植于庞大用户基数和网络效应的竞争优势？

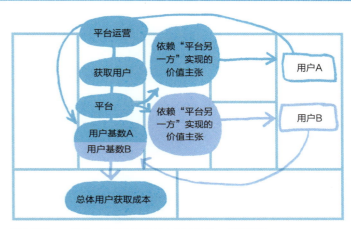

平台壁垒——创造一种具有网络效应的商业模式，在这种模式下，海量用户之间都意味着相对价值。这就使得其他用户数量较少的竞争对手很难赶超。

触发问题
我们如何能依托两个或以上的大型用户群建立一个网络效应平台？

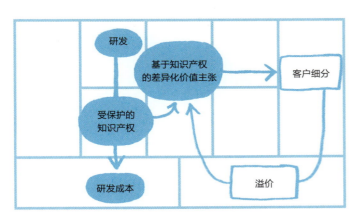

知识产权壁垒——利用受保护的知识产权来超越竞争者。如果没有知识产权，就要提供难以复制的独特价值主张。

触发问题
我们如何能利用受保护的知识产权作为竞争优势（在以前知识产权并不受重视的领域）？

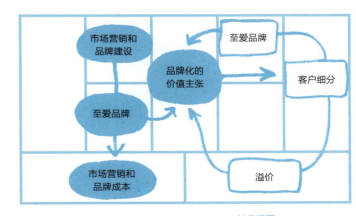

品牌壁垒——用强大的品牌来超越他人。专注于打造以强大品牌为核心的价值主张。

触发问题
我们如何使品牌成为有意义的竞争优势（在一个至今尚无强势品牌的领域）？

用户基数壁垒
2008~2013年

Waze

2008年,Waze开发了一个交通导航系统,该系统随着每一个新增用户而不断优化。来自用户的实时信息有助于所有用户缩短通勤时间,缓解交通拥堵。

艾胡德·沙布泰(Ehud Shabtai)、阿米尔·辛那(Amir Shinar)和欧力·莱文(Uri Levine)于2008年创立了Waze,该商业理念源于艾胡德·沙布泰在2006年开发的一个众包项目,该项目旨在创建一个免费更新和分发的以色列数字地图。

随后,Waze演变成了一款交通导航应用,它将社交网络的影响力与GPS数据相结合,用来缩短用户的通勤时间并减少全球范围内的交通拥堵。这是网络效应的一个绝佳范例,随着使用的人越来越多,应用的服务价值也越来越高。

当2013年谷歌以9.66亿美元收购Waze时,Waze在全球已经拥有超过5000万用户。[30]

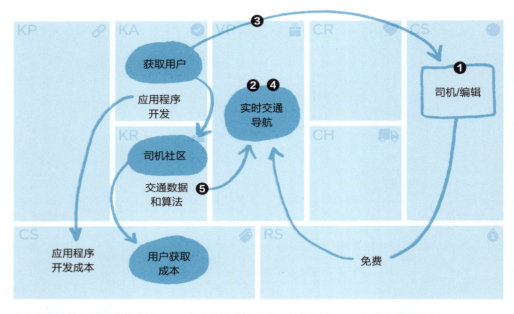

1 识别用户群,形成竞争优势

Waze将用户视为改进其数字地图的核心资源。它通过收集用户的实时数据,并要求他们积极帮助企业改进地图,从而使用户成为一种资源。

2 为用户解决痛点,创造收益

Waze不仅是一个语音导航系统。它的交通算法可以优化路线,帮助用户避免拥堵,解决通勤时间长的痛点。

3 积极获取用户

为了快速扩大用户基数,Waze做出了免费提供应用的战略选择。用户一开始被免费工具所吸引,然后因稳步提升的价值主张(即算法的有效性)而留下来。

4 让用户形成你的价值主张

用户以三种方式做出贡献:①Waze收集所有用户的驾驶时间和GPS数据;②活跃用户发布路况更新信息;③一支志愿编辑队伍更新地图并将其翻译成各国语言。

5 收获竞争优势

随着每一个新用户的加入,Waze的算法将变得更加智能,为现有用户和新用户共同创造更具吸引力的价值主张。Waze庞大而活跃的全球用户群是竞争对手难以复制的。

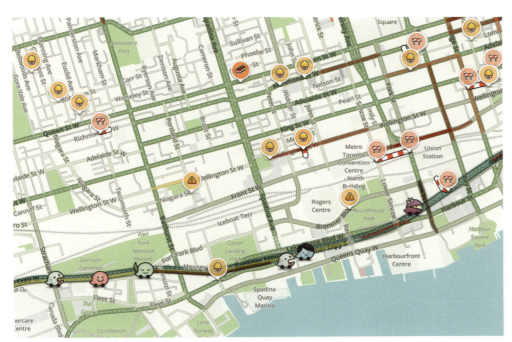

Waze多伦多实时地图的示例，由用户报告的信息生成。

用户基数[31]
（单位：百万）

1.3亿

2019年的月活跃用户。Waze的用户基数从2011年的700万一路增长。[32]

2016年Waze统计的志愿编辑者数量：

42万[33]

网络效应

网络效应意味着一种产品或服务随着更多的人使用而对其用户变得更有价值。直接网络效应意味着当产品或服务的用户基数增加时，基于用户间直接联系的数量增加，从而创造出更多价值。示例包括电话、WhatsApp、Skype或Facebook。

2个活跃用户
=1个连接

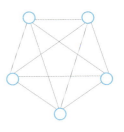

5个活跃用户
=10个连接

12个活跃用户
=66个连接

改编自Andreessen Horowitz

平台壁垒
2012~2019年

某出行服务商

2012年,某出行服务商推出了网约车服务,并迅速获得了行业内最大的司机和乘客资源库,使其他任何竞争者都难以在这个领域竞争。

它诞生之初的愿望是解决北京的交通拥堵和居民出行问题。在引入网约车服务之前,乘客为争抢出租车而发生冲突、非法出租车收取高额车费的现象在拥挤的城市中心时有出现。中国市场存在一个特点:大量人口已经通过移动设备互联起来,同时高度拥堵的城市需要缓解交通压力。

虽然它成立之初只有网约出租车服务,但它迅速成长为一个共享出行平台。

它的领先地位源于其激进的收购策略。它收购了它的两个主要竞争对手(Uber中国和快的打车),从而匹配了最大基数的互联网乘客和最大的司机资源池。

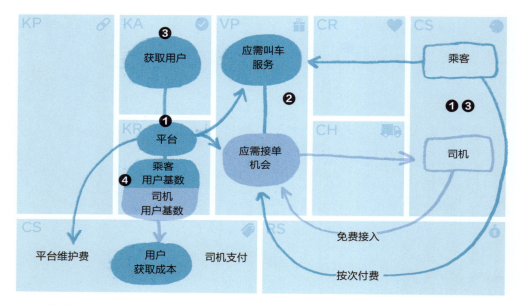

1 识别如何通过平台连接两个群体

它发现了通过匹配乘客和司机来改善个人出行的机会。它最初以网约出租车服务起家,后迅速扩展到兼职司机群体,以增加其可用车辆。

2 为每个群体创造价值主张

它以其庞大的司机资源池、稳定的价格、短暂的等待时间以及微信和支付宝的整合来吸引乘客。它以庞大的乘客流量池、缩短的空驶时间和一定的折扣(如汽油、保险等)吸引司机。

3 积极扩张两个群体

它采取了非常积极的策略,尤其是通过收购其两个主要竞争对手来壮大其乘客和司机队伍。截至2019年1月,它拥有超过3100万名司机,服务于5.5亿注册乘客。

4 收获竞争优势

两个相互依存的大规模用户群体为它创造了竞争优势,这使得任何竞争者都很难在中国的出行领域与其竞争。

5.5 亿注册用户

 =1375万用户

110 亿次
在2018年，它为大约110亿次出行提供服务——高于2017年的74亿次。

每天 **3000** 万次

（在中国，它每分钟产生17 000次用车服务）

488 亿公里
它的用户2018年总计行程，其中……

8 亿公里
拼车出行8亿公里，节省4300万升燃油，减少97 000吨二氧化碳排放量。

网络效应
当一组用户使用量的增加会增加互补产品对另一组不同用户的价值时，就会产生双边网络效应。示例包括优步、Open Table、爱彼迎、eBay和Craigslist。

2300万 辆私家车

300万 次拼车

300万 辆出租车

34万 次豪车出行

3100万 名注册司机

知识产权壁垒
1993~2019年

戴森

从1993年的一台真空吸尘器开始，戴森一直以独创性的方式应对各种产品工程挑战。戴森投入巨资研发出创新的一流产品，再以高溢价出售，并进行专利保护。

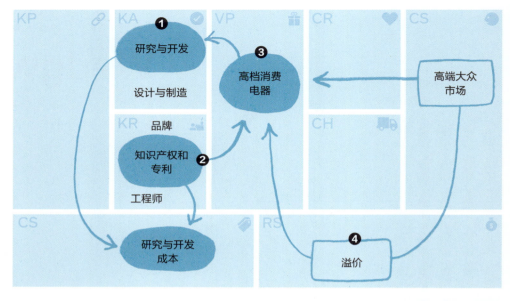

20世纪80年代，詹姆斯·戴森开发了革命性的无尘袋式双气旋真空技术。他试图将其授权给吸尘器制造商，但这些公司都拒绝了他的发明。这项技术固然更好，但这种产品使公司损失掉销售集尘袋和滤网的持续性收入。

戴森没有放弃，他在1993年制造了自己的真空吸尘器，并在过程中赢得了几场专利侵权诉讼。随后，通过继续利用专利知识产权制造其他优质产品，戴森的业务组合不断扩大。公司的产品扩展到了干手器、风扇、空气净化器、吹风机、扫地机器人甚至电动汽车。每一款产品都是（拥有专利知识产权的）技术飞跃的结果。

1 大力投入研发

戴森的雄心是在其进入的每一个领域中，生产出冠绝市场的产品。公司将约20%的收益用于研发再投资。

2 积极申请专利

戴森用大量专利保护自己的产品创新。为了开发Supersonic吹风机，戴森花费7100万美元提交了100项专利申请。据报道，该公司每年在专利诉讼上的花费超过650万美元。[34]

4 溢价销售

戴森以高溢价水平销售其家电产品。戴森的立式吸尘器售价700美元，是市场上最贵的吸尘器之一，这赛道里最便宜的替代产品仅售价40美元。

3 以最好的产品和服务实现差异化

在其参与竞争的每个类别中，戴森都能利用知识产权创造出最好的产品。例如，它的真空吸尘器就采用了竞争对手的产品中从未出现过的技术。

+ 品牌

通过将沉睡的家电市场转变为充满尖端科技和时尚工业设计的市场，戴森发展出一个强大的品牌。戴森经常被称为"家电领域的苹果公司"，因为该公司在发布产品前也力求完美。

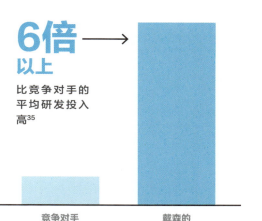

6倍以上

比竞争对手的平均研发投入高 35

竞争对手平均投资　　戴森的研发投入

1亿台机器

截至2017年，以每天8万台的速度由戴森生产出来。36

品牌壁垒
1765~2019年

Wedgwood

1765年，约西亚·韦奇伍德在一次皇家陶艺比赛中获胜，并被宣布为女王御用陶艺师。他利用这种认可建立了一个强大的、有防御力的品牌，利用"女王御用瓷器"的定位营销其产品，并创造了折合当前市场价值34亿美元的财富。

历史案例

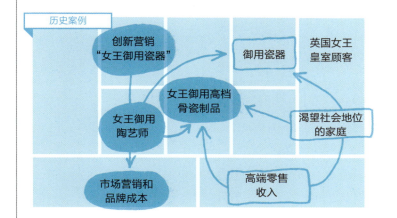

韦奇伍德利用皇室对其产品的认可，将目标消费者锁定在那些希望像上流社会一样喝茶，但又不一定买得起昂贵瓷器的人身上。他开拓了市场，创造了一个品牌。Wedgwood还说服消费者购买陶器用作展示而非使用，并利用自身的品牌优势保障企业在数百年内免受竞争。

245年

Wedgwood的浮雕玉石花瓶自1774年以来一直保持着生产。37

活动差异者

优化业务架构

活动差异者给客户创造和传递价值，彻底改变他们所从事的活动以及这些活动相互结合的方式。在活动差异化的基础上，提出创新的价值主张。

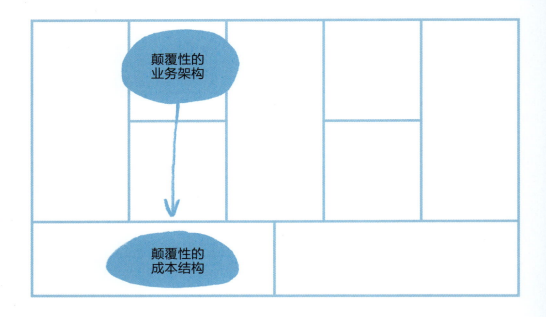

触发问题
我们如何能通过开展新的业务或以创新的方式构建业务，为客户创造（更多的）价值？

评估问题
我们是否因为以颠覆性的创新方式开展和构建业务活动，而为客户创造了重大价值？

我们循规蹈矩地开展着常规业务活动，其业绩表现与同类组织相同或更差。

我们的关键业务在未来几年内不容易被复制或赶超，它们给我们带来了显著的竞争优势（如成本效益、规模等）。

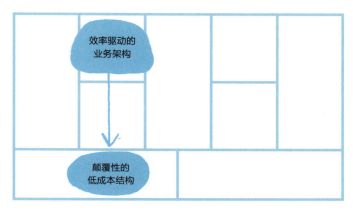

效率颠覆者——彻底改变你所从事的业务活动和你构建这些业务活动的方式,以便彻底提高效率。你可以借机创建一套颠覆性的低成本结构,并选择是否将节约的成本让利给客户。

触发问题

我们如何彻底改变业务架构,以颠覆性的成本结构开展竞争?

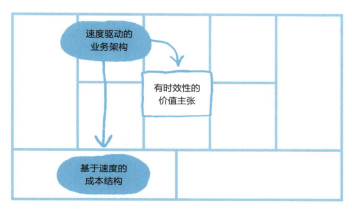

速度大师——建立专注于速度的全新业务架构方式。创造新的、有时效性的价值主张并加快上市速度。

触发问题

我们如何能以速度为中心进行业务架构,以开发新的、有时效性的价值主张?

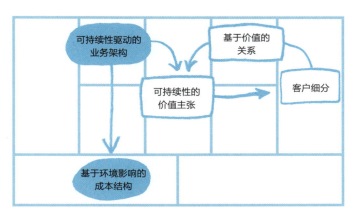

可持续性大师——调整活动使其对环境友好并对社会产生积极影响,即使可能导致成本增加。在从事那些能增加效益的活动时,要削减那些对地球和社会有害的活动。

触发问题

我们如何能重新构建业务活动以产生积极的环境和社会影响?

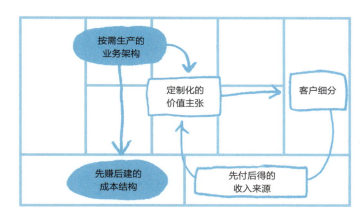

按需生产者——构建相应的产品或服务,以符合客户的特定规格要求。调整业务活动,只有在收到订单时才会启动生产。

触发问题

我们如何能重新构建业务活动,使其按需生产并在订单确认和客户付款后才启动?

效率颠覆者
1913~1927年

福特T型车

1913年，亨利·福特将流水线概念引入汽车生产，将生产成本削减了1/3，并在此过程中颠覆了整个行业。

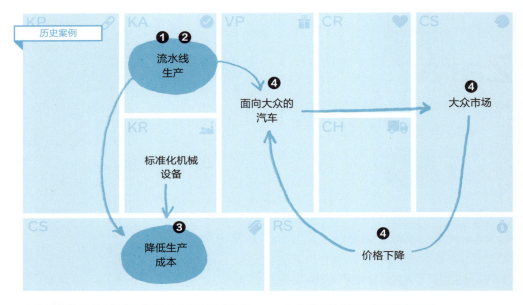

历史案例

20世纪初，汽车被认为是富人的玩具，操控它们往往过于复杂，需要配一名训练有素的司机。亨利·福特决心以更高的生产效率为大众打造一款安全、实惠的汽车。福特把目光投向了自己的行业之外，这使他发明了生产流水线。

流水线的引入，使每辆汽车的组装时间从12小时以上缩短到90分钟左右。在流水线上只需对员工进行单一任务的培训，也使得福特可以雇用技术水平更低的工人并进一步削减成本。T型车的产量从每天100辆逐步攀升到1000辆——这一数字接近现代化的工厂——并使价格从850美元降到300美元。[38]

在使用流水线仅10年后，福特迎来了其第1000万辆T型车。[39]

1 探索其他行业以寻找创新的效率驱动型业务架构方式

福特的流水线灵感来自当时面粉、啤酒、罐头和肉类包装商所使用的持续流转式生产方法。他相信可以将这些业务架构借鉴到汽车行业。

3 获得收益

通过这种新的工作方式，汽车生产成本迅速降低，同时生产效率大大提升。标准化的机器带来了更高的质量和更可控的生产成本。工人们现在可以在90分钟内组装一辆汽车，而在以前则需要12个小时以上。[41]

2 将外界的创意借鉴到你的行业

福特将流水线引入汽车行业。汽车装配过程是标准化的，分为84个步骤。[40]工人保持在自己的工位上，专注于处理一个步骤，而汽车沿着机械化生产线移动，改变了以往集中一个团队组装一辆汽车的装配方式。

4 颠覆你的行业

1914年，福特的13 000名工人制造了大约30万辆汽车，比它近300个竞争对手用66 350名员工制造的汽车还要多。[42]由于福特降低了生产成本，其汽车价格从850美元降到了300美元以下，一举颠覆了汽车行业。

速度大师
1980~2019年

Zara

20世纪80年代,Zara颠覆了时尚产业,通过彻底重构了供应链创造了快时尚品类。通过垂直整合供应链,Zara几乎能做到即时响应时尚潮流的动向。

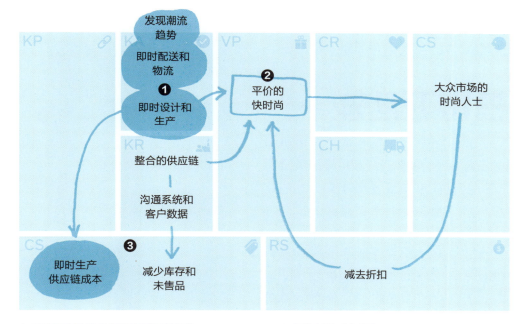

Zara是一家全球性的时装零售商,其成功源于缩短交货时间和对时尚潮流近乎即时反应的能力。Zara由世界最大的时装集团Inditex拥有。

当诸多时尚产业玩家选择将生产外包给成本更低的亚洲工厂时,Zara却另辟蹊径,选择垂直整合供应链,并将生产转移到欧洲(近岸)。

Zara颠覆了时尚行业,将产品从灵感产生到零售的时间缩短到3周以内,创造了一个新的平价快时尚品类。这种模式让Zara在竞争激烈的时尚行业中占有一席之地:截至2018年,Zara活跃于线上和96个国家和地区,管理着2238家实体店,年收入达189亿欧元。[43]

1 彻底重新构建业务活动以提高速度

Zara决定在当地工厂和自有工厂生产一半以上的时装,以实现产品上新速度。当时,大多数大型时尚企业出于成本考虑,都依赖于将生产外包给亚洲工厂。这种生产和供应链的差异化使Zara能够以闪电般的速度对时尚趋势做出有效反应。

2 开发有时效性的价值主张

Zara的价值主张侧重于紧跟快速变化的时尚趋势。它的业务架构使其能够在3周内发现潮流动向并推出新的单品。竞争对手每年上市两批时装系列,需要9个月以上的时间才能将商品送到门店。Zara每种风格的商品只运到门店几件,所以库存总是稀缺的。这就造成了Zara不断更新的系列,顾客往往是"看到就买",因为这些衣服不会出现太久。

3 拥抱新的成本结构

为保证灵活性、全面控制以及设计和生产过程的效率,较高的劳动力成本是Zara要付出的代价。Zara保留了85%的工厂产能用于应季调整,超过50%的衣服是在季中设计和生产的。[44]

+ 趋势、数据和沟通

Zara培训其零售员工,利用高效的沟通系统将顾客的喜好和实时销售数据回传给设计师,最新的设计和生产预测也会相应调整。由于Zara只生产有限的商品,因此它不必处理过剩的库存或不断的降价促销。

+ 定价能力

每家店每个款式的商品都有有限的库存,根据需求进行补充,且根据最新的流行趋势不断有新的款式到店,因此Zara很少对衣服进行打折,这与大多数时尚品牌迥然不同。

可持续性大师
1973~2019年

巴塔哥尼亚

1973年，伊冯·乔伊纳德（Yvon Chouinard）创建了一家户外服装公司巴塔哥尼亚（Patagonia），公司的业务活动均围绕环保角度来构建。

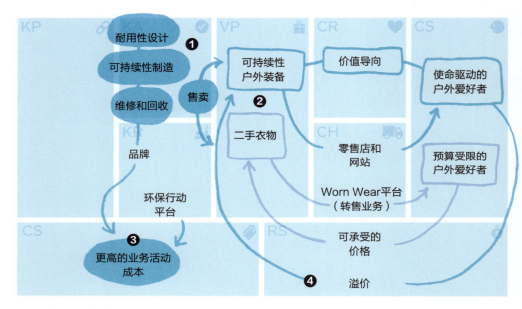

巴塔哥尼亚由伊冯·乔伊纳德于1973年创立，主要为攀岩爱好者生产和制作服装和装备。创始人是一个狂热的攀岩爱好者，他相信无痕攀岩的方式对野外环境的影响很小。

从一开始，巴塔哥尼亚就明确关注环境保护，这彰显了其创始人的个人道德准则。它是加州第一家使用可再生能源为其建筑供电的公司，也是第一批使用再生纸印刷产品目录的公司之一。1994年，巴塔哥尼亚改用100%有机棉，并在其羊毛产品中去除氯的成分。

巴塔哥尼亚在商业上的成功使其成为一家引人注目的行动主义公司。2018年，它将自己的使命宣言改为"用商业拯救我们的地球家园"，还为草根组织提供工具和资金。

增长并不是巴塔哥尼亚的终极目标，然而其差异化定位和对环境的关注恰恰帮助它实现了可持续增长。

1 根据环保目标梳理业务活动

为了实现环保目标，巴塔哥尼亚在设计和制造户外服装和装备时将耐用性作为一个强力约束条件，以减少消耗和浪费。此外，公司通过最大限度地使用有机材料和再生材料，修复破损衣物，以及在整个供应链中遵守严格的环保标准，来控制其对环境的影响。

3 接受更高的业务活动成本

巴塔哥尼亚的高可持续性标准导致了更高的成本。它使用成本更高的有机棉，开发可处理回收材料的基础设施，并培养公众的环保意识（足迹记录）。它还对供应商进行可持续性实践的教育，使其供应链更加环保，并承担相应的成本。

2 提出可持续的价值主张

通过延伸并超越功能性的价值主张（高品质户外服装和装备），巴塔哥尼亚让客户感到他们也参与到保护环境中去。在购买巴塔哥尼亚的产品时，客户觉得自己在为最高的环保标准做贡献。巴塔哥尼亚甚至提出了购买二手服装的价值主张，以控制其环境影响，并进一步扩大市场。

4 应用溢价定价

巴塔哥尼亚可以收取溢价，因为客户愿意为环保生产付出代价。该公司的客户更看重环保而非价格。

按需生产者

1984~2007年

戴尔电脑

1984年，戴尔以高品质、低成本的PC颠覆了PC市场，这些PC都是按需生产并直接销售给客户的。

1984年，迈克尔·戴尔在大学宿舍里成立了自己的公司。他意识到，成熟的电脑买家希望以合理的价格购买到定制化、高质量、技术含量高的电脑。这是他们无法从当时占据市场主导地位的IBM那里得到的。

戴尔通过提供定制电脑来锁定用户。买家只需拨打一个免费电话，给出自己的定制需求，然后等待电脑送达即可。

戴尔用按需生产和直销的销售模式颠覆了传统的PC销售模式。他绕开实体零售店实现高接触销售，最大限度地降低库存和库存折旧成本，以定制化、高性价比的电脑颠覆了PC行业。

1984年戴尔在宿舍里组装PC，5年后已发展出3亿美元的业务。45

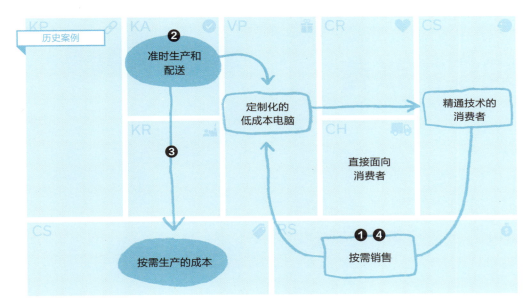

历史案例

1 接受定制订单并获得收入

1984年，戴尔开始通过电话接收定制PC的订单。买家根据他们的确切需求，从戴尔提供的各种PC零件单中选择。1996年，戴尔公司将其直销模式搬到线上，并实现了自动化的按需生产流程。

3 管理你的准时生产供应链

与传统的PC制造商相反，戴尔摆脱了库存、零售和物流的沉重成本。由于产品是按需生产的，这就要求戴尔围绕着一系列新的业务活动来追求卓越：准时供应链和准时生产。

2 制造产品

戴尔从PC设备批发商处购买零件，然后根据客户的订单组装定制版PC（准时生产制），这样能够将PC的成本控制在1000美元以下。

4 将节约的成本让利给客户，并颠覆市场

戴尔的按需生产模式避免了库存压力和价值折旧。此外，戴尔的直营和零部件批发模式进一步降低了生产和分销成本。这使得它可以将节约的成本转化为兼具高品质和颠覆性价格的电脑产品。

规模扩张者

更快增长

在非扩张性商业模式的传统市场中，找到全新的规模化扩张方式。

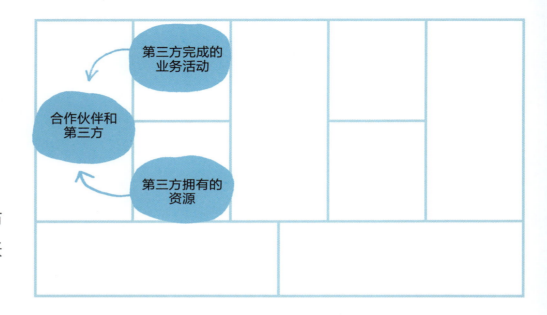

触发问题
为了使我们的商业模式更具扩张性，可以采取哪些不同的做法（例如，突破资源和业务活动的瓶颈）？

评估问题
在不需要大量额外的资源和活动（如建立基础设施、寻找人才）的情况下，我们如何能快速、轻松地发展商业模式？

我们的业务和客户增长是资源密集型的（如需要投入更多人员），需要大量努力（如难以规模化的活动）。

我们的收入和客户基数可以很容易地提升，而不需要大量的额外资源和活动。

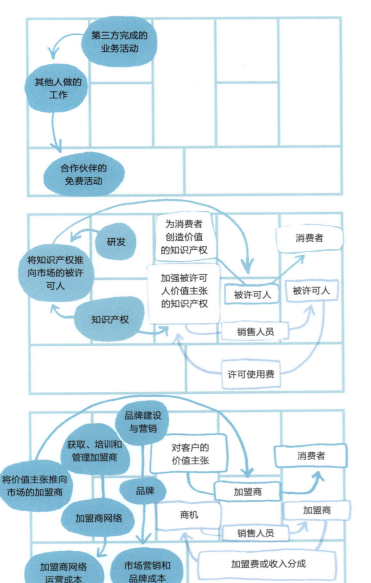

外包者——通过让他人（免费）从事你以前在内部开展的关键业务活动，来提高你的规模扩张能力。

示例
宜家、脸书、推特、Instagram、Red Hat、Zinga。

触发问题
可以在哪些方面利用客户或第三方帮我们免费创造价值？

许可者——通过让被许可方从事大部分价值创造活动（如产品制造和商业化）来提高规模扩张能力。

示例
ARM、迪士尼。

触发问题
如何能利用授权许可使我们的商业模式更具扩张性和/或将知识产权（如品牌、专利等）变现？

特许人——通过将你的经营理念、商标、产品和服务授权给经营相应店面的加盟商来创造规模扩张能力。

示例
哈珀、丽思卡尔顿、麦当劳。

触发问题
我们如何利用特许经营使商业模式更具规模，并增加我们的市场影响力？

179

外包者
1956~2019年

宜家

1956年，宜家引入"平板包装"的概念，将顾客变成免费劳动力，接管了传统家具制造的部分价值链。顾客在商店里购买家具散件，在家里以自己动手（DIY）的方式进行组装。

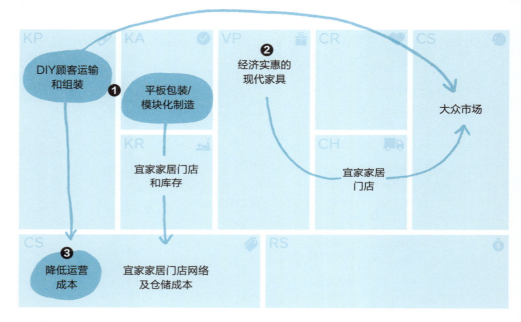

宜家成立于1943年，其愿景是提供"各种设计精良、功能齐全的平价家居产品，让尽可能多的人都能买得起"。

1956年，宜家开始通过"平板包装"的方式推出家具：家具以散件的形式销售，顾客在家中组装。通过降低运输、组装和库存成本，宜家能够迅速扩大规模，遍地开店。

宜家善用其客户完成工作的能力使其在全球49个市场发展到433家门店，服务超过9.57亿客户，2019年零售收入达到413亿欧元。[46, 47]

1 发掘让他人免费为你创造价值的机会

1956年，宜家采用了平板包装、即装即用的家具，使家具从工厂到零售中心的这段运输更方便、更便宜。宜家看到了让顾客接管价值链中这一部分的机会。

2 将机会发展为价值主张

由于采用平板包装，宜家可以保持更多的家具库存，并提供比竞争对手更实惠的价格。顾客在宜家商店的开放式仓库里找到他们想要购买的模块化零件，然后自行运输并在家里组装。

3 从"让别人完成工作"中节省运营成本

宜家通过让顾客承担部分工作，节省了大量的运营成本。由于商店仓库同时也是货仓，挑选家具、取回平板包装、运输和组装的一系列成本都由顾客自行承担。

+ 模块化设计和制造

平板包装、价格差异化和顾客组装，反过来也鼓励宜家采用模块化、极简主义的设计，这不仅成为宜家享誉全球的独特风格，同时也进一步简化了制造环节。

+ 平板包装带来的整体节约

平板包装不仅能通过争取让顾客来完成部分工作来实现成本节约，它还能在家具制造、仓储和大规模运输的过程中实现整体成本的节约。

500美元

在美国运输一张沙发的费用，具体取决于尺寸和运输距离。

20美元

用卡车装载的宜家沙发的运输成本可以低至每张沙发20美元。[48]

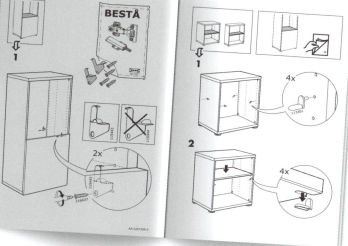

2010年，宜家改变了Ektorp沙发的设计，将平板包装的尺寸缩小了50%

并将零售价格下调14%。[49]

16% 受调查的美国房主中，超过 **1/4** 的家具是在过去十年里从宜家购买的。[50]

红帽（Red Hat）

红帽公司是一家成立于1993年的软件公司，它的主要价值主张建立在免费提供的Linux开源操作系统上。像Linux这样的开源软件的特殊性在于，它由一个开发者社区创建，免费提供给任何人使用。

随着Linux操作系统日渐复杂，红帽公司找到了一种基于Linux创建商业模式的方法。它意识到，企业客户在采用该系统时存在很大障碍。通过向企业提供Linux的测试、认证和支持等订阅服务，红帽公司让Linux更易于被企业客户接受。

红帽公司找到了一种使红帽公司和开发者社区互利的方式，实现了有效变现。

2019年，IBM以340亿美元完成了对红帽公司的收购。[51]

许可者
1990~2019年

ARM

1990年，ARM从一家计算机制造商中分拆出来，完全专注于硅芯片的设计和知识产权许可。今天，全球几乎所有的智能手机和平板电脑都采用了ARM设计。

ARM开发硅芯片的相关知识产权，它成立于1990年，是从英国计算机制造商Acorn Computers分拆出来的。1994年，诺基亚第一次将ARM设计应用于诺基亚6110型手机上。

半导体制造商将ARM的知识产权与自己的知识产权结合起来，来完成整个芯片的设计。含有ARM知识产权的芯片凭借低功耗的特性，增强了当今大多数移动设备的性能。2014年，全球每天都有60%的人在使用含ARM芯片的设备。[52] 2012年，智能手机和平板电脑中95%的芯片都采用ARM设计。[53]

ARM授权1000多个全球合作伙伴（包括三星、苹果、微软）使用其知识产权。与英特尔或AMD等半导体制造商不同，ARM并不生产或销售芯片。

软银集团在2016年以243亿英镑收购了ARM。[54]

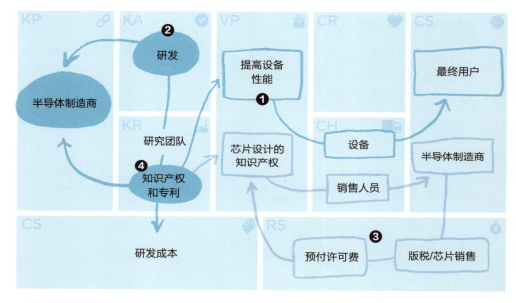

1 探查并解决疑难问题

ARM 认识到平板电脑、笔记本电脑和智能手机是下一波技术浪潮。为了给便携式设备打造有吸引力的芯片和知识产权，ARM主要在更快的处理速度、更低的功耗和更低的成本上下功夫。

2 大力投资于研发

2018年，ARM在研发方面的投资为7.73亿美元（占2018年收入的42%）。[55]ARM能接受在获得收入前很多年（平均为8年）就预支研发成本。2008年，ARM的研发支出为8700万英镑，占当年收入的29%。随着时间的推移，研发支出会持续增长。[56]

3 聪明的授权方式

ARM在向合作伙伴提供知识产权时收取固定的预付许可费，并从合作伙伴提供的包含ARM知识产权的每个芯片中赚取版税。许可费估计在100万~1000万美元，版税通常为芯片售价的1%~2%。

4 无须制造的规模化

通过授权，ARM可以有效地扩张业务规模。芯片的设计可以多次销售，并在多种应用场景重复使用（如移动设备、消费级设备、网络设备等），同时ARM没有制造成本。

- **不断增大的客户基数持续贡献版税**

  许可费和版税收入会持续多年，特别是与销售挂钩的版税构成了一种持续性收入。新知识产权的许可费和版税建立在现有知识产权的基础上，形成了强大的长期收入引擎。

- **智能手机行业的增长**

  基于ARM的芯片架构功耗低，特别适合移动设备，这使得ARM能随着移动行业的指数级增长持续获利。

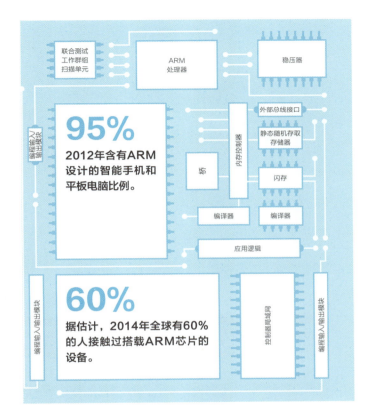

95%
2012年含有ARM设计的智能手机和平板电脑比例。

60%
据估计，2014年全球有60%的人接触过搭载ARM芯片的设备。

ARM 2018年的收入[57]
- 60% 取决于销售的版税
- 30% 固定的预付许可费
- 10% 软件或支持

90% 的收入来自版税和许可费

42% 的收入再投资于研发

迪士尼

沃尔特·迪斯尼在1928年创造了米老鼠，并在1930年迅速授权这个标志性人物作为手写笔记本的封面。1929年，沃尔特·迪斯尼创建了迪士尼公司，目的是将商品销售与工作室制作分离开来。

十居其六

迪士尼公司拥有2017年全球十大娱乐商品特许经营许可中的六个。[58]

迪士尼最初授权了玩具、玩偶和手表。在1934年，米老鼠作为第一个授权角色出现在了麦片盒上。迪士尼公司实际上成了迪士尼消费品专卖店的前身。

迪士尼消费品专卖店继续增长，其中"迪士尼公主"特许经营权（成立于1999年）贡献巨大。如今迪士尼的授权并不限于传统意义上的儿童用品、玩具和图书，而是扩展到食品、服装、家居用品上，目标是全面覆盖"所有年龄段的儿童"。

特许人
1888~1956年

哈珀

1891年，玛莎·玛蒂尔达·哈珀创立了现代特许经营制度，赋能女性创业者以哈珀品牌经营自己的美发店。

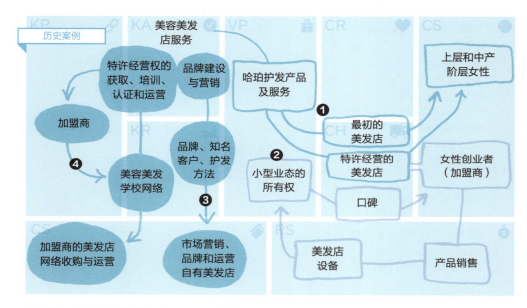

玛莎·玛蒂尔达·哈珀于1888年开设了她的第一家美发店，凭借对顾客的服务和悉心照顾，她的事业取得了初步成功。哈珀创建了现代特许经营制度，通过建立美发店网络来扩大业务规模，同时赋能女性创业者。

哈珀的客户既有女权活动家，也有社会名流，口碑效应帮助她建立了市场影响力，很快就有女性要求她在美国各地开设卫星美发店。

哈珀决心建立一个由像她这样的工薪阶层女性拥有和经营的特许经营网络。到1891年，首批的两家特许经营美发店已经开业。20世纪30年代，哈珀在全球范围内经营着500家美发店，同时还建立了连锁培训学校。[59]

1 创建一个成功的样板业务和价值主张

哈珀从单体美发店开始，提供护发服务和产品。第一家美发店很成功，客户对开办更多美发店的需求迅速增加。

2 为创业者创造特许经营的机会

哈珀利用这种需求发展出一个由像她一样的工薪阶层女性经营的美发店网络。她为这些加盟店店主提供启动贷款、营销支持和哈珀美容法的培训。

3 投资打造品牌

哈珀品牌之所以出名，得益于围绕政治家、好莱坞明星、英国皇室等忠实客户进行的市场宣传。为了保证品牌的一致性，哈珀要求加盟店必须接受美发店巡视检查并持续学习进修课程。

4 通过加盟商扩大规模

通过特许经营模式，哈珀能够迅速实现规模化。在20世纪30年代业务鼎盛的时候，哈珀将自己的护发产品和美发店设备卖给全球500家美发店以实现收入。

+ 护发习惯的创新

哈珀引入了科学的护发方法，打破了当时的护发习惯和社会旧俗。她发明的美发躺椅和她对客户服务的重视，消除了人们对在家护理头发的一些成见，引发美容美发市场的扩张。[60]

用毕生积蓄

360美元

在1888年开设第一家店。61

哈珀从小是个穷苦的女仆，而她的客户中包括女权运动中的重要女性。她决定，第一批100家美发店应该由像她一样的女性来开设和经营，以达到赋能女性的目的。她为她们提供创业贷款，并提供护发方法和客户服务的培训。62

哈珀的加盟商简介

工作：
- 实现财务独立
- 在家庭或工厂之外掌握一门熟练的手艺

痛点：
- 缺乏技能和教育
- 缺乏就业机会

收益：
- 个体赋能
- 财务独立

哈珀用她著名的长发作为营销工具，来展示自己头发的健康程度和其产品的功效。

500家
美发店遍布全球

20世纪30年代的巅峰时期，哈珀的美发店网络在全球发展到500家。

特许经营

特许经营一直是跨行业领域和地域扩张的热门工具。2018年，仅在美国就有近74万家特许加盟店，雇用了760万人，为经济贡献超过8000亿美元。63

特许经营是经济稳定和增长的重要来源。50%的新企业都开不到第5年，特许加盟店则更有可能运营超过5年。

自1900年以来在美国的特许加盟店数量

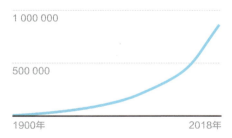

1 000 000

500 000

1900年　　　　　　　　2018年

74万家机构　　760万个工作岗位　　8000亿美元的产出

后台颠覆

领导者
评估问题

186

发明样式库

资源壁垒

评估问题
我们是否拥有难以复制或无法复制的核心资源而具备显著的竞争优势？

触发问题
我们如何能让难以复制的资源成为商业模式的重要支柱？

−3 ········ −2 ········ −1 ········ 0 ········ +1 ········ +2 ········ +3

我们的核心资源明显不如竞争对手

我们的核心资源在未来几年内不容易被复制或赶超，并且给我们带来了显著竞争优势（如知识产权、品牌等）。

活动差异者

评估问题
我们是否因为以颠覆性的创新方式开展和构建业务活动，而为客户创造了重大价值？

触发问题
我们如何能通过开展新的业务或以创新的方式构建业务，为客户创造（更多的）价值？

−3 ········ −2 ········ −1 ········ 0 ········ +1 ········ +2 ········ +3

我们循规蹈矩地开展着常规业务活动，其业绩表现与同类组织相同或更差。

我们的关键业务在未来几年内不容易被复制或赶超，它们给我们带来了显著的竞争优势（如成本效益、规模等）。

规模扩张者

评估问题
在不需要大量额外的资源和活动（如建立基础设施、寻找人才）的情况下，我们如何能快速、轻松地发展商业模式？

触发问题
为了使我们的商业模式更具扩张性，可以采取哪些不同的做法（例如，突破资源和业务活动的瓶颈）？

−3 ········ −2 ········ −1 ········ 0 ········ +1 ········ +2 ········ +3

我们的业务和客户增长是资源密集型的（如需要投入更多人员），需要大量努力（如难以规模化的活动）。

我们的收入和客户基数可以很容易地提升，而不需要大量的额外资源和活动。

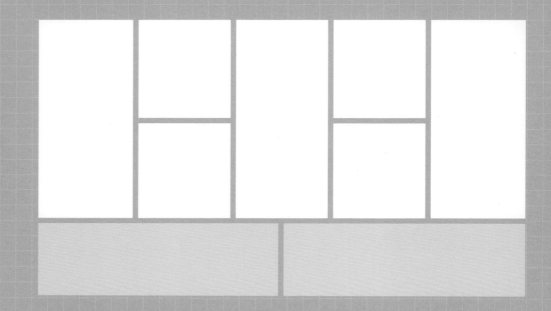

盈利公式颠覆

收入差异者

p. 192　**持续性收入**　　　施乐
p. 194　**诱钓**　　　　　　柯达
p. 196　**免费增值者**　　　Spotify
p. 197　**补贴者**　　　　　堡垒之夜

成本差异者

p. 200　**资源掮客**　　　　爱彼迎
p. 202　**技术专家**　　　　WhatsApp
p. 203　**低成本**　　　　　易捷航空

利润大师

p. 206　**叛逆者**　　　　　世民酒店
p. 208　**高端玩家**　　　　iPhone

彻底从收入和成本两方面改变盈利方式。

收入差异者

收入爆发

寻找创新的方法来获取价值，解锁曾经无利可图的市场或（同时）大幅提升收入。

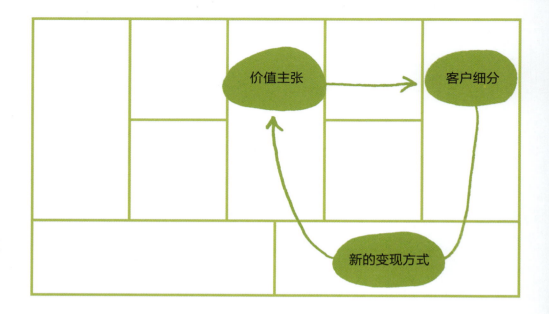

触发问题
我们可以引入哪些新的收入来源或定价机制，以便从客户那里获取更多价值或解锁曾经无利可图的市场？

评估问题
我们是否利用了强大的收入来源和定价机制，以便将我们为客户创造的价值变现？

我们的收入主要是不可预测和交易性收入，需要持续投入销售成本。

我们有可预测和持续性收入，一次销售可以带来持续多年的收入。

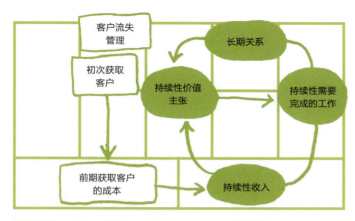

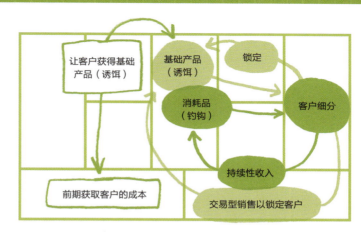

持续性收入——从一次性销售中产生持续性收入。其优势包括复合收入增长（在现有收入的基础上不断叠加新收入）、更低的销售成本（一次销售投入的成本可换取持续性收益）和可预测性。

触发问题

我们如何才能产生长期的持续性收入而不是交易性收入？

诱钓——用基础产品（诱饵）锁定客户，以便从客户需要反复购买的消耗品（钓钩）中获取持续性收入。

触发问题

我们如何用基础产品（或服务）和消耗品创造持续性收入？

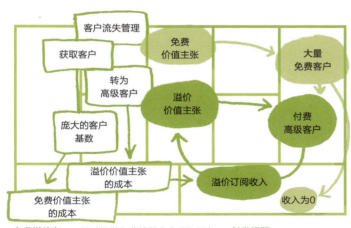

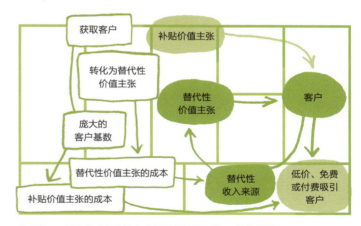

免费增值者——同时提供免费的基本产品和服务以及收费的高级产品和服务。如果免费增值模式足够好，企业就能获得庞大的客户基数，并可以顺利地将其中相当比例的免费客户转化为付费客户。

触发问题

我们将如何拆分价值主张，分别提供免费和溢价的价值主张呢？

补贴者——以免费或低价的方式提供完整的价值主张，然后通过强大的替代性收入来源来补贴收入减损的部分。这与免费增值不同，免费增值只对基本产品和服务免费。

触发问题

我们如何能产生足够的替代性收入来源，从而支持我们免费提供价值主张？

持续性收入

1959~1976年

施乐

1959年，施乐公司推出了第一台普通纸复印机——施乐914。施乐公司不但销售机器，而且从每一份复印件中获得长期的、持续性的收入。

1959年，施乐公司花了十多年时间和大笔研发经费，发明并商业化了第一台普通纸复印机——施乐914，从而彻底改变了人们获取信息的方式。

这台机器是革命性的：平均每天可复印2000份，比当时普通商业复印机的复印量多100倍。64

由于施乐914的价格昂贵，它采用了长期租赁模式来减轻客户的经济负担。客户只需提前15天通知，就能取消租赁，这表明施乐对其价值主张信心十足。

为了从它坚信的"复印成瘾"概念中变现，施乐公司设计了一个按份付费的计划，其中前2000份复印件免费。正是由于这种创新的商业模式，这项技术的收益远远超过了施乐单纯售卖复印机的收益。

到1962年，商业复印业务的价值从10年前的4000万美元上升到4亿美元。施乐的名字已经成为复印机的代名词。65

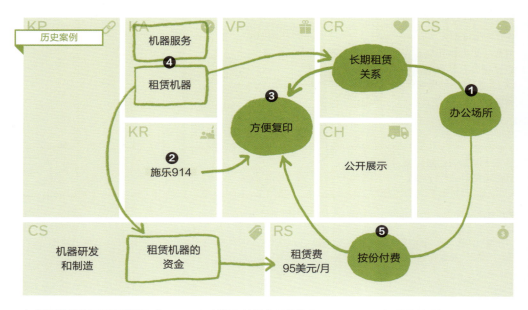

1 识别持续性需要完成的工作

切斯特·卡尔森是一名专利代理律师，经常缠身于复印文件的烦琐工作。当时，企业复印机每天的复印量平均在15~20份。

2 创造可持续变现的资产

为了应对这一挑战，卡尔森发明了一种名为"xerography"的新技术并申请了专利。他和后来的施乐公司一起，开发出第一台普通纸复印机——施乐914，日均复印量达2000份。

3 设计价值主张

施乐公司相信，一旦人们习惯了复印，就会被其便利性深深吸引，并比以往更多地使用复印机。施乐公司提供了前2000份免费复印，之后按复印量计费的价值主张。

4 获取客户

施乐公司意识到它的复印机价格昂贵，作为一种新生事物而言大众不易接受，于是它采用了长期租赁的销售模式，以低廉的价格进入办公场所。客户以每月95美元的价格长期租用它，而非一次性付费购买29 500美元的复印机。

5 赚取持续性收入

每台复印机都有一个计数器，用来统计每月的复印量。在2000份之后客户为每份复印件支付4美分，这使得施乐公司能够通过持续性收入不断地将其价值主张变现。

+ **公开展示以促进客户采用**

施乐914体积大、运输困难,而它的技术必须让人眼见为实,因此施乐公司没有采用传统的销售模式,而是选择举办公开展示活动(包括在纽约市的中央车站展示)。这些活动有助于展示机器的生产力,并加速产品普及。

10万份

施乐914的月均复印量,原设计月均复印量为1万份。[67]

1250万美元

施乐914的开发成本(相当于今天的1.1亿美元),比公司1950~1959年的总收益还要多。[68]

295千克

施乐914最初的重量,它必须倾斜着搬运才能挤过大多数办公室的门。[68]

施乐公司的收入[69]
单位:百万美元

30
20
10

1959年 1960年 1961年 1962年 1963年

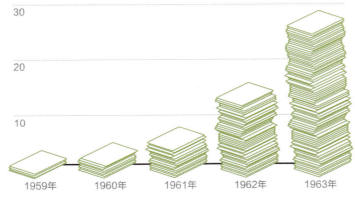

通过订阅获得持续性收入的上升

一个更传统的创造持续性收入的方式是订阅,这种模式以前常用于报纸订阅,现在已经扩展到无数领域。

15%的产品订阅

15%的网上购物者已经签订了一个或多个订阅,以便定期收到产品。[70]

随着互联网的兴起,订阅模式蓬勃发展。2018年,Interbrand将百强品牌总价值的29%归因于订阅式业务,而在2009年这一比例为18%。[71]

客户可以订阅不计其数的复购型或体验型产品(食品、服装等),也可以订阅以使用权替代所有权的服务(如软件即服务SaaS、服装、娱乐)。订阅模式不仅征服了消费市场,也征服了B2B市场和制造市场。

诱钓
1900~2012年

柯达

1900年，柯达公司以廉价相机"诱导"消费者，通过销售高利润的胶片和提供照片冲印服务获得大量后续收入。

乔治·伊士曼于1888年创立了柯达公司（以下简称柯达），目标是让"相机像铅笔一样方便使用"。他在1900年成功地推出了廉价相机布朗尼（Brownie）。通过布朗尼，柯达将相机产品成功推向大众：经济实惠、便于携带、使用方便。

柯达开创了业余摄影市场，并在20世纪的大部分时间里占据了主导地位。1999年推出的数码相机（柯达助力发明）才触发了柯达在摄影领域主导地位的终结。

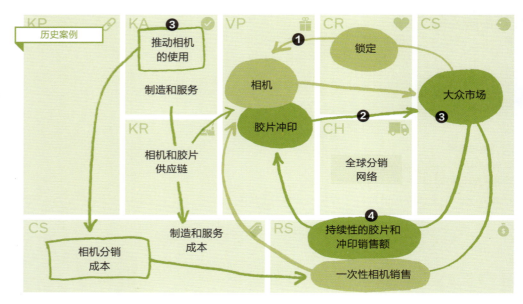

历史案例

1 用基础产品"诱导"并锁定客户。

1900年，柯达推出了第一台大众相机——布朗尼，售价仅为1美元（相当于2019年的30美元），并将业余摄影的风潮引入大众市场。[72]

3 获取客户

在1900年，摄影仍是新生事物。柯达使用布朗尼的低价策略和广泛的营销活动，针对包括妇女和儿童在内的业余摄影者，加速获取客户。它在第一年就卖出了25万台相机。[74]

2 用消耗性的产品和服务"钩住"客户

布朗尼里预装了胶片，胶片用完后业余摄影者需要把胶片送回柯达公司冲印。此外如果业余摄影者想继续这一爱好，就要"上钩"重复购买胶片及冲印服务。

4 享有来自消耗品的持续性收入

当时，胶片的价格是每卷15美分。用户还要为每张照片再花10美分的冲印费和40美分的邮费，把胶片送到柯达冲印。用户重复购买胶片和冲印服务为柯达带来了大量的持续性收入。

+ **为胶片和冲印构建后台**

 柯达建立了一个后台，以支持复杂的胶片制造过程。柯达把持着供应链中的大部分环节，包括冲印化学品等原材料，这就形成了巨大的进入壁垒。

+ **分销与品牌**

 几十年来，在强大的品牌和大量的营销投资的支持下，柯达建立了一个全球经销商分销网络。

创新者的颠覆

由于商业模式被数码相机和智能手机颠覆，柯达在2012年申请破产。新技术浪潮使柯达的主要收入引擎（模拟胶片）变得过时。讽刺的是，在1975年发明第一台数码相机的人，恰恰是柯达的工程师史蒂文·萨森。

柯达未能将其相机和基于胶片的商业模式带到数字世界。2001年，它收购了一家名为Ofoto的照片分享网站。柯达没有采用基于广告的商业模式（类似脸书），而是将Ofoto定位为吸引更多的人打印数码图片，但当时的打印市场已经竞争激烈并走向衰退。

第5名

全球最具价值品牌（1996年）。[76]

70% 柯达在20世纪80年代享有的胶片利润率。[74]

90% 1976年美国胶片销售量中柯达的占比。[75]

美国消费者的照片打印量

— 数码打印量　— 胶片打印量

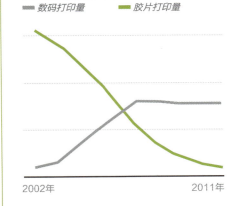

2002年　2011年

每年拍摄的照片

— 所有照片　— 模拟照片

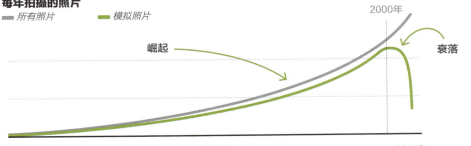

崛起　衰落　2000年

1826年　1918年　2011年

免费增值者
2006~2019年

Spotify

2006年,Spotify推出一项免费在线音乐服务,与可自由下载的盗版音乐相抗争。其主要收入源自用户向高级订阅服务的升级。

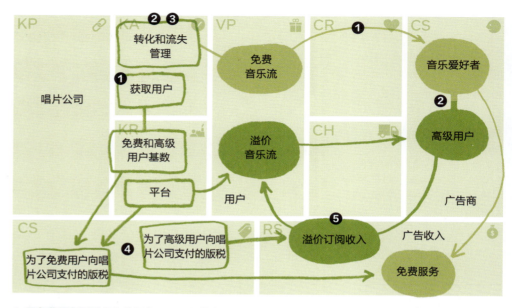

Spotify是一个音乐流媒体平台,用户可以通过它访问大量的音乐曲库。它采用免费增值的收入模式,免费提供基本的、有限的、植入广告的服务,同时提供收取订阅费的无限制高级服务。

Spotify在很大程度上依赖于其音乐算法及用户和艺术家社区,以保持其高级体验的愉悦性。其高级订阅用户数占用户总数的比例从2011年的10%增长到2018年的46%。[77]

从一开始,Spotify就将自己视为盗版音乐和iTunes付费购买歌曲的合法替代品。Spotify将收入的很大一部分以版税的形式支付给唱片公司。自2006年推出以来,它已经支付了近100亿美元的版税。[78]

该公司加速了从音乐下载平台到流媒体的转变,并在此过程中颠覆了苹果公司的iTunes。Spotify在2019年实现了公司历史上的首次盈利。[79]

1 用免费服务吸引庞大的用户基数

Spotify的免费音乐流媒体服务让用户可以访问数百首歌曲的音乐库。享受免费服务的基本功能时,用户必须收听来自广告商的信息,Spotify通过这种方式对免费服务进行一部分补贴。

2 将免费用户转化到高级用户的价值主张

Spotify在将免费用户转化为高级用户方面非常成功,其高级服务有更多的功能并移除了广告。2018年,Spotify有46%的用户是高级用户,他们贡献了其总收入的90%。

3 管理留存和流失

与所有订阅模式一样,用户的终身价值,即Spotify能从用户身上共赚取多少钱,随着公司留存用户的时长而提升,这就是所谓的管理用户流失。在2019年上半年,Spotify的高级用户流失率降至4.6%的历史新低。[80]

4 平衡免费和高级用户的成本

Spotify向唱片公司支付的费用接近每条流媒体所产生收入的52%。在Spotify上传播的音乐中,超过85%的音乐属于四家唱片公司:索尼、环球、华纳和Merlin。2018年,Spotify为高级用户支付了35亿欧元的版税,为免费用户支付了5亿欧元,这两项支出占整体成本的74%。[81]

5 用源自高级用户的收入补贴这一切

免费增值模式的特殊性在于,你需要能够覆盖免费和付费用户的全部成本。Spotify的用户基数在2019年增长到2.48亿以上,它需要为了这些用户向唱片公司支付版税。在这些用户中,54%的用户免费消费(有限制的)音乐。[82]

#1
下载量最大的音乐流媒体应用

排名来自2018年的美国App Store。[83]

美国点播音频歌曲流[84]
单位：十亿

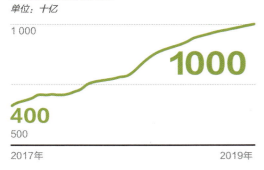

2017年 — 400
2019年 — 1000

46%
的付费服务转化率

与之相比，Slack为30%，印象笔记为4%，Dropbox为4%，谷歌云端硬盘为0.5%。[85]

补贴者
2017~2019年

堡垒之夜

2017年，游戏公司Epic Games发布了《堡垒之夜：空降行动》，一款完全免费的多平台在线视频游戏，通过让玩家在应用内购买数字产品来补贴公司收入。

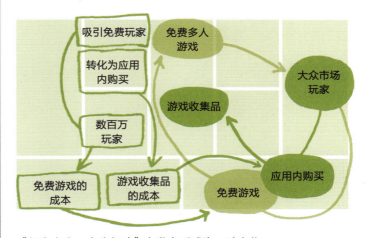

《堡垒之夜：空降行动》在发布后成为一种文化现象。这是一款免费的多人视频游戏，游戏内容是数百名玩家在一个小岛上进行殊死搏斗。

Epic Games通过应用内购买来变现收入，允许玩家购买时尚装扮或舞蹈动作等收集品，而这些收集品并不能提供游戏进度上的战略优势。《堡垒之夜：空降行动》最初在2017年7月发布40美元付费版本，之后转为由应用内购买产生收入补贴的免费版本。[86]

节日活动

节日活动经常使用补贴机制。在某些节日活动现场，食品和饮料的销售收入可以补贴免费入场费。在其他情况下，付费的节日活动可以补贴非节日活动或免费节日活动，例如瑞士的蒙特勒爵士音乐节。

成本差异者

砍掉成本

不仅精简活动和资源,而且通过颠覆性的新方法改变游戏规则的成本结构来建立一个商业模式。

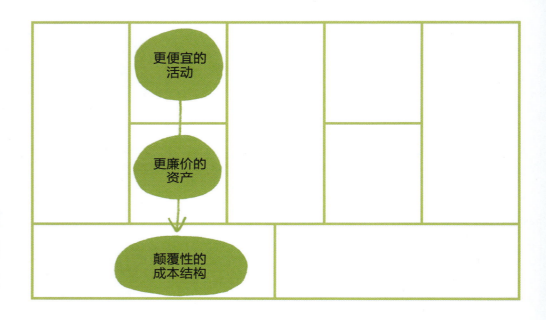

触发问题
我们能否通过不同以往且差异化配置的资源和活动来创造并传递价值,从而显著改变我们的成本结构?

评估问题
我们的成本结构是传统的还是颠覆性的?

我们拥有传统的成本结构,其效率明显低于竞争对手(例如,至少低一半)。

我们拥有颠覆性的成本结构,其效率明显高于竞争对手(例如,至少高一倍)。

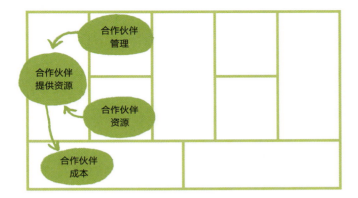

资源掮客——从你的商业模式中去掉最昂贵且资金密集型的资源，以创建一个改变游戏规则的成本结构。

示例
爱彼迎、优步、印度巴帝电信（Bharti Airtel）

触发问题
我们如何能打造轻资源的商业模式，摆脱最昂贵且资金密集型的那部分资源？

技术专家——以全新的方式使用技术，创造一个改变游戏规则的成本结构。

示例
WhatApp, Skype

触发问题
我们如何能利用技术来取代活动和资源，创造一个改变游戏规则的成本结构？

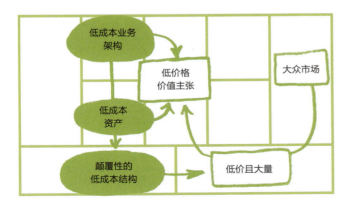

低成本——以全新的方式重组活动、资源和合作伙伴，以颠覆性的低价创建一个改变游戏规则的成本结构。

示例
易捷航空、瑞安航空、Trader Joe's

触发问题
我们如何能彻底重新组合活动、资源和合作伙伴，以大幅降低成本和定价？

资源掮客
2008~2019年

爱彼迎

2008年，爱彼迎推出了一个平台，提供类似连锁酒店的服务，但它不拥有任何房产，它将旅行者与闲置房产的房主联系起来。

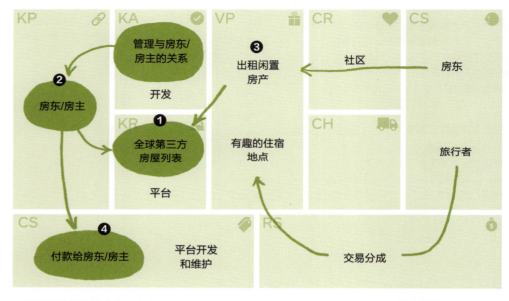

爱彼迎成立于2008年，是一个在线交易市场，将寻找真实、独特住处的旅行者与有多余房间出租的房主连接起来。爱彼迎作为一个中介机构，为这两个不同的客户群牵线搭桥。

相比连锁酒店，爱彼迎有着彻底轻量化的成本结构，因为它并不拥有其网站上列出的任何房间，也不用管理大量的接待人员。爱彼迎的主要成本是平台管理费用和营销费用，这也解释了它为何能如此快速地扩大规模。

爱彼迎商业模式的成功建立在轻资源的成本结构基础上。它找到了一种创新的方式，与闲置房产的房主合作，并通过爱彼迎的交易对接平台帮助房主将这些资产变现。

爱彼迎不同于缤客（booking.com）或hotels.com等第三方网站，旅行者会将爱彼迎网站上列出的房间与其品牌紧密联系起来，就像它本身就是个传统的连锁酒店一样。

1 识别你的商业模式或行业中最昂贵的资源

酒店行业中最贵的资源是房产、房屋维护、员工和服务。另外，当酒店客房在某个晚上没有租出去时，它们就是沉没成本。酒店行业是高度资金密集型的行业。

2 识别可以为你提供所需资源的资产所有者

爱彼迎认识到，很多房主都有闲置资产（闲置的卧室、公寓、海景房等），而个人要实现连续地短期出租相对困难。

3 开发创新价值主张，从合作伙伴处获取资源

爱彼迎为房主提供了成为房东的机会，以创造额外的收入（2017年平均为924美元/月）。[87]爱彼迎让房主通过平台批量接触到旅行者，缓解了房主最大的痛点之一。

4 基于新的成本结构展开竞争

与酒店相比，爱彼迎的竞争成本结构要轻得多，因为它并不拥有酒店，也不雇用清洁或服务人员。爱彼迎的运营成本主要来自平台管理、营销和推广，以及其他针对房东和旅行者的支持性活动。

+ 双边平台

爱彼迎要想对房东有吸引力，就需要一大批旅行者。开发这个"平台的另一边"是向房东提供价值主张的关键成功因素。

+ **至爱品牌**

爱彼迎为这种特殊类型的旅行体验开发了一个非常强大的品牌,它深深地改变了社会规范和习惯。虽然现在已经司空见惯,但在2008年,旅行时在陌生人家里住宿可是前所未闻的事情。

+ **社区和共享经济的重要性**

与以往在酒店的体验相比,爱彼迎促进了房东和旅行者个人层面上的联系,以此来建立一个全球性的爱彼迎社区。这种连接方式催生了共享经济,也就是所谓的协同消费。

700万
全球房源列表

爱彼迎表示,2019年年初其平台上有700万个全球活跃房源,这比排名前五的酒店的房间总数还要多。[88]

200万+

2019年爱彼迎平均每晚入住人数。[88]

0

爱彼迎拥有的房产数量

使用爱彼迎的旅行者占比[89]
美国和欧洲休闲及商务旅行者的百分比

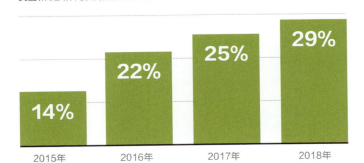

2018年爱彼迎占美国消费者住宿支出的比例。[90]

技术专家
2009~2014年

WhatsApp

2009年，WhatsApp推出了全设备兼容的免费消息服务平台，颠覆了短信和免费桌面消息服务。

2009年，WhatsApp最初是一个个人动态更新应用，后来才转变为免费、无限制的消息服务平台。该公司的目标客户是任何拥有智能手机和互联网连接的人，无论其设备型号和所处位置如何。

WhatsApp颠覆了竞争非常激烈的消息服务市场，在此之前，文字消息服务被电信运营商的付费短信服务和免费的桌面消息服务如雅虎Messenger、MSN Messenger和Skype所主导。

WhatsApp利用软件和互联网将硬件和专有基础设施成本外部化，这原本是电信运营商为提供短信服务而必须承担的。这使WhatsApp能够从全球智能手机用户的增长中获益，以一个极低的成本结构进行运营，并将节省的成本让利给用户（免费服务）。2013年2月，WhatsApp仅以50名员工就能为2亿活跃用户提供服务。到当年12月，它的用户数达到了4亿。91, 92

2014年，脸书以超过190亿美元的价格收购了WhatsApp。93

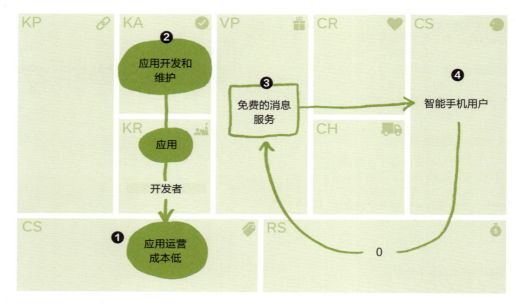

1 确定一个可被技术颠覆的行业成本和收入结构

电信运营商对短信的加价幅度约为6 000%，WhatsApp以免费服务的形式打破了其收入来源。94

2 构建技术

2009年年初，简·库姆（Jan Koum）开发一种基于互联网的iPhone新型消息应用服务。与短信服务使用电信运营商的网络基础设施不同的是，WhatsApp借助用户的智能手机连网来免费传递消息。

3 以截然不同的成本结构进行颠覆

WhatsApp不会因用户发送的信息而产生可变或固定成本，它的主要成本在于软件开发而非基础设施。WhatsApp只需少数软件开发者就能为数百万用户提供服务，并在过程中打破了电信运营商数十亿美元的巨额短信收入。

4 收获利益

WhatsApp以令人难以置信的速度增长，却不必大幅提升成本结构。2013年12月，WhatsApp宣称它只用了35名工程师就使活跃用户数达到了4亿。

+ 智能手机增长

WhatsApp专注于移动市场，并得益于智能手机市场的快速增长。虽然WhatsApp陆续将服务扩展到多个平台和设备，但与免费桌面消息市场的竞争对手（如雅虎Messenger，MSN Messenger和Skype）相反，WhatsApp的聚焦点始终是移动市场。

月度活跃用户数

单位：百万

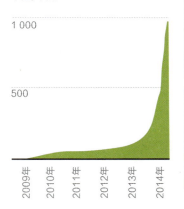

15亿

2019年全球用户数[95]

650亿

2018年每天经WhatsApp发送的信息数[95]

美国的移动消息市场容量[96]

单位：十亿美元

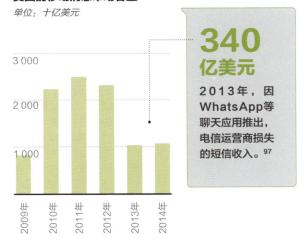

340亿美元

2013年，因WhatsApp等聊天应用推出，电信运营商损失的短信收入。[97]

190亿美元

脸书在2014年2月收购WhatsApp时支付的金额，此时WhatsApp已推出5年。

低成本
1995~2002年

易捷航空

1995年，易捷航空以低成本、无附加服务的航空旅行体验颠覆了欧洲出行市场。

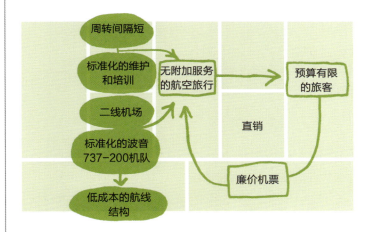

易捷航空成立于1995年，在欧洲市场上推广了低成本航空公司的模式。在2002年实现商业模式多元化之前，易捷航空的商业模式一直沿用以下的低成本蓝图：

- 为预算有限的旅客提供无附加服务的航空体验。
- **二线机场**：经常在收费较低的二线机场降落。
- **机队标准化**：采用一种型号的飞机，客舱配置简单，以降低维护和培训成本。
- **周转时间短**：尽量缩短飞机在地面上不产生收入的时间。
- **直销**：直接向客户销售，以省去支付给出行代理商的费用。

利润大师

利润倍增

通过专注于客户最具付费意愿的部分同时控制成本结构，实现明显高于竞争对手的利润。注重盈利能力优先于市场份额。

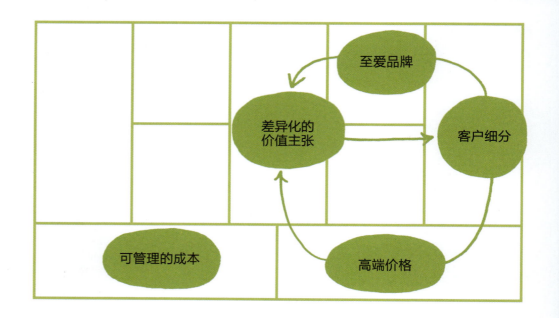

触发问题
我们如何能找到创新的方法，消除商业模式中最昂贵的环节，同时专注于客户最重视且愿意为之付出高价的价值？

评估问题
我们是否具备源自低成本和高价格的利润空间？

由于传统的成本结构和薄弱的定价能力，我们的利润非常微薄（例如，我们的表现比同类机构至少差50%）。

由于优化的成本管理和强大的定价能力，我们的利润非常丰厚（例如，我们的表现比同类机构至少好50%）。

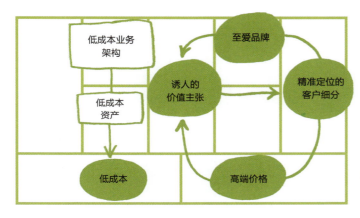

叛逆者——在大幅降低成本的同时提升价值。消除你的商业模式中最昂贵的资源、活动和合作伙伴,即使这意味着限制价值主张。补偿的方法是专注于提升价值主张中的部分功能,这部分功能是某些精准定位的客户热爱并愿意付费但又可以以较低成本提供的。

示例
世民酒店、太阳马戏团、任天堂Wii

触发问题
在我们的商业模式和价值主张中,可以消除哪些昂贵的元素,转而用极富价值但更廉价的元素来替代?

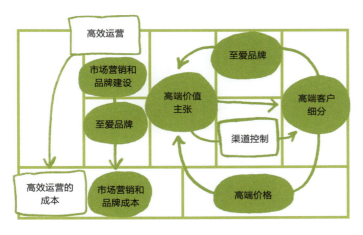

高端玩家——为广大高端客户创造面向高端市场的产品和服务。利用这些产品和服务来实现利润最大化,同时避免走向只有较小规模和极端成本结构的奢侈品小众市场。

示例
iPhone

触发问题
我们可以对商业模式进行哪些调整,以大幅提高客户价值和产品价格,又不引起成本结构的显著扩张?

叛逆者
2005~2019年

世民酒店

2005年，世民酒店为"移动公民"推出了成本降低但价值提升的酒店概念。

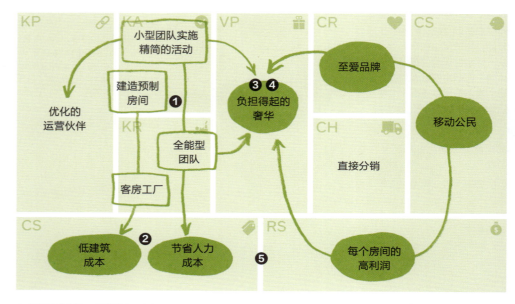

2005年，世民酒店的创始人意识到，尽管全球旅行者的品位和习惯在不断变化，但现代酒店业数十年来一直没有改变。

世民酒店专注于服务"移动公民"——那些经常旅行并依赖移动技术的人。世民酒店意识到，全球的旅行者对于少数必要的便利性和奢侈体验有付费意愿，反而一些传统设施并不必要。

基于这些洞见，创始人在阿姆斯特丹史基浦机场推出了一个酒店概念，将成本降到最低并为移动公民创造最大价值，同时不让人觉得廉价。世民酒店找到了一种低成本高价值的经营方式，并且能够保持每个房间的高利润。

2019年，私人所有的世民酒店在三大洲13个城市经营着20家酒店，另有10家酒店正在规划中。

1 剔除最昂贵、理想化但对客户来说非必要的元素

世民酒店于2008年在阿姆斯特丹面世，它剔除了高端酒店中最昂贵的元素，这些元素对于它针对的移动公民来说并非必需品：精致的餐饮、水疗或健身房、迷你吧和客房服务。

2 降低成本但不让人觉得廉价

世民酒店通过在客房工厂中建造高度标准化的14平方米房间，将其像集装箱一样堆叠形成酒店主体，使建设和维护成本骤降。[98]它通过与小型跨职能团队合作，降低了人力资源成本。

3 以低成本提升客户关心的价值

世民酒店专注于提供移动公民真正重要的服务：优质的床垫、枕头和隔音的房间。它的小型员工团队只有一个任务：让客户开心。酒店大堂充满活力，配备了精心设计的家具及24小时提供的食品和饮料。

4 创造新元素，以较低的成本提升价值

世民酒店建立了自己的客房工厂，以推动从阿姆斯特丹到纽约再到台北的低成本扩张。它与新的运营伙伴一起简化了居室清洁和床品铺设的流程。[99]房间配备了免带Wi-Fi和电影点播服务。

5 从低成本高价值的业务中获取收益

世民酒店的每平方米盈利能力是同类高档酒店的两倍。[100]它通过消除酒店业务中最昂贵的元素来实现这一目标，同时又不会让客户（移动公民）感到廉价。

+ **专为移动公民而优化**

对于那些以文化、购物、娱乐或工作为目的，到访某个城市1~3天的旅行者，从一开始世民酒店就为他们优化了酒店体验：他们主要将酒店作为睡眠基地和城中漫游的出发点而不需要裹挟到其他酒店会提供的各种服务中去。

+ **赋能员工，强化客户关系，打造至爱品牌**

世民酒店是行业内员工流失率最低的公司之一，它雇用那些高度以客户为导向的人，然后给他们自主权来提供良好的客户服务。此外，世民酒店鼓励团队建立强大的客户关系，以打造一个至爱品牌。

A. 建造

B. 组装

C. 享受

99%
每个房间在客房工厂里建造的比例。[101]

2倍
盈利能力

世民酒店的每平方米盈利能力是同类高档酒店的两倍。

7000
间客房

30
家酒店

3
个大洲[102]

盈利公式颠覆

207

高端玩家
2007~2019年

iPhone

2007年,苹果公司推出iPhone,并将互联网浏览器、音乐播放器和通话功能结合在一个高端、无键盘的多点触摸设备中,开启了智能手机的时代。

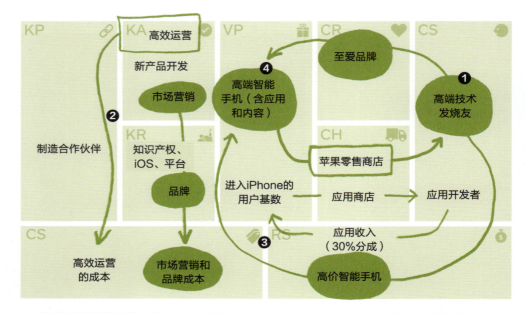

2007年,苹果公司的创始人史蒂夫·乔布斯在Macworld大会上的著名演讲中发布了iPhone,并宣称这是一款"将改变一切"的革命性设备。它最初的售价高达499美元,但首个周末就卖出了27万部,第一年的产量更是达到了600万部。[103, 104]

苹果公司的iPhone开启了智能手机的时代,一个移动优先、永远在线的世界,引领了移动技术对日常生活的主导和重塑。苹果公司iPhone的价格始终高于竞争对手的同类设备。然而,苹果公司不断对iPhone更新功能和技术,使其产品不落俗套。

一方面iPhone的价格很高,另一方面苹果公司在供应链上对生产成本保持着严格控制,这种成本控制、高端定位和持续技术创新的结合,成就了该产品在过去10年高达60%~70%的毛利率。[105]

1 让高端市场感到愉悦和惊喜

苹果公司将iPhone定位在高端市场,因为它知道价格会让市场主流人群望尘莫及。这款手机集人们渴望的设计感、科技感和简约感于一身,并充分利用了其至爱品牌的优势。

2 控制成本

苹果公司并不制造iPhone,但通过控制供应链来压低生产成本。由于设备的热销,苹果公司迫使其供应商保持低成本,并保护设备的私密性。

3 从高端市场份额中攫取最大利润

在过去的10年里,iPhone的毛利率一直保持在60%~70%。在巅峰时期,苹果公司攫取了智能手机行业94%的利润,尽管其销售额只占行业的14.5%。[106]

4 持续重塑并惊艳高端市场

自2007年以来,截至本书完稿时,苹果公司已经发布了12代iPhone。虽然iPhone的许多技术创新并非总是苹果公司率先开发的,但苹果公司总能呈现出技术的最佳状态:多点触控屏幕、双摄像头、Apple Pay、Siri、iMessage、FaceTime、面部识别。

+ 应用商店

iPhone最初推出时应用商店(App Store)还未开发,2008年开放的应用商店里只有500个应用。截至2019年,应用商店里的应用已超过180万个。正如资源壁垒平台(见第164页)所述,这些大量的应用和背后开发者为苹果公司提供了额外的竞争优势。[107]

22亿

截至2018年11月售出的iPhone数量。[108]

60%~70%
毛利率

在过去10年中，基于iPhone实现。[105]

尽管只占总销量的14.5%……

……在2015年的巅峰时期，苹果公司攫取了智能手机行业94%的利润。

14.5% 智能手机总销量

94% 智能手机利润总额

iPhone的成本（美元）[105]

原材料成本　零售成本

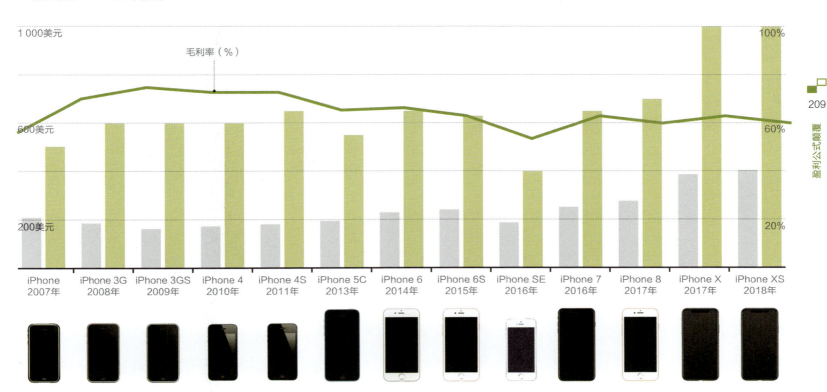

盈利公式颠覆

209

盈利公式颠覆

领导者
评估问题

收入差异者

触发问题
我们可以引入哪些新的收入来源或定价机制，以便从客户那里获取更多价值或解锁曾经无利可图的市场？

评估问题
我们是否利用了强大的收入来源和定价机制，以便将我们为客户创造的价值变现？

–3 · · · –2 · · · –1 · · · 0 · · · +1 · · · +2 · · · +3

我们的收入主要是不可预测和交易性收入，需要持续投入销售成本。

我们有可预测和持续性收入，一次销售可以带来持续多年的收入。

成本差异者

触发问题
我们能否通过不同以往且差异化配置的资源和活动来创造并传递价值，从而显著改变我们的成本结构？

评估问题
我们的成本结构是传统的还是颠覆性的？

–3 · · · –2 · · · –1 · · · 0 · · · +1 · · · +2 · · · +3

我们拥有传统的成本结构，其效率明显低于竞争对手（例如，至少低一半）。

我们拥有颠覆性的成本结构，其效率明显高于竞争对手（例如，至少高一倍）。

利润大师

触发问题
我们如何能找到创新的方法，消除商业模式中最昂贵的环节，同时专注于客户最重视且愿意为之付出高价的价值？

评估问题
我们是否具备源自低成本和高价格的利润空间？

–3 · · · –2 · · · –1 · · · 0 · · · +1 · · · +2 · · · +3

由于传统的成本结构和薄弱的定价能力，我们的利润非常微薄（例如，我们的表现比同类机构至少差50%）。

由于优化的成本管理和强大的定价能力，我们的利润非常丰厚（例如，我们的表现比同类机构至少好50%）。

领导者
评估问题

使用"领导者评估问题"评估你现有的和新的商业模式。将你的优势和劣势可视化,并通过所得分数发掘机会。没有任何一种商业模式能获得完美的分数,需要清醒地面对你在哪些方面得分较高,哪些方面较低,并不断使用触发问题来不断改进创意。

领导者评估问题

前台

	市场开拓者：我们正在追逐的未开发的市场潜力有多大，其吸引力有多大？	-3 -2 -1 0 +1 +2 +3
	渠道之王：我们是否有大规模且（理想情况下）直接触达最终用户的方式？	-3 -2 -1 0 +1 +2 +3
	引力创造者：客户离开我们或切换至另一家公司有多困难？	-3 -2 -1 0 +1 +2 +3

后台

	资源壁垒：我们是否拥有难以复制或无法复制的核心资源而具备显著的竞争优势？	-3 -2 -1 0 +1 +2 +3
	活动差异者：我们是否因为以颠覆性的创新方式开展和构建业务活动，而为客户创造了重大价值？	-3 -2 -1 0 +1 +2 +3
	规模扩张者：在不需要大量额外的资源和活动（如建立基础设施、寻找人才）的情况下，我们如何能快速、轻松地发展商业模式？	-3 -2 -1 0 +1 +2 +3

盈利公式

	收入差异者：我们是否利用强大的收入来源和定价机制，以便将我们为客户创造的价值变现？	-3 -2 -1 0 +1 +2 +3
	成本差异者：我们的成本结构是传统的还是颠覆性的？	-3 -2 -1 0 +1 +2 +3
	利润大师：我们是否具备源自低成本和高价格的利润空间？	-3 -2 -1 0 +1 +2 +3

评估问题

世民酒店

世民酒店简化了整个酒店的体验，专注于它定义的移动公民，即以短期的商务、聚会、文化体验或购物为目的的城市旅行者。它完成了大幅降低成本的非凡壮举，同时提高了客户满意度。

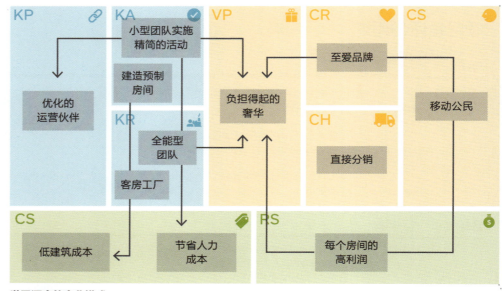

世民酒店的商业模式

评估

世民酒店的商业模式在成本差异化上表现极好，在收入差异化上也做得很好，因此整体上是一个利润极高的商业模式。不足之处是商业模式的客户切换成本低，扩张速度慢，原因是需要大额资金和对建筑要求较高。低切换成本和重资金需求意味着世民酒店必须密切关注客户满意度，以保持商业模式的正常运行。

四步动作框架
改编自《蓝海战略》

剔除（−）
- 迷你吧和客房服务
- 高级正餐餐厅
- 注重传统的星级评定
- 健身、浴室、水疗

增加（↗）
- 入住率和单间收入
- 有效利用空间
- 注重细分客户群
- 利润
- 客户满意度和服务评级
- 标准化程度
- 免费Wi-Fi和视频点播服务

减少（↘）
- 建筑费用
- 维护费用
- 人力资源和运营费用

创造（+）
- 赋能全能型员工
- 新客群：移动公民
- 客房工厂和预制房间

领导者评估问题

前台

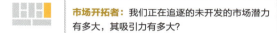 **市场开拓者**：我们正在追逐的未开发的市场潜力有多大，其吸引力有多大？  −3 −2 ❌(−1) 0 +1 +2 +3

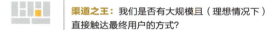 **渠道之王**：我们是否有大规模且（理想情况下）直接触达最终用户的方式？  −3 −2 −1 0 +1 ❌(+2) +3

 **引力创造者**：客户离开我们或切换至另一家公司有多困难？  −3 ❌(−2) −1 0 +1 +2 +3

世民酒店在锁定客户方面表现不佳，几乎无法阻止他们转投其他连锁酒店。酒店用地的投资和建设成本使得商业模式的规模化相对困难。

后台

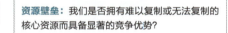 **资源壁垒**：我们是否拥有难以复制或无法复制的核心资源而具备显著的竞争优势？  −3 −2 −1 ❌(0) +1 +2 +3

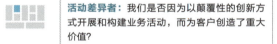 **活动差异者**：我们是否因为以颠覆性的创新方式开展和构建业务活动，而为客户创造了重大价值？  −3 −2 −1 0 ❌(+1) +2 +3

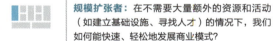 **规模扩张者**：在不需要大量额外的资源和活动（如建立基础设施、寻找人才）的情况下，我们如何能快速、轻松地发展商业模式？  −3 −2 ❌(−1) 0 +1 +2 +3

世民酒店的高入住率和空间的有效利用，使得其客房的单间收入和每平方米的收益都高于竞争对手。[109]

盈利公式

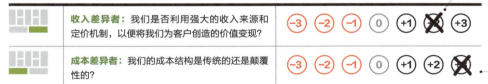

收入差异者：我们是否利用强大的收入来源和定价机制，以便将我们为客户创造的价值变现？ −3 −2 −1 0 +1 ❌(+2) +3

成本差异者：我们的成本结构是传统的还是颠覆性的？ −3 −2 −1 0 +1 +2 ❌(+3)

利润大师：我们是否具备源自低成本和高价格的利润空间？ −3 −2 −1 0 +1 +2 ❌(+3)

由于创新的业务架构和极高的标准化水平，世民酒店能够保持极低的建设和维护成本。[110] 小规模、被赋能且全能型的酒店员工，能够在客户服务评级很高的同时，神奇地保持着人力资源的低成本。[111]

单间客房低成本和高收入的结合，使世民酒店的利润水平达到酒店行业前所未闻的高度。

评估问题

金融壹账通

2015年，金融服务集团中国平安推出了金融壹账通，将其内部使用的技术出售给其他金融机构。

金融壹账通是中国最大的银行和保险集团（中国平安）的联营公司。金融壹账通作为中国平安的内部创业公司，向中小型金融机构推销前沿的端到端金融技术解决方案。截至2019年6月30日，金融壹账通已服务了中国600多家银行和80多家保险公司。[112]

金融壹账通向客户销售的技术和平台最初是为中国平安内部使用而开发的。金融壹账通作为行业内技术能力方面的领先者，一直专注于帮客户做好准备，以应对金融行业即将到来的数字化转型。解决方案涵盖从信用核查和同业交易到生物识别服务、产品销售和移动银行应用。

在中国成功推出后，2018年，金融壹账通在新加坡和印度尼西亚成立了子公司，服务当地金融机构。金融壹账通[113]还与其他金融科技机构合作，向全球市场提供其SaaS服务。[114]

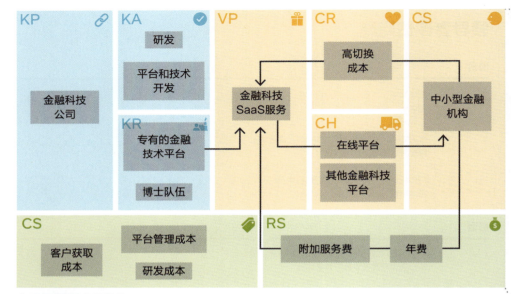

金融壹账通的商业模式

评估

金融壹账通建立了一个强大的SaaS商业模式，在多个维度上表现良好。在雇用顶级开发者、研发金融技术、构建和维护平台方面的大量投资，通过客户锁定、可扩展性服务、持续性收入以及对商业模式的有力保护得到了补偿。

领导者评估问题

前台

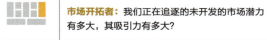	**市场开拓者：** 我们正在追逐的未开发的市场潜力有多大，其吸引力有多大？	-3	-2	-1	✗	+1	+2	+3
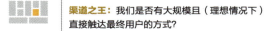	**渠道之王：** 我们是否有大规模且（理想情况下）直接触达最终用户的方式？	-3	-2	-1	0	+1	✗	+3
	引力创造者： 客户离开我们或切换至另一家公司有多困难？	-3	-2	-1	0	+1	+2	✗

采用金融壹账通技术平台的金融机构一旦离开，会承受巨大的切换成本，而迁移到另一个平台可能会带来大量的宕机时间和再培训成本。[115] 与任何SaaS业务一样，供应商的锁定程度很高。在金融行业，出于安全原因、数据保密性和监管等方面的考虑，它的锁定程度会更高。

后台

	资源壁垒： 我们是否拥有难以复制或无法复制的核心资源而具备显著的竞争优势？	-3	-2	-1	0	+1	+2	✗
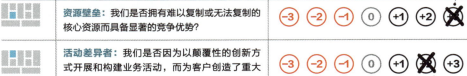	**活动差异者：** 我们是否因为以颠覆性的创新方式开展和构建业务活动，而为客户创造了重大价值？	-3	-2	-1	0	+1	✗	+3
	规模扩张者： 在不需要大量额外的资源和活动（如建立基础设施、寻找人才）的情况下，我们如何能快速、轻松地发展商业模式？	-3	-2	-1	0	+1	+2	✗

金融壹账通的专有技术是很难复制并且在不断创新的。该平台最初是为中国平安搭建的，直至后来决定通过该服务撬动外部客户。这种扩张使得金融壹账通能够大量投资于先进的知识产权和基础设施，因为它的投资能够让数百家金融机构受益，包括其所有者中国平安。

该公司雇用了大量的数据科学家，并拥有数千项专利。它不断开发并更新其技术和平台以保持领先。金融壹账通拥有世界上最准确的生物识别系统之一，准确度达到99.8%。[116]

盈利公式

	**收入差异者：** 我们是否利用强大的收入来源和定价机制，以便将我们为客户创造的价值变现？	-3	-2	-1	0	+1	✗	+3
	成本差异者： 我们的成本结构是传统的还是颠覆性的？	-3	-2	-1	✗	+1	+2	+3
	利润大师： 我们是否具备源自低成本和高价格的利润空间？	-3	-2	-1	✗	+1	+2	+3

SaaS商业模式需要大量的前期投资来搭建平台。然而，在初始投资阶段过后，金融壹账通就可以用相对较低的投资额轻松扩张到新的地域，其数百种产品可以部署全球。[117]

217

发明样式库

评估问题

Salesforce

1999年,Salesforce.com通过在互联网上提供"客户关系管理(CRM)即服务",颠覆了客户关系管理CRM领域。Salesforce开辟了一个新的市场,并通过创新不断强化其商业模式。

Salesforce.com成立于1999年,目标是"让企业级软件像亚马逊网站一样容易使用"。Salesforce开创了Saas形式的CRM工具。它不断改进自己的服务和商业模式,我们分别简述其中两个商业模式:1999年开始的早期商业模式和2005年开始的商业模式扩展。

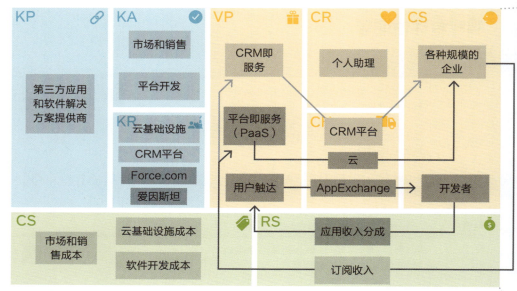

Salesforce.com的商业模式

评估

Salesforce开创了SaaS样式,它在商业模式的几个维度上表现良好,很大程度上弥补了它的部分短板。一旦其平台到位,它就可以轻松地扩大服务规模,并与客户保持直接而持续的关系。订阅模式带来了可预测的持续性收入和更高的客户终身价值,这弥补了基础设施成本可能导致的低利润。

Salesforce在2005年扩展了其商业模式,解决了其最初的一些弱点,如相对低的切换成本和商业模式的低保护性。

■ **早期商业模式(1999年)——没有软件**
Salesforce的平台在客户关系管理领域是独一无二的,因为它的服务可以迅速部署而无须基础设施投资。客户不需要像现有的客户关系管理供应商那样进行硬件投资和软件安装。Salesforce的客户通过云端访问CRM服务,并支付持续性的订阅费即可。

■ **商业模式扩展——AppExchange、Force.com和爱因斯坦**
Salesforce并没有止步于开创SaaS模式的先河。随着时间的推移,该公司不断发展和强化其商业模式。

领导者评估问题

✕ = 早期商业模式

✕ = 商业模式扩展

前台

市场开拓者： 我们正在追逐的未开发的市场潜力有多大，其吸引力有多大？
−3 −2 −1 0 +1 +2 ✕(+3)

渠道之王： 我们是否有大规模且（理想情况下）直接触达最终用户的方式？
−3 −2 −1 0 +1 ✕(+2) +3

引力创造者： 客户离开我们或切换至另一家公司有多困难？
−3 −2 −1 ✕(0) +1 +2 ✕(+3)

后台

资源壁垒： 我们是否拥有难以复制或无法复制的核心资源而具备显著的竞争优势？
−3 −2 −1 ✕(0) +1 +2 ✕(+3)

活动差异者： 我们是否因为以颠覆性的创新方式开展和构建业务活动，而为客户创造了重大价值？
−3 −2 −1 0 +1 ✕(+2) ✕(+3)

规模扩张者： 在不需要大量额外的资源和活动（如建立基础设施、寻找人才）的情况下，我们如何能快速、轻松地发展商业模式？
−3 −2 −1 0 +1 +2 ✕(+3)

盈利公式

收入差异者： 我们是否利用强大的收入来源和定价机制，以便将我们为客户创造的价值变现？
−3 −2 −1 0 +1 ✕(+2) +3

成本差异者： 我们的成本结构是传统的还是颠覆性的？
−3 −2 −1 ✕(0) +1 +2 +3

利润大师： 我们是否具备源自低成本和高价格的利润空间？
−3 −2 ✕(−1) 0 ✕(+1) +2 +3

Salesforce富有远见地预测到了云服务的潜力。作为SaaS的先驱，它开辟出《财富》500强企业之外更广阔的包括各种规模组织的CRM服务市场。

由于客户直接通过云端访问Salesforce，公司保持着永久的客户关系。Salesforce可以不断向整个客户群推送升级服务和新功能。

Salesforce在云端提供服务，因此它可以轻易地以最低成本扩张规模。

Salesforce将既有的交易性授权销售模式转变为服务订阅的持续性收入，这提升了每个客户的终身价值。

Salesforce的净利润明显低于现有竞争对手。提供CRM即服务需要投资于托管、监控、客户支持和账户管理等方面。然而，它在其他领域的优势在很大程度上弥补了这一弱点。

2005年，Salesforce推出了AppExchange，这是一个集成其CRM服务的第三方软件平台。该平台建立起一个庞大的难以复制的第三方软件库，从单纯的服务提供商升级为平台壁垒。

2008年，Salesforce发布Force.com（现在叫"闪电平台"），允许客户在平台上构建自己的定制化应用。这加大了客户黏性并提高了客户的切换成本。它通过推出"爱因斯坦"（Einstein）进一步加大黏性，爱因斯坦是一项提供人工智能功能的服务，允许开发者构建应用程序。

所在行业	颠覆者
即时通信	**WhatsApp、微信**
汽车	**特斯拉**
零售	**亚马逊、阿里巴巴**
酒店	**爱彼迎**
出租车	**优步**
电视和电影	**网飞**
手机	**苹果公司、小米**
音乐	**Spotify**
电信	**Skype**
招聘	**领英**
旅行预订	**Expedia**
风险投资	**Andreessen Horowitz**

即将被颠覆的……

银行
医药
法律服务
教育
制造业
医疗健康
保险
房地产
建筑业
能源生产和分配
运输和配送

你所在的行业呢?

升级样式库

商业模式升级

商业模式升级描述了一个组织从行将衰退的商业模式向更具竞争力的商业模式的转型。例如，从产品到服务的升级。然而，在某些情况下，从服务到产品的反向升级可能同样有意义。

升级样式库

价值主张升级

p. 231　从产品到持续性服务

p. 234　从低技术到高技术

p. 235　从销售型到平台型

前台升级

p. 243　从小众市场到大众市场

p. 246　从B2B到B2（B2）C

p. 247　从低接触到高接触

后台升级

p. 255　从专用资源到多用资源

p. 258　从重资产到轻资产

p. 259　从封闭式到开放式（创新）

盈利公式升级

p. 267　从高成本到低成本

p. 270　从交易性收入到持续性收入

p. 271　从传统型到逆向型

升级样式

从原有的商业模式

应用新的商业模式样式

升级为新的商业模式

从原有的商业模式……

我们在这一部分所描绘的公司都是从既有的商业模式起步的。这种既有的商业模式往往是过时的、正在衰退的,需要进行彻底的革新。

应用新的商业模式样式

重点介绍了成熟公司可以运用的12种升级样式,可大幅革新并重塑现有商业模式。我们对每一种样式进行了详细描述,便于你将其作为参考库来使用。

……升级为新的商业模式

每一个案例都是为了说明一种样式的作用。公司的整个商业模式并没有被完整地罗列出来,我们只是展示了它是如何应用特定的样式,从原有的商业模式升级为新的、更具竞争力的商业模式的。在现实中,一个完整的商业模式还有很多模块,我们省略了这些模块以便聚焦于升级环节。

图例

- 原有的商业模式
- 新的商业模式样式
- 新的商业模式
- 样式模块
- 可选的样式模块
- 商业模式的原有模块
- 商业模式的其他模块

从产品到持续性服务

p. 232　喜利得

从低技术到高技术

p. 236　网飞

从销售型到平台型

p. 238　苹果应用商店

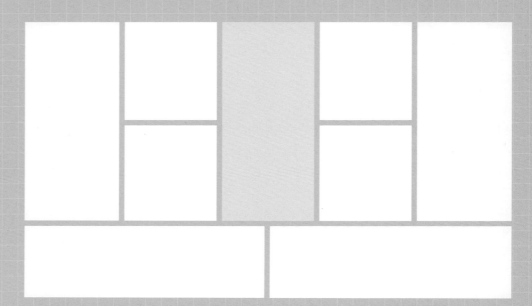

价值主张升级

彻底升级为客户创造的价值。

从产品到持续性服务

战略反思
我们如何能通过提供持续性服务而不是销售单个产品,来增加持续性和可预测的收入?

每位客户的前期获取成本可能会更高,但收入会变得更可预测,并且通常会提升客户终身价值。产品和/或技术创新往往可以为新的服务奠定基础。

示例
喜利得

是指从制造(和/或购进)和销售产品向提供持续性服务的升级。基于交易性的销售行为需要持续致力于每一次成单,而且往往是不可预测的。持续性服务需要用前期的客户获取成本带动持续性收入。收入变得更可预测,并且呈现指数级增长,因为该收入建立在一个持续增长的客户基数之上。

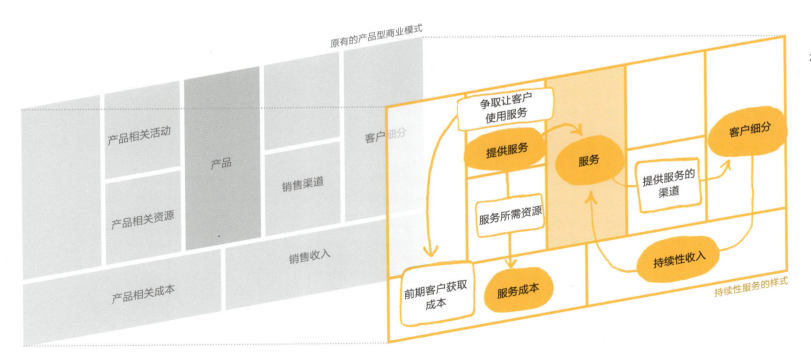

从产品到持续性服务
2000~2003年

喜利得

喜利得从销售高品质工具升级为向建筑公司销售工具机队管家服务,这一升级举措源于一家重要客户要求使用一套整体的工具管理系统来提高生产力。

2000年,喜利得的一家客户要求其提供一套整体工具管理解决方案。这让喜利得意识到,客户并不一定希望拥有工具,但总是希望他们的工人能够高效工作。喜利得在瑞士开启了工具机队管家试点项目,并最终于2003年在全球范围内推广了这项服务。

通过工具机队管家,喜利得减少了工人的无效工作时间,并增加了承接更多客户方工作(如工具维修)的收益,从而更加契合建筑公司的需求。

喜利得还发现,客户愿意租赁工具的数量比以往购买时更多。有些人甚至要求喜利得在服务中加入非喜利得的工具,以彻底避免因工具损坏而导致的无效工作时间。

当2008年金融危机席卷建筑行业时,许多人停止购买新设备。然而,喜利得从产品到持续性服务的商业模式升级使其度过了危机,并在此后不断发展壮大。

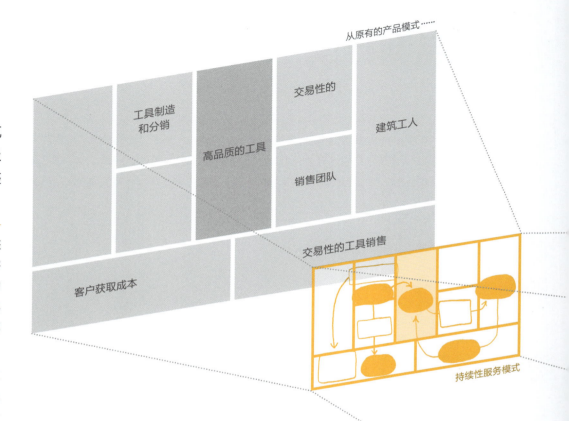

1 从产品到持续性服务和收入

建筑公司的经理们需要担心的远远不止购买工具。喜利得在2000年认识到这一点,并开始为客户提供跟踪、维修、更换和升级整个工具机队的服务。这一服务确保客户始终持有正确的工具并得到适当的维护,从而提高了客户的生产力。喜利得允许客户按月付费租赁工具,而无须提前为工具付费——这使得建筑公司的管理者能够预测成本,并为喜利得带来持续性收入。

2 从提供产品到提供服务

喜利得将其关键业务从核心的制造和销售工具发展到工具机队管家活动,由此实现了工具追踪、维修、更换和升级的一系列服务。

3 从销售渠道到服务渠道

喜利得对销售人员进行再培训，让他们能够与高管而不只是项目经理展开对话，话题也不止工具，而是后勤保障和效率。它在传统销售渠道的基础上增加了新的在线服务渠道，提高了服务意识，帮助工具机队客户在线查询库存，使他们在工具出现问题时能方便地找到喜利得。

4 从产品到服务的成本结构

与这种新的服务导向相应的是，喜利得的成本结构中增加了新的工具机队管家成本。到目前为止，这种升级已经为喜利得的资产负债表增加了价值超过10亿瑞士法郎的应收账款。虽然与建筑公司经理的销售和签约过程更长，客户获取成本会增加，然而现在客户获取成本是一次性成本，而每一个客户都会带来持续性收入和长期关系下的额外收入机会。

150
万件工具

在2015年，喜利得有150万件工具掌握在工具机队管家中。[1]

20
亿瑞士法郎

2018年工具机队管家中所有工具的合同总价值。[2]

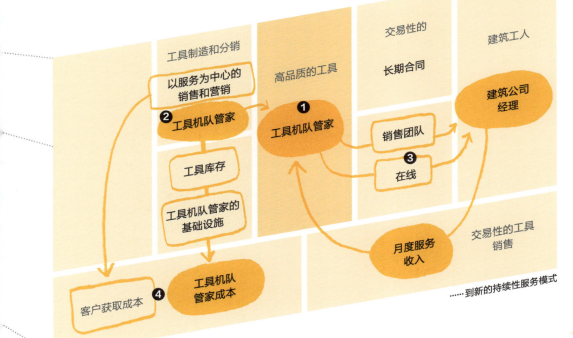

……到新的持续性服务模式

> "持续性服务收入的巨大好处在于，它帮助我们在全球金融危机期间稳定了业务——当时大多数承包商都不会购买新设备。"

——克里斯托弗·卢斯（Christoph Loos）博士

喜利得CEO

从低技术到高技术

是指从基本的、通常是劳动密集型的、低技术含量的价值主张向高技术的价值主张的升级。这种升级可以扩大市场覆盖面并提高价格，从而增加收入。价格和收入的提高弥补了与技术相关的新成本，并往往带来更高的利润。

战略反思
我们如何能通过将低技术的价值主张转型为高技术的价值主张来扩大我们的市场覆盖面、提高价格并增加收入？完成这一升级需要哪些新技术活动、技能和资源？这会产生哪些新的技术成本？由此产生的利润有多大吸引力？

示例
网飞

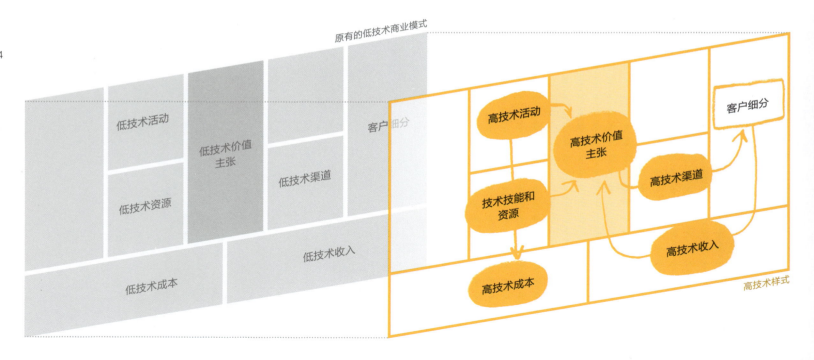

从销售型到平台型

是指从价值链活动和销售产品升级为一个平台,该平台面向第三方产品和增值服务提供商。客户的价值增加了,因为他们不仅仅是购买了一个产品,而是购买了一个生态系统。对第三方产品和增值服务提供商而言,价值是能够接触到客户群。平台比单纯的产品更难被颠覆,因为它们会产生资源壁垒的网络效应(见第164页)。

战略反思
我们如何能通过把自己建成连接客户与第三方产品和增值服务提供商的平台来获得竞争优势?

这将使我们提升对客户的价值,并建立一个面向第三方产品和增值服务提供商的生态系统。生态系统比产品更难被模仿和复制。

示例
iPhone和苹果应用商店

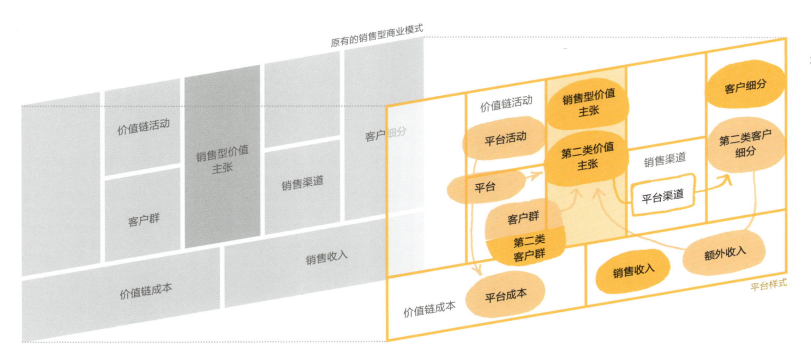

从低技术到高技术
1998~2007年

网飞

2007年，当网速和消费者的设备能够支持里德·哈斯廷斯的"网上电影"的愿景时，网飞得以从一家邮购DVD租赁公司升级为在线流媒体平台。

1998年，里德·哈斯廷斯和马克·伦道夫以在线DVD租赁服务的形式推出了网飞。他们认为这是在当时的互联网条件下正确的产品和服务。

然而从一开始，创始人就怀着视频流媒体平台的愿景。网飞将收入的1%~2%投资在下载服务上，随着互联网带宽的增加，他们耐心等待着网飞的商业模式向流媒体的转型。3

2007年，网飞开始从低技术升级到高技术，逐步以在线流媒体取代实体DVD作为主要收入来源。

在接下来的10年中，随着实体DVD运输不再制约扩张能力，网飞的收入增长了10倍。到2018年，网飞96%的收入来自流媒体。

2013年，网飞再次调整商业模式，并开始制作原创内容。2019年，网飞在内容上的支出约为150亿美元。4

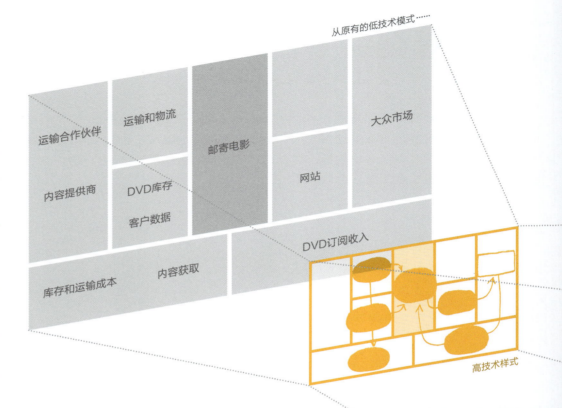

从原有的低技术模式……

高技术样式

1 从低技术到高技术的价值主张

网飞于1998年推出在线DVD租赁业务，其愿景是一旦网速允许就尽快转向流媒体。2007年，它将这一愿景变为现实，并升级为在线流媒体内容平台。

2 从低技术到高技术的业务活动

为了提供流媒体，网飞在关键业务中执行了重大升级。它从运输和物流等劳动密集型活动转向流媒体平台开发和维护等技术活动。网飞还将业务扩展到内容制作和版权许可领域。

3 从低技术到高技术的技能和资源

流媒体导致核心资源发生重大变化，流媒体平台取代了DVD库存，软件和网络工程技能至关重要。随着向流媒体的升级，客户观看数据和推荐算法变得更加重要。数据一方面驱动着内容投资决策，另一方面帮助客户匹配相关内容。

4 从低技术到高技术的成本

随着业务活动和资源的重大升级，网飞的成本结构从一家物流型公司的转变为软件和平台型公司的，现在的主要成本来自平台开发和维护。未来网飞还将加大对自主制作和授权内容的投入。

5 从低技术到高技术的收入

网飞试验了几种订阅计划。为了拉动2007年的业绩增长，它将流媒体计划的价格降低到9.99美元/月（2004年其DVD订阅价格为19.95美元/月）。虽然单个客户的收入有所下降，但流媒体的便利性和全球覆盖性引发了客户的高增长，以及随后产生的由高科技流媒体价值主张贡献的更高收入。

10%
美国电视观看时长

网飞现在占据了美国电视观看时间的10%。网飞表示自己每天在美国的电视屏幕上播放1亿小时的流媒体内容。[5]

1.58亿

截至2019年9月的全球付费用户数。[6]

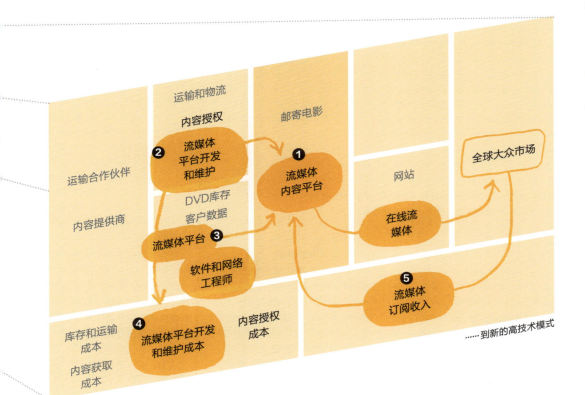

……到新的高技术模式

"短期来看，DVD订阅仍将在未来持续贡献巨额利润。网飞在这一领域至少还有10年的统治地位。但在线观影的时代正在到来，而且会在未来的某个时间成为大生意。"

——里德·哈斯廷斯，2005年

网飞公司创始人

从销售型到平台型
2007~2008年

苹果应用商店

随着2008年苹果应用商店的发布，苹果将其商业模式从销售硬件和音乐升级为连接数百万应用开发者和iPhone用户的平台业务。这一升级显著提升了客户价值，形成了客户锁定，并产生了强大的网络效应。

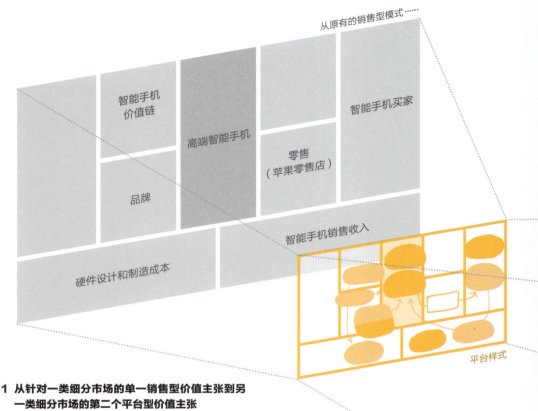

苹果在2007年推出iPhone后于2008年推出了智能手机应用平台——应用商店。

史蒂夫·乔布斯最初对于让第三方开发者进入应用商店并不积极，但他改变了主意，因为这符合他为iPhone提升价值的终极愿景。应用店成为与iPhone互补的价值主张。两者在宣传中融为一体，正如2009年那句令人难忘的广告语："总有一款应用（There's an App for that）。"

应用商店的推出使苹果将其商业模式从销售手机升级为管理一个平台。这个平台发展得异常强大，以至于2019年美国最高法院批准了对苹果进行反垄断诉讼（基于苹果对应用商店已形成有效垄断的前提）。

1 从针对一类细分市场的单一销售型价值主张到另一类细分市场的第二个平台型价值主张

在iPhone上市一年后，苹果发布了应用商店，从单纯地销售手机转型成为一个平台。这带来了双重结果：

第一，应用商店中每增加一个游戏、程序和娱乐类应用，iPhone的吸引力会随之增加。

第二，苹果有大量的iPhone用户愿意为应用付费，成为吸引应用开发者的诱人的价值主张。

苹果是手机制造商中第一个升级为移动优先型平台的公司，它在全球范围内大规模地连接了消费者和应用开发者。

2 从销售型渠道到平台型渠道

苹果也随着从销售型到平台型的升级，延伸了其渠道通路。应用商店成为一个连接iPhone用户和应用开发者的持续性的平台型渠道。传统的手机零售店和苹果零售店则是更偏交易性的销售型渠道。

3 从价值链活动到平台型活动

苹果继续管理其智能手机的价值链活动，同时增加了应用商店开发和维护等关键业务，以实现其平台业务的转型。

4 从无到有的强大网络效应

应用商店成为苹果商业模式的重要组成部分，并形成了强大的网络效应。iPhone用户越多，对应用开发者的价值主张就越有吸引力。应用开发者越多，平台上的应用就越多，对iPhone买家的价值主张也就越有吸引力。

5 从销售收入到额外的收入来源

应用商店为苹果创造了新的收入来源——对在应用商店内购买的每一个应用和订阅收取15%~30%的佣金。在此后的苹果发展历程里，这种持续性收入帮助苹果从单纯交易性的硬件销售模式走向了多元服务性模式。

200万个

应用商店刚发布时有552个应用，现在已经发展到200万个，在过去10年中产生了超过1800亿次应用下载。[7]

1200亿美元

自应用商店发布以来，苹果公司向开发者支付的金额。[8]

苹果应用商店中可用的应用总数[9]

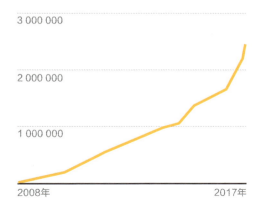

反转

从高技术到低技术
2003~2006年

任天堂Wii

21世纪初,任天堂已经没有办法在高技术游戏机领域竞争了。2006年,任天堂将弱点转化为机会,发布了Wii游戏机。Wii的技术参数虽然低,却在休闲类玩家中一炮而红。

2003年,日本游戏机开发商任天堂的利润下降了38%。几家主要的游戏开发商撤回了对任天堂当时的主力游戏机GameCube的支持。公司陷入"危机状态",不得不做出反应,决定另辟蹊径。

任天堂重新聚焦于其核心使命——相信游戏的力量。任天堂认识到,它已经无法继续在现有赛道,即打造低成本高画质的最强游戏机上展开竞争了。于是它另辟蹊径,在2006年发布了Wii——一台针对大众休闲类玩家市场的简易游戏机。

任天堂售出了数量五倍于GameCube游戏机的Wii。在接下来的几年中,它通过运用现成的组件打造从高技术转向低技术的游戏机,重新回到了市场领先地位。

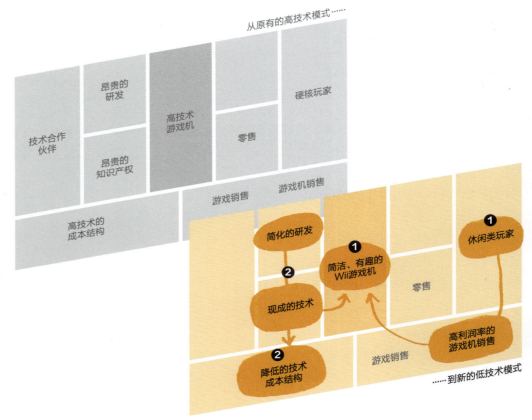

1 从面向传统客户群的高技术到针对未开发客户群的低技术

任天堂决定以Wii来打破游戏机市场的竞争规则。它从为硬核玩家提供技术性能的竞争感和操纵感转成为休闲类玩家提供有趣的游戏动作和身体控制体验,这些全部由低成本的现成技术即可实现。Wii当时的主要竞争对手微软Xbox 360和索尼PS3,其图形处理能力超出Wii 20倍,计算能力超出Wii 4倍。然而,独特的低技术含量的Wii却与庞大且未开发的休闲类玩家市场产生了共鸣。

2 从高技术成本结构到低技术成本结构

任天堂从高成本的高技术活动和资源转型为低成本的活动,因为Wii只需要较低的处理器性能和较低画质。制造Wii既简单又便宜,因为它使用的是现成的零部件。成本结构的显著改善使得任天堂每卖出一台Wii都能获得利润,相比之下,索尼和微软则需要对其游戏机进行补贴。

反转

从平台型到销售型
2007~2009年

亚马逊
自有品牌

2009年，亚马逊通过推出自有品牌业务，从平台型扩展到销售型模式。亚马逊复制了第三方卖家的做法，这些卖家从别处采购产品后在亚马逊平台售卖，从此开创了成功的业务模式。亚马逊认为这是一个建立自有产品线的机会。

1999年，亚马逊上线了第三方卖家市场，为其他零售商建立了一个异常成功的电子商务平台。2007年，亚马逊开始利用其平台销售自己的电子设备（Kindle电子书），并扩展到Amazon Basics品牌下的自有品牌产品。当很多公司的目标是从销售型到平台型的升级时，亚马逊却开始了从平台型到销售型的反向升级。凭借自有品牌业务，亚马逊开始与第三方供应商竞争，而这些供应商正是其电子商务业务的客户。

亚马逊不断扩大其自有品牌产品的范围，策略是广泛选品（从电子产品到服装和日常配饰）和更低的价格。

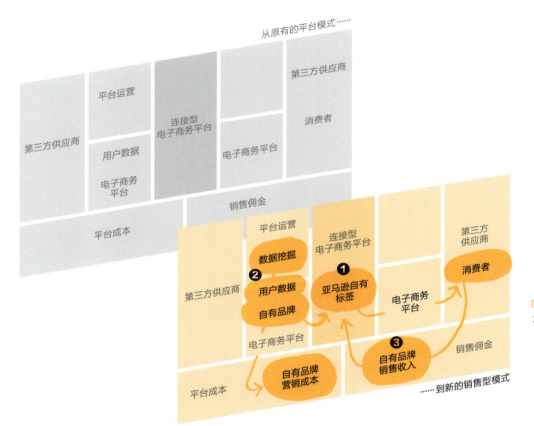

从原有的平台模式……

……到新的销售型模式

价值主张升级

241

1 从平台型价值主张到销售型价值主张

凭借亚马逊交易市场，公司为第三方产品建立了领先的电子商务平台。2007年，亚马逊决定经营平台的同时销售自有品牌产品，Kindle电子书就是"先行者"。2009年，亚马逊推出以Amazon Basics为名的自有品牌业务，覆盖从充电线、电池到成千上万的日常用品。

2 从平台活动到以销售为中心的活动

亚马逊利用其平台型业务的消费者数据，为其自有品牌业务确定候选产品。亚马逊以Amazon Basics品牌为名，从平台上进行交易的第三方供应商处批量采购产品，重新贴牌并作为推荐产品在其平台上销售。

3 从平台型收入到销售型收入

亚马逊借助从平台型到销售型的升级，将其收入来源从交易佣金扩大到销售利润。销售自有品牌产品带来的收入是对纯佣金模式的巨大补充。

从小众市场到大众市场

p. 244　TED

从B2B到B2(B2)C

p. 248　Intel Inside

从低接触到高接触

p. 250　苹果天才吧

前台升级

彻底升级目标对象及产品和服务的交付方式。

从小众市场到大众市场

是指从小众市场参与者升级为大众市场参与者。为了迎合更大的市场，公司往往需要价值主张的简化，由此带来的较低价格会得到来自大众市场的更高收入作为补偿。这种升级需要制定针对大众市场的营销、渠道和品牌策略。

战略反思
我们如何能简化自己的价值主张，突破小众市场，迎合大众市场？我们如何能改变营销和品牌策略以触达大众市场？我们如何从大众市场中获得更多的收入来弥补价格的降低和营销成本的增加？

示例
TED

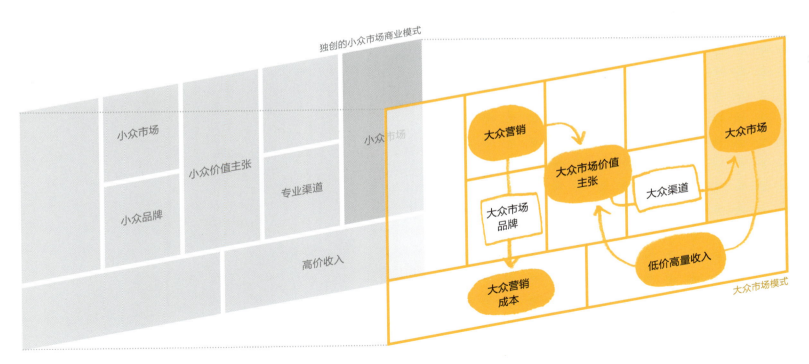

从小众市场到大众市场
1990~2006年

TED

2006年,TED将六场TED演讲(TED Talks)放到网上并获得了空前成功。TED从一个仅限应邀参加的小众会议升级为一个面向大众求知者的网络聚集地。

TED发起于1984年,是一个以科技、娱乐和设计(Technology、Entertainment、Design)为主题的,面向求知者的小众会议组织。在加州举办的第一次会议亏损之后,直到1990年会议才再次举行。从那时起,一年一度的活动形式就延续下来了。

2001年,一家非营利组织收购了TED,并将使命更新为"寻找地球上最有趣的人并让他们分享自己的激情"。直到2006年六场TED演讲被(免费)发布到网上,TED才在大众市场引发病毒式传播的轰动效应。

三个月内浏览量达到100万次后,TED重新推出了专注于视频内容的网站。到2012年,TED演讲的浏览量突破了10亿次。[11]

TED持续将会议和赞助费带来的利润重新投入到其在线平台、内容开发和大众营销活动之中。通过这种方式,在各地TED会议上分享的内容可以持续以TED演讲的形式向大众传播。

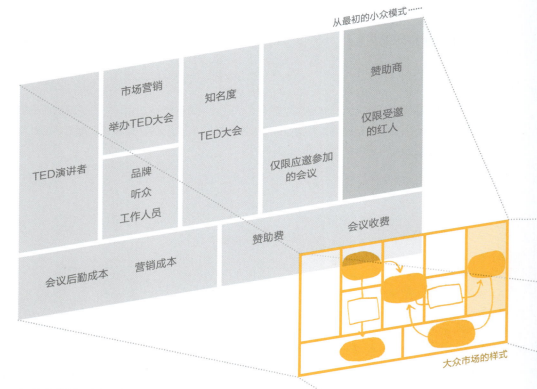

1 从小众市场到大众市场
在网上发布部分演讲视频获得成功后,TED决定将每年一次在加州举行的闭门会议升级为在网上提供所有演讲的视频内容。TED从每年地区性地影响800人升级为每天影响全球数百万人。

2 从专业渠道到大众渠道
在过去,TED使用地区性渠道销售它的会议邀请券。随着TED演讲的成功,它开发了一个网站来触达大众,并在全球范围内传播TED演讲。

3 从小众活动到大众营销

以往，TED的活动主要集中在年度大会的组织营销上。现在，TED以"创想值得分享"为口号，接触尽可能多的观众。它还将业务活动扩展到世界级的视频制作，以采集和传播世界级的内容。

4 从小众品牌到大众品牌

在2018年，TED演讲每天的浏览量超过900万次，而TED已经成长为求知者所熟知的大众市场品牌，对TED的赞助商也颇具吸引力。

100万次浏览

前6场TED演讲的浏览量在3个月内就达到了100万次。[12]

3200多场
TED在线演讲

截至2019年12月，3200多场TED演讲免费在线发布。[13]

每分钟新增
6000

视频浏览量。[14]

"当我们首次把一些演讲作为试验上传时，我们得到了十分热烈的回应，于是我们决定把这个组织翻转过来，不再把自己当成一个大会组织者，而是把自己当成以'创想值得分享'为宗旨建立的大型网站。大会仍然是我们的内容引擎，但网站更是将思想带到世界的扩音器。"

——克里斯·安德森，2012年3月
TED策展人

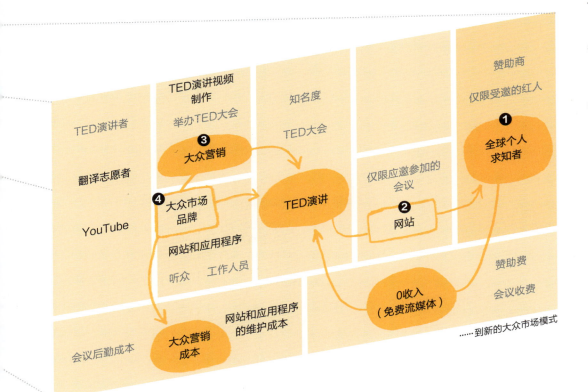

……到新的大众市场模式

从B2B到B2（B2）C

是指从一个对消费者"隐形"的B2B供应商升级为消费者"可见"的重要品牌。这一升级不一定需要完全"砍掉"中间商并独立运作，而通常是指更贴近消费者的品牌升级，包括加强对消费者的营销和B2C品牌的发展或延伸。

战略反思
如果我们是一个"隐形"的B2B供应商，我们如何通过更贴近消费者来提升收入？我们该如何定位自己，从而为消费者创造价值？这种定位如何使我们对B2B客户更有吸引力，并激励他们在自己的产品和/或服务中凸显我们的品牌？

示例
Intel Inside

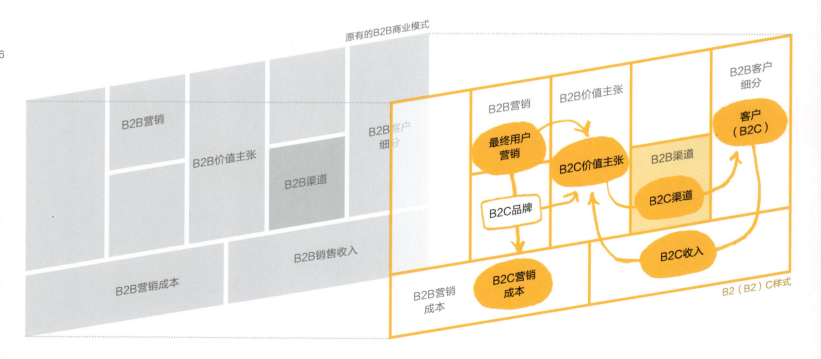

从低接触到高接触

是指从标准化、低接触的价值主张升级为定制化、高接触的价值主张。这一升级通常需要新的以人为本的业务活动，伴随着人工成本的上升。但最终高接触的价值主张能带来溢价，并使得收入提升。

战略反思
我们如何能通过将标准化的低接触价值主张转化为高接触价值主张来提高价格和收入？我们如何能避免高接触手段对规模的种种限制，同时最大限度地保持标准化带来的规模效益？

示例
苹果天才吧

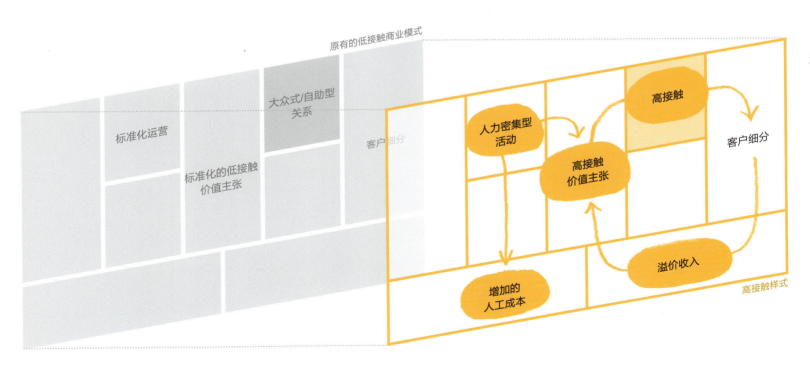

从B2B到B2(B2)C
1990~1991年

Intel Inside

在20世纪90年代，PC及其零部件正在迅速走向商品化。为了应对这一威胁，英特尔推出了"Intel Inside"活动，从一个幕后的B2B的微芯片供应商升级为一个B2C的品牌。

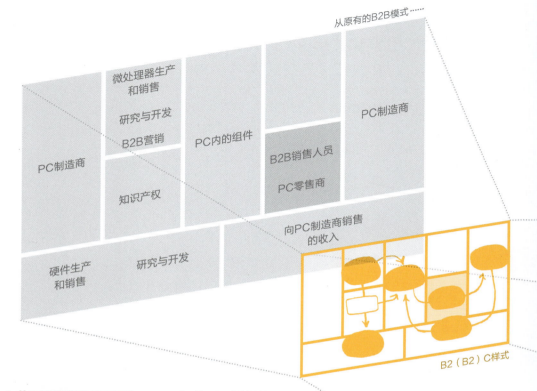

从原有的B2B模式……

B2(B2)C样式

英特尔在1991年发起了"Intel Inside"营销活动，以实现其微处理器（以及包含这些微处理器的PC）与市场上其他低质量PC的差异化。此前，英特尔与PC的消费者并无直接关系——它只是PC中部分关键零件的生产商且只与PC制造商打交道。

英特尔决定与PC制造商分担广告成本，只要它们同意在PC及其外包装上贴上"Intel Inside"的标识和贴纸。

Intel Inside贴纸成了一个"认证标记"——消费者可能不知道英特尔微处理器的具体作用，但他们知道这意味着质量和性能的保障。

英特尔从一家制造电脑零部件的工程公司成功升级为一家象征着特定性能水平的消费型产品公司。

1 从B2B渠道到B2C渠道

1991年，英特尔发起了"Intel Inside"广告攻势，作为B2C渠道直接接触消费者，这极大地提高了其知名度。英特尔还说服PC制造商只要在其PC、外包装和广告上添加"Intel Inside"的标识，英特尔就会为其分摊大量的营销成本。英特尔从一个幕后的B2B微芯片供应商升级为直接触达消费者的B2C品牌。

2 从B2B营销到最终用户营销

当英特尔还是一个工程导向的B2B厂商时，营销工作显得并不重要。随着面向消费者的升级，英特尔需要发展出新的最终用户营销能力和强大的B2C品牌。它成功建立起一个与质量、可靠性和性能紧密连接的品牌形象。

3 从少到多的B2B销售得益于B2C品牌成了收入倍增器

英特尔借助新获得的B2C大众市场的品牌力量,从无名微芯片供应商中脱颖而出。PC制造商开始依靠英特尔值得信赖的品牌作为差异化因素,向最终用户收取更高的费用,这导致PC制造商的销售额和收入增加,而英特尔从微处理器中获得的收入也成倍增长。

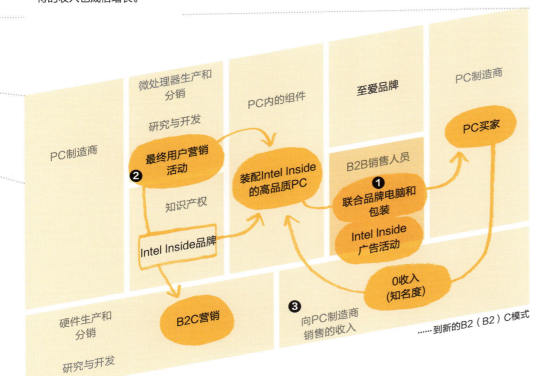

1.1亿美元
前3年的广告活动成本。[15]

#1
1992～2016年,半导体销售的市场领导者,市场占有率为10%～15%。[16]

3000
在第一年(1991年),"Intel Inside"标识出现在其客户(设备制造商)的3000多页广告上。[17]

13.3万
到1993年,13.3万个PC广告使用了"Intel Inside"标识,1400家设备制造商签署了该计划。[15]

10亿美元
1992年,英特尔在"Intel Inside"广告活动后,净收入首次突破10亿美元。[18]

从低接触到高接触
1976~2001年

苹果天才吧

2001年，苹果推出"天才吧"，作为苹果零售店的一个重要组成部分。它将无差异化的、令人生畏的PC购买和支持体验，变成了面向客户的真正高接触、高价值的礼宾式服务。

在苹果零售店之前，苹果使用第三方零售商提供销售和技术支持，这导致在售中和售后环节的客户体验不一致。

2001年，苹果公司推出了内设天才吧的苹果零售店，作为其零售战略的一个重要组成部分。

天才吧提供个性化、友好的技术支持，以及产品演示和培训工作坊。天才（技术服务人员）采用了一种高接触、以人为本的服务方法，让客户感觉自己是设备真正的主人。天才吧让客户到苹果零售店寻求支持时不再望而生畏。

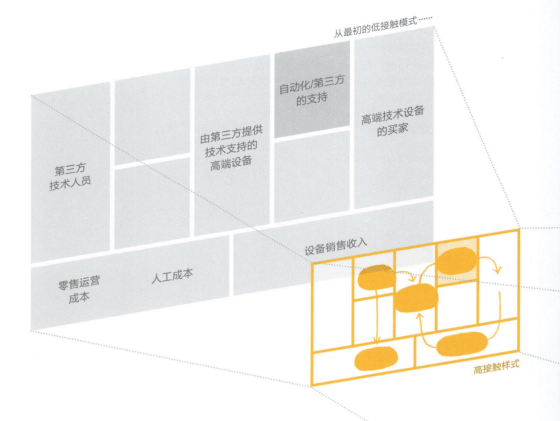

1 从大众式自动化服务关系到高接触关系

当客户使用设备时遇到问题，会发生什么？他们通常要打电话给第三方呼叫中心，或者经历痛苦的维修过程（大众化、无差别的对待）。2001年，苹果公司在其新的苹果零售店内推出了天才吧，以控制客户在整个产品生命周期内的体验。如果客户使用苹果设备遇到麻烦，甚至只是想问个问题，都可以前往最近的苹果零售店内的天才吧。

2 从标准化操作到人力密集型活动

苹果公司从标准化的后台型支持结构（通常涉及第三方）升级为直接面向客户的活动。天才吧提供面对面的技术支持、现场维修，以及软件培训和工作坊。为了实现这一升级，苹果公司培训并认证了一批新的员工："天才"。他们提供个性化高端服务，专注于建立关系而不是追加销售。

3 增加的人工成本

作为高接触策略的必然结果，苹果接受了天才吧带来的人工成本和零售运营成本上升。苹果认为额外创造的价值比增加的成本更重要。

4 在无差异化的海洋中获得高溢价收入

在无差异化和低利润的数码设备的海洋中，苹果公司通过为客户提供专家指导脱颖而出。这种个性化的服务加强了人们对苹果产品及品牌的认知最终有助于证明苹果公司的高溢价和利润的合理性。

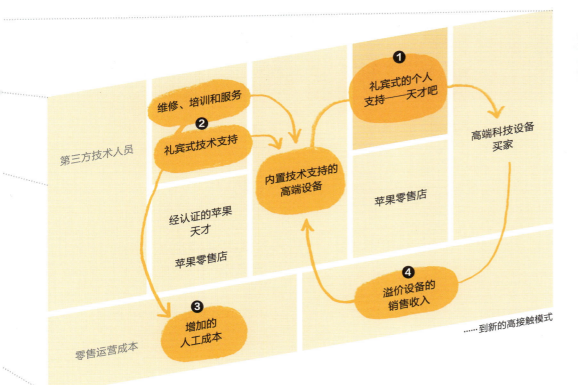

……到新的高接触模式

"我的出现是为了帮助客户和产品建立尽可能最好的关系。"

——苹果帕洛阿尔托专卖店的首席"天才"（2014年）

50 000 人次

天才吧在2014年的日均预约数。[19]

可用于升级的发明样式

直接面向消费者的趋势

苹果零售店

苹果为了控制整体的客户体验，在2001年推出了自己的零售店。在此之前，它都是使用第三方的零售店面，从来没有通过自己的实体店向消费者销售。与传统电脑零售商相比，苹果零售店以独特的体验迅速风靡。苹果零售店是明亮的开放空间，客户到店里体验设备，并在天才吧进行互动。培训工作坊和各类活动让苹果零售店不再只是一个销售场所。

Nespresso精品店

Nespresso是一个以独立包装咖啡著称的高端咖啡品牌，2000年，Nespresso已经成功地开展了电子商务业务，但需要一个实体店来巩固Nespresso作为高端品牌的地位。于是，它在巴黎开设了作为概念店的第一家精品店，后续又稳步开设了越来越多的Nespresso精品店，向客户展示"极致的咖啡体验"并兑现品牌承诺。截至2017年年底，Nespresso在全球各大城市的黄金地段已开设超过700家精品店。

爱彼（Audemars Piguet）

2013年，瑞士钟表制造商爱彼的CEO弗朗索瓦·亨利本杰明决定完全脱离第三方零售商。预计到2024年，爱彼将全面解除与多品牌零售伙伴的所有合作。这一彻底的升级帮助爱彼重新掌控了客户体验、客户数据以及客户关系。购买体验变得高度个性化，并使用比传统门店更具亲和力的选址（爱彼会客厅），例如大城市的高端公寓。此外，砍掉零售中间商让爱彼可以获得零售销售额中的全部利润。

反向升级

小众市场的崛起

精酿啤酒

在过去的几十年里，精酿啤酒运动已经成为一种风潮，甚至迫使传统厂商转而收购或分销精酿啤酒。

20世纪80年代，啤酒在美国已经成为一种批量生产的商品，几乎没有附加特色或文化。消费者开始转向由小型、区域性酿酒商酿造的口味更丰富的啤酒。其结果是，行业内的重量级选手纷纷涌入这一市场。百威英博集团（百威啤酒的制造商）在2011~2017年收购了10家独立美国精酿啤酒厂。

联名信用卡或爱心信用卡

过去，信用卡意味着Visa卡、万事达卡或美国运通卡。如今，对零售商来说，银行或金融贷款机构的身份退居次要位置，提供持卡权益和拓展用途变得更为重要。自20世纪80年代以来，零售商就开始发行自己的卡片，而如今联名信用卡已经打动了更多小众人群：例如，星巴克、优步和亚马逊Prime都提供Visa积分卡。联名信用卡在2017年覆盖了美国消费者和小企业信用卡购买价值的41%，其2018年的购买价值超过9900亿美元。

限量版球鞋发布

耐克和阿迪达斯已经将小众产品提升到了一个全新的高度——每周特定时间在独家零售商处发布限量的独家产品。这些球鞋的产量从几百双到几十万双不等，目标客户是那些寻找独家时尚特色或收藏价值（用于在线转售）的球鞋玩家。原本售价120美元的鞋子，根据稀有和名贵程度，在二级市场上的价格可以炒到4000美元以上。

从专用资源到多用资源

p.256　富士胶片

从重资产到轻资产

p.260　印度巴帝电信

从封闭式到开放式（创新）

p.262　微软

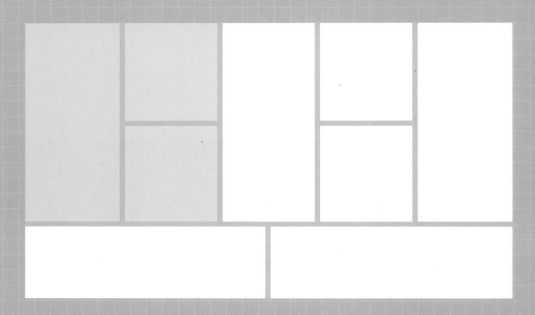

后台升级

彻底升级价值创造的方式。

从专用资源到多用资源

是指将同一种资源的用途从某个价值主张升级为另一个完全不同（针对新的客户）的价值主张。这将带来巨大的协同效应，同时开辟全新的收入来源。

战略反思
我们如何能利用某种最重要的核心资源，为新的客户群提供新的价值主张？如何能利用与现有业务的协同效应来颠覆我们所瞄准的新市场？

示例
富士胶片

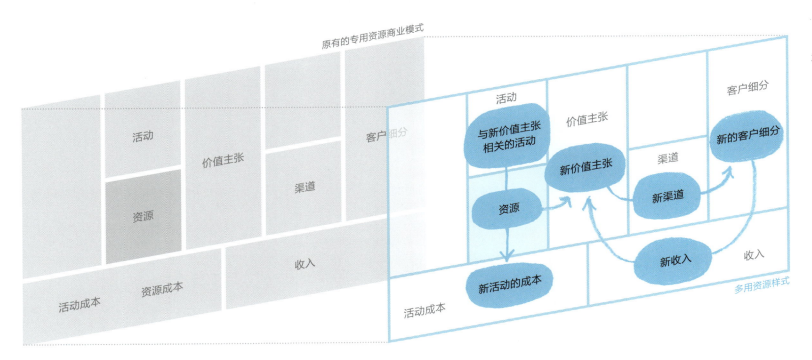

从专用资源到多用资源
2003~2006年

富士胶片

随着21世纪初摄影的数字化升级,富士胶片意识到不能再依赖模拟胶片带来持续收入了。古森重隆董事长以"VISION 75计划"开启了富士胶片的转型期。2006年,富士胶片将其摄影胶片的专业技术应用于化妆品领域,并推出了艾诗缇护肤品。

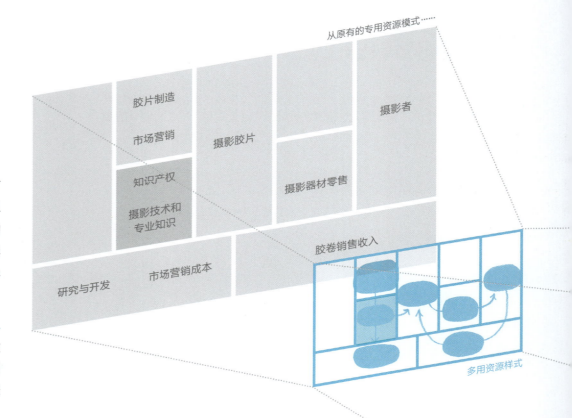

从原有的专用资源模式……

多用资源样式

作为VISION 75计划的一部分,富士胶片在2006年成立了先进研究所,以寻找其技术的创新用途。富士胶片很快就开发出了艾诗缇护肤品,并利用该品牌名称营销新的化妆品系列。与昔日的竞争对手柯达不同,通过围绕现有的核心资源建立成功的新商业模式,富士胶片得以从胶卷业务的急剧下滑中反败为胜。

这一成功成为富士胶片探索其他业务(如功能材料、医疗设备等)的发力点,并助力其转型为多元化的技术集团。富士胶片的影像解决方案部门的收入在2001年时还占据公司收入的54%,到2017年时降至15%。

1 核心资源从专用到多用

富士胶片意识到胶原蛋白既是胶片生产过程中的必要成分也是皮肤的主要成分,可以把自己在摄影技术和胶片制造领域的专业知识应用于护肤品生产上。多年来富士胶片在其化学库中开发的2万种化合物,最初用于摄影胶片,现在也适用于药品和护肤品研发。

2 从原有价值主张到面向新客户群的新价值主张

富士胶片把原来面向全球摄影者的摄影胶片价值主张进行了彻底的升级。现在,它将面向亚洲女性的以艾诗缇为代表的高端护肤品作为价值主张。

3 从传统渠道到新渠道

摄影胶片和高端护肤品使用的零售渠道不一样,所以富士胶片为艾诗缇业务开辟了专门针对化妆品的新零售渠道。

4 从传统活动到新活动,以及新价值主张的相关成本

富士胶片成立了先进研究所,以寻找其摄影技术的创新应用。它投资护肤品业务,并为艾诗缇预备了大规模的营销活动,因为化妆品需要强有力的品牌影响力。然后,它建立了护肤品生产和分销的基础设施,以支撑新的价值主张。

5 从既有收入到新收入

从2001年的高峰期开始,摄影胶片的需求迅速下降,在不到10年的时间里几乎消失殆尽。为了弥补胶卷收入的下降,富士胶片从2006年开始,以高端护肤品和营养素创造了新的收入来源,促进了医疗保健部门的增长。

2倍

艾诗缇帮助富士胶片的医疗保健业务实现了业绩翻倍,从2008年的2880亿日元增长到2018年的4840亿日元。艾诗缇的收入包含在富士胶片的医疗保健部门的收入中。[20, 21]

20 000种
化合物

富士胶片在其化学库中开发的2万种化合物,最初用于摄影胶片,但现在用于制药。[22]

富士胶片与柯达的收入对比[23]

单位:百万美元

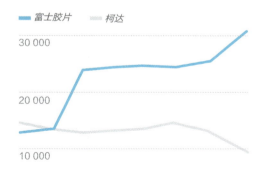

从重资产到轻资产

是指从以高固定成本和高资金支出为基础的商业模式升级为以可变成本为主的轻资产业务。这种升级使得企业可以专注于提供服务和获取客户,而不是建设和维护资产。腾出的资金和精力可以用来促进增长和提高收入。此外,第三方供应商通常可以帮多家公司分摊建设和维护资产的成本,这使得其单位成本低于公司自己建设和维护资产的成本。

战略反思
我们如何能从建设和维护资产中腾出资金和精力,进而专注于提供服务和获取客户?这种升级如何帮助我们扩大客户基数并增加收入?

示例
印度巴帝电信

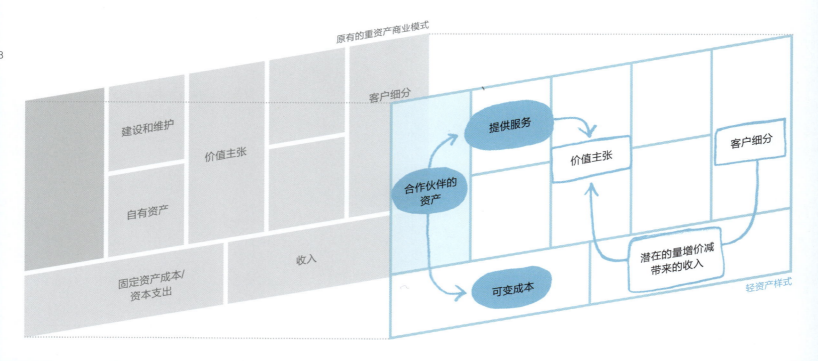

从封闭式到开放式
（创新）

是指开发新价值主张的方式从封闭式升级为开放式。一种开放式创新是在创新时由外而内，这主要是基于外部研发和知识产权而成立的。另一种开放式创新是由内而外的，从严密保护内部研发和知识产权转向与外部合作伙伴共享研发和知识产权。

战略反思
我们如何能更多地利用外部研发和知识产权（由外而内）或与外部合作伙伴分享内部研发和知识产权（由内而外）？两种方式都能创造新的收入从而提高研发回报。

示例
微软

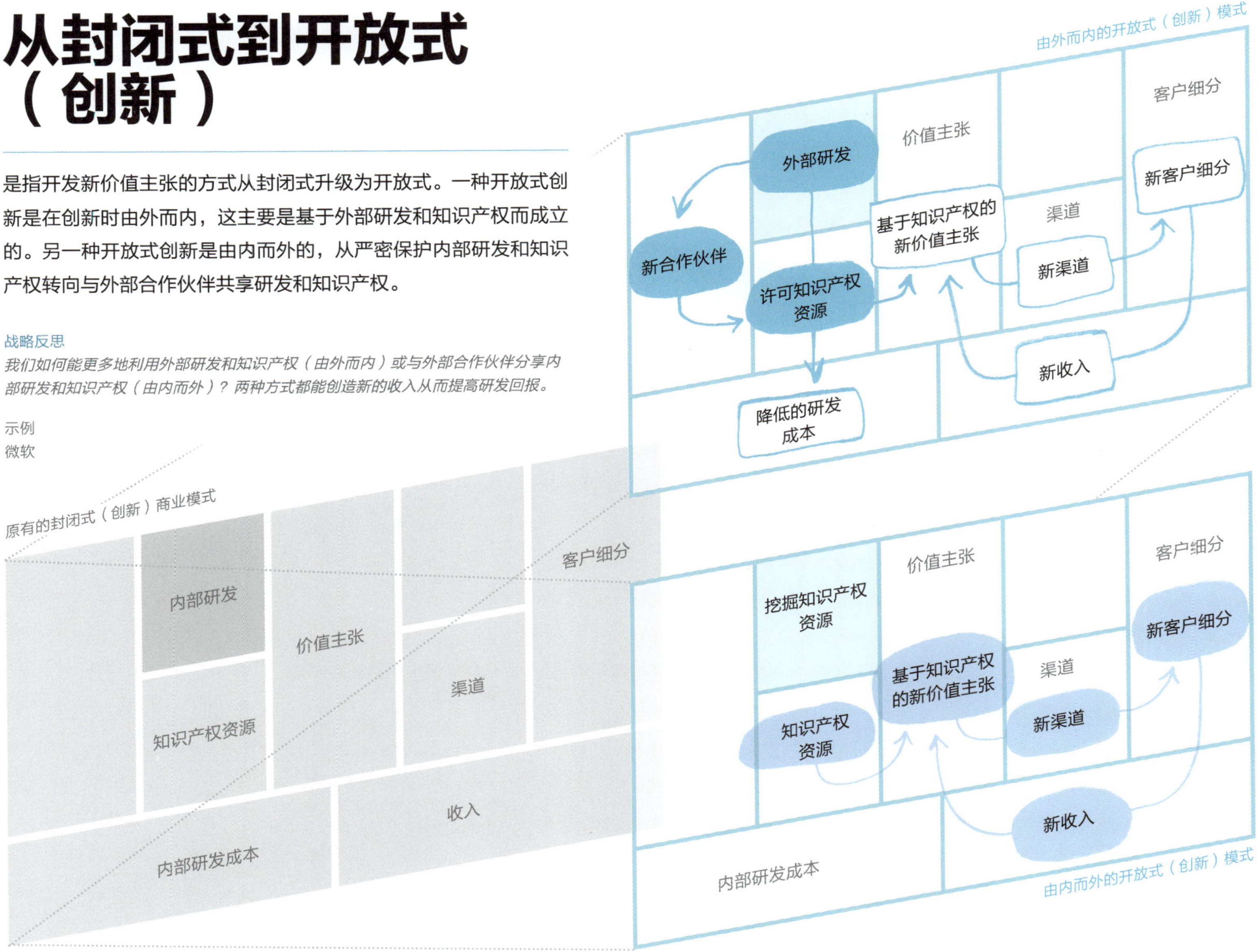

原有的封闭式（创新）商业模式

由外而内的开放式（创新）模式

由内而外的开放式（创新）模式

从重资产到轻资产
2000~2003年

印度巴帝电信

在21世纪初,印度巴帝电信(以下简称巴帝)并不具备发展电信基础设施所需的资金,它决定探索一种电信业中前所未有的战略。巴帝将其整个网络的基础设施和大部分运营工作外包,以便在服务而非基础设施的层面上展开竞争。

在21世纪初,巴帝希望抓住印度电信市场增长带来的龙头份额,然而它并没有资金投资于所需的基础设施。

不同于其他公司在基础设施上展开竞争的做法,巴帝决定摆脱这一昂贵的资产,在服务上展开竞争。

2003年,巴帝是主流电信公司里第一家将基础设施和大部分业务运营外包给合作伙伴的。大量的资金成本从它的商业模式中消失了,这种升级将资本支出转化为基于客户使用情况的可变运营费用。巴帝将这一升级所节省的资金用于贴补产品降价和新的价值主张,从而维持了其注册用户数的快速增长速度。

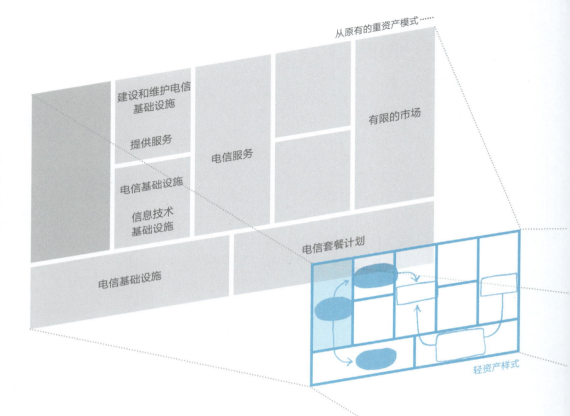

从原有的重资产模式……

轻资产样式

1 从自有关键资产到合作伙伴的资产

2003~2004年,巴帝做出了一个激进的决定,与四家全球供应商签订了一项多年期协议,将有形电信基础设施的运营和维护以及大部分信息技术系统外包。这对于把网络视为主要竞争优势的电信运营商而言,是前所未见的举措。

2 从建设和维护活动到服务提供活动

巴帝将腾出的金融资源重新分配,用于扩大销售、市场营销和客户服务,这些活动有助于加快客户增长和提供更好的服务。

3 从固定成本结构到可变成本结构

巴帝不需要再花钱运营和维护电信设备，也不需要拥有自己的基础设施（固定成本）。Airtel与合作伙伴谈判的付费模式基于使用量和服务质量（可变成本）。

4 从底线收入到低价高量收入

巴帝决定通过降低其电信套餐价格的形式，将基础设施外包所节省的费用回馈给客户。此举使巴帝凭借更低的价格实现更高的销售量，并切入快速增长的印度电信市场。由于其增长不再受到基础设施的限制，巴帝在升级后可以迅速扩大其客户群。

印度第3名
2019年印度第三大移动运营商。[24]

3.25亿
2019年印度注册用户数。[24]

27.5%
市场份额

2019年占印度无线用户总数。[24]

120%
的增长

2003~2010年销售收入年复合增长率120%，净利润年增长率282%。[25]

❷ 提供服务
❶ 电信供应商的关系
❸ 可变的基础设施成本
网络和信息技术供应商的基础设施
信息技术基础设施
负担得起的电信服务
大众市场
❹ 电信套餐降价带来的更高销量

……到新的轻资产模式

从封闭式到开放式（创新）
2012~2018年

微软

企业用户和开发者不希望自己永远被捆绑在单一操作系统上。为了克服这个问题，微软开始拥抱开源。微软从2001年时称开源为"癌症"，转变为到2014年时加入开源社区。

在史蒂夫·鲍尔默时期，微软对开源的抵触人尽皆知，对因他人窃取知识产权的行为发起专利诉讼和公开威胁更是屡见不鲜。2012年，微软首次尝试开源，成立了微软开放技术公司。

2014年，新任CEO萨提亚·纳德拉从根本上加快了这种向开放式创新的升级，他将微软的关注点从专有的Windows系统转向不限定操作系统的云解决方案，以满足企业用户和开发者的需求。

为了满足企业客户的需求，微软从封闭式升级为开放式创新。它不再只依赖专有软件的开发，而是向开源社区开放。微软让开发者更容易在其软件上工作，并改进了其Azure云服务产品。

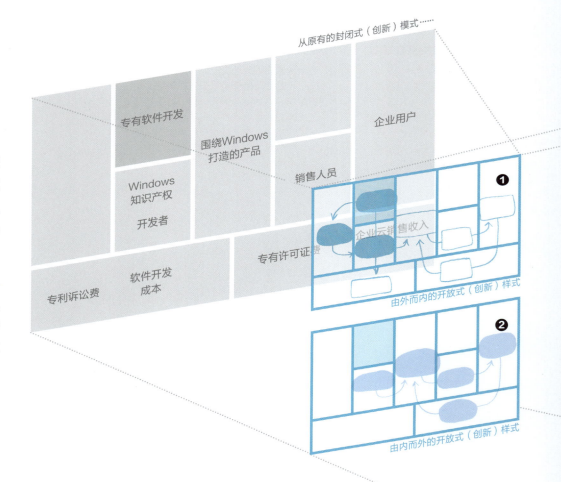

1 从内部研发到外部研发

微软认识到，要想接触到更多的企业用户，就不能再强迫他们使用Windows。封闭式的软件开发（内部研发）和Windows知识产权的核心地位已经过时。从2014年开始，在萨提亚·纳德拉的领导下，微软对来自开源社区的贡献敞开怀抱，它在Azure云服务中融入了越来越多的开源代码（外部研发），以满足企业用户的需求。

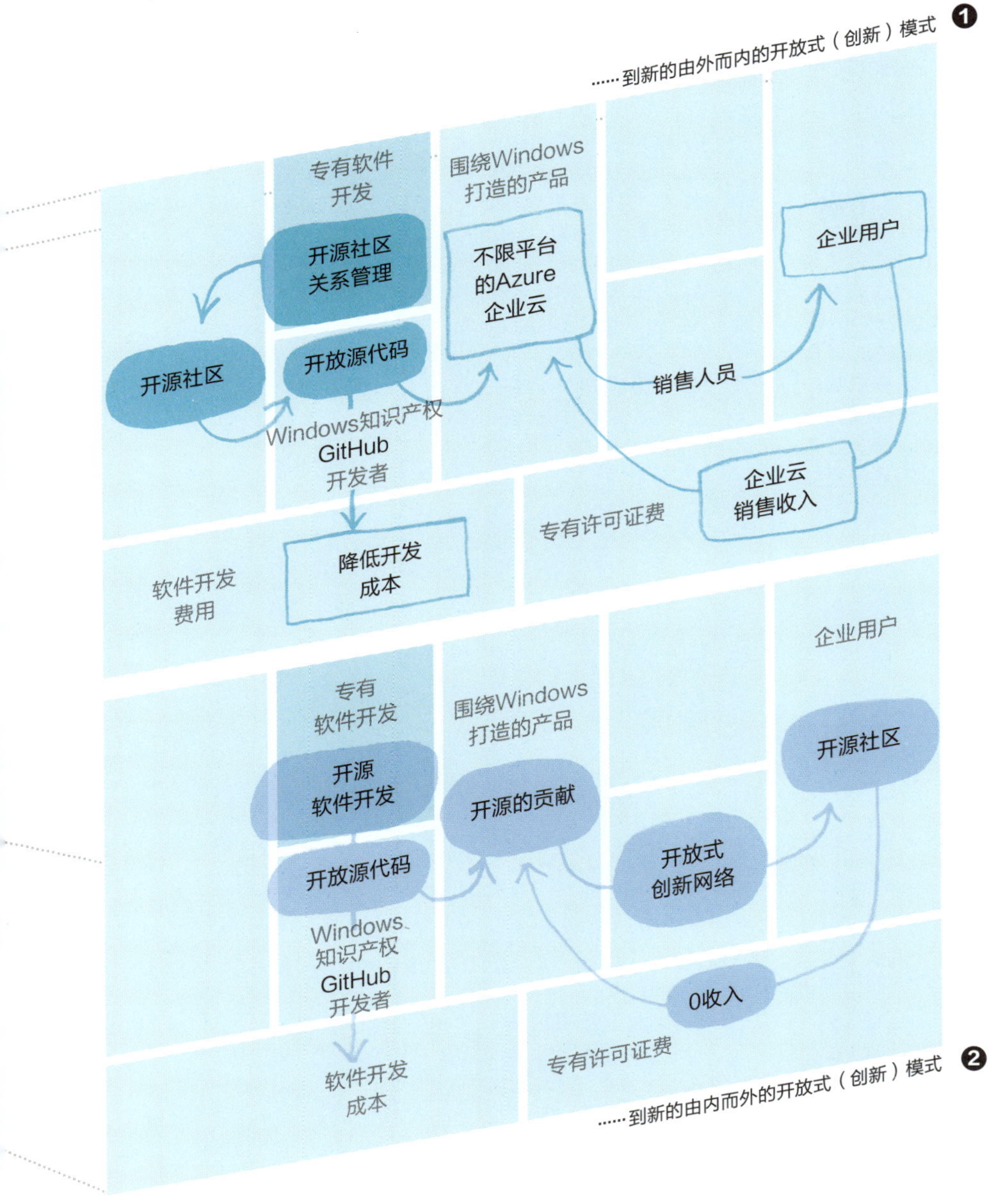

❶ ……到新的由外而内的开放式（创新）模式

[图示：专有软件开发、开源社区关系管理、围绕Windows打造的产品、不限平台的Azure企业云、企业用户、开源社区、开放源代码、Windows知识产权GitHub开发者、销售人员、降低开发成本、软件开发费用、专有许可证费、企业云销售收入]

❷ ……到新的由内而外的开放式（创新）模式

[图示：专有软件开发、围绕Windows打造的产品、企业用户、开源软件开发、开源的贡献、开源社区、开放源代码、Windows知识产权GitHub开发者、开放式创新网络、软件开发成本、专有许可证费、0收入]

6万项专利

2018年，微软加入开源发明网络后，开放了6万项专利资源。[26]

75亿美元
收购GitHub

微软在2018年收购了全球领先的开源软件开发平台GitHub。[27]

#1

微软是GitHub的主要贡献者，2018年有超过4550名员工做出了贡献。[28]

2 从专有知识产权到基于知识产权的新价值主张

微软在2016年加入了Linux基金会。Linux基金会是一个促进开源开发的开放技术联盟。2018年，它还加入了一个专利联盟，开源发明网络。微软在加入开源发明网络后向社区开放了6万多项专利（专有知识产权）。

2018年，微软收购了GitHub。GitHub是一个为开源社区提供协作和软件版本控制的平台。微软很快成为该平台最大的贡献者之一（基于知识产权的新价值主张）。

从专用资源到多用资源
2006~2019年

大数据趋势：
23andMe

大数据，即对极其庞大的数据集的分析，利用"从专用到多用"的模式为新的增长提供了大量机会，23andMe就是一个例证。

1 从专用用途：基因检测

23andMe从2006年开始直接面向消费者销售DNA检测试剂盒。它同时提供祖源报告和健康分析。23andMe要求购买试剂盒的消费者选择是否加入其研究"以成为更宏大事业的一部分"，平均有80%的用户选择加入。随着每一次新销售的达成，23andMe包含用户、DNA信息和自我报告行为数据的数据库都会随之扩大。

2 到多种用途：访问数据库

23andMe知道其数据库将成为科学研究的核心资源。23andMe将数据匿名化，并将数据库的访问权出售给（医疗、政府和教育领域的）研究人员。在2018年，23andMe的客户中，有400多万人同意将他们的DNA用于研究。23andMe的客户平均为230多项研究做出了贡献。

3 到多种用途：新药研发

这个数据的宝库也帮助23andMe进入了药物研发领域。它在自行探索这一新领域的同时，也通过与领先的制药公司合作来不断发展。2020年，23andMe首次出售了一项利用客户数据研发出的新药的权利，这奠定了其后续大量新收入来源的基础。

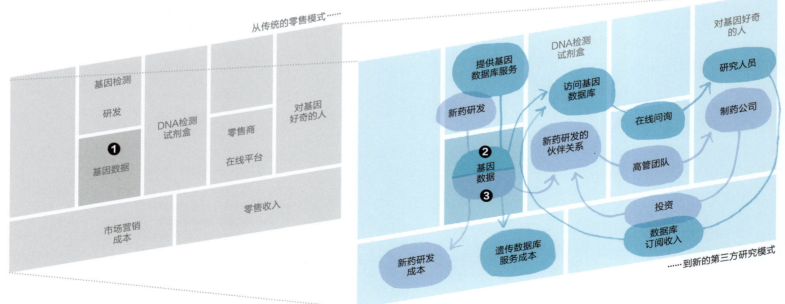

反转 | 从轻资产到重资产
1928~1955年

迪士尼乐园及度假区

20世纪30年代,迪士尼创始人沃尔特·迪斯尼梦想着无论在银幕上还是现实生活中都能给家庭带来神奇的体验。继电影(轻资产)成功之后,他在1955年将业务扩展到主题公园和度假区(重资产)领域。

1928年,沃尔特·迪斯尼推出了他的第一部米老鼠动画片。4年后,他开始设想对家庭友好型游乐园的创意。1955年,迪士尼乐园在加州开业,在最初的10周时间就吸引了100万名游客。到了1960年,这个数字更是上升到每年500万名游客。奥兰多迪士尼世界随后在1971年开业,两个度假区都开设了酒店来接待游客。1983年,迪士尼在东京开设了第一个国际主题公园,1996年又推出了迪士尼游轮航线。迪士尼的持续增长和对重资产的投资得到了回报。它建立了一个与其媒体帝国比肩的盈利丰厚的酒店帝国。而迪士尼也持续成为世界上最有价值的媒体品牌。预计到2023年,迪士尼还将投资240亿美元在主题公园建设上。29

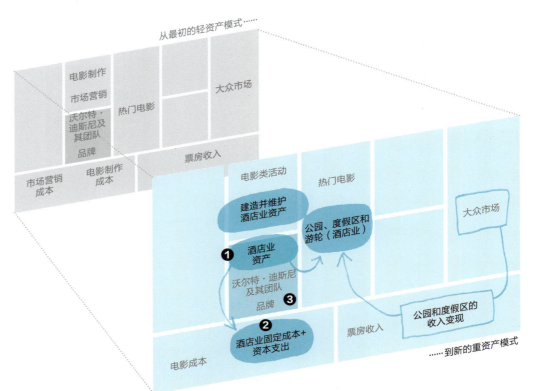

1 从轻资产到重资产

迪士尼的电影业务除了沃尔特·迪斯尼和他的创意团队之外,所需要的资产并不多。当迪士尼决定转而创造真实世界的体验时,它就接受了一个前提:需要投资酒店业所需的重资产。迪士尼在1955年开设了第一个主题公园——迪士尼乐园,并逐步在其核心资源中又增加了11个主题公园、51个度假区、4艘游轮和1个私人岛屿(截至2020年)。

2 从轻资产到重资产的成本结构

电影	主题公园
《小姐与流浪汉》 3810万美元	迪士尼乐园 1.62亿美元
《奇幻森林》 3060万美元	迪士尼世界 20.2亿美元
《小美人鱼》 8200万美元	迪士尼好莱坞影城 8.24亿美元

3 轻资产与重资产相互促进

迪士尼利用其品牌和电影特许经营权来打开公园、度假村、游轮等产品的市场。与此同时,公园和度假村作为一种渠道,又强化了顾客与迪士尼品牌之间的联系。

从高成本到低成本

p. 268　道康宁Xiameter

从交易性收入到持续性收入

p. 272　Adobe

从传统型到逆向型

p. 274　苹果iMac

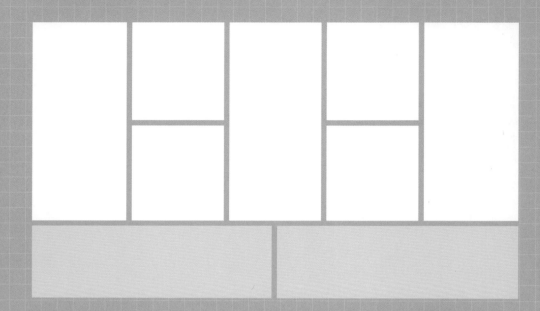

盈利公式升级

彻底从收入和成本上升级利润的获取方式。

从高成本到低成本

是指向更有效的活动和资源配置升级,以显著优化成本结构,并向价格敏感型客户提供低价的价值主张,这种升级可以帮企业覆盖新客户群。

战略反思
我们可以用低价的价值主张征服哪些新的、对价格敏感的客户群?我们如何重新配置活动和资源来颠覆成本结构,使低价成为可能?

示例
道康宁Xiameter

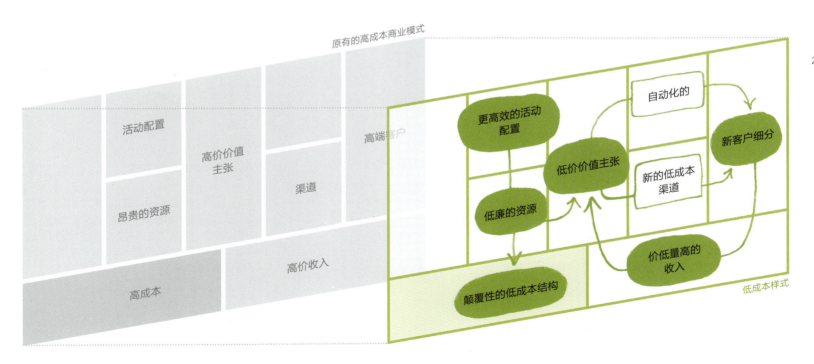

从高成本到低成本
20世纪90年代~2002年

道康宁 Xiameter

20世纪90年代末,随着有机硅成为一种大宗商品,道康宁公司的特种有机硅业务受到了威胁。为了应对这一挑战,道康宁公司在2002年创建了Xiameter品牌,一种无多余添加的标准有机硅产品,在网上销售给价格敏感的制造商。

在20世纪90年代,有机硅成为一种同质化的大宗商品。道康宁本可以放弃有机硅的低端市场,相反它接受了挑战,设计出一种能够以比原价低15%的价格提供有机硅的业务模式。公司为此于2002年推出了Xiameter:一个针对标准有机硅产品的纯线上分销平台。

道康宁同时保持了高成本的特种有机硅业务和低成本的Xiameter标准有机硅业务。两种商业模式成功共存,帮助公司克服了有机硅商品化的威胁。

道康宁于2016年被陶氏化学公司收购。

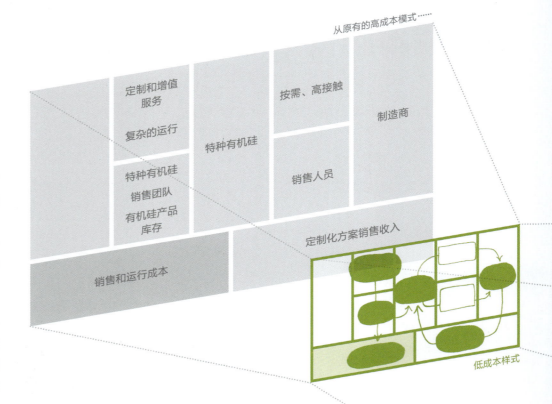

从原有的高成本模式……

低成本样式

1 从高成本到颠覆性的低成本结构

与母公司道康宁不同,Xiameter从根本上改变了成本结构。由于采用更低廉的资源、更精简的活动和标准化的销售,它实现了颠覆性的低成本结构。

2 从昂贵到低廉的资源和活动

Xiameter去除了道康宁传统商业模式中最昂贵的资源,包括清除特种有机硅资源以减少库存,以及取消专职的销售团队,此外它还降低了有机硅产品定制、增值服务或特定合同条款等活动的复杂性。新的商业模式是为标准化销售和在线运行而设计的。

3 从特色价值主张到低价价值主张

更低廉的资源和更高效的活动配置，让Xiameter能够提供低价价值主张。它以比道康宁更低的价位在线销售标准有机硅，这一价值主张吸引了新的细分客户群——价格敏感型制造商，他们愿意忽略特色性能和高接触的销售活动，以换取速度、便利和价格。

4 从传统（线下）渠道到新（线上）渠道

原有的道康宁业务完全依靠一支专职销售团队，没有线上销售渠道。Xiameter建立了一个电子商务平台并引入新的线上渠道来触达客户。

5 从高价格的收入到低价格、高成交量的收入

道康宁公司将特种硅胶产品以高价格出售，Xiameter则瞄准了比其低15%的价格区间。作为交换，客户必须采购大批量订单，并同意标准的信用条款和交货期。在不到10年的时间里，Xiameter的销售额从0增长到道康宁总销售额的30%。

便宜20%

道康宁与Xiameter之间的价格差。30

"我们的双品牌战略提供了客户所需的选择和解决方案，帮助他们更好地解决问题和抓住机遇。"

——施纳德（Donald Sheets）
道康宁公司首席财务官兼美洲区总裁

0~30%
在不到10年时间里的线上销售增长

2011年，道康宁的线上销售贡献了30%的销售额，而在2002年Xiameter推出之前这一数字为0。31

13%
销售额增长

2006年达到销售增幅的峰值，自Xiameter 2002年推出以来，道康宁的销售额每年都有两位数的增长。32

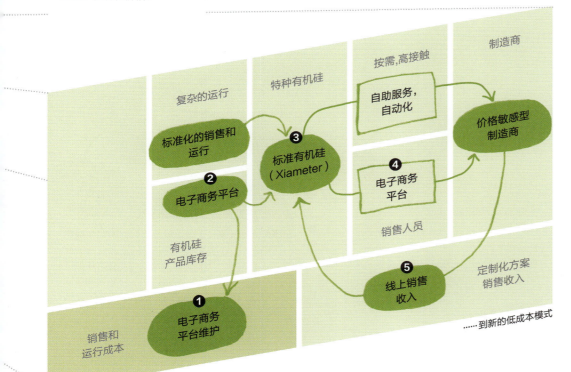

改编自马克·W. 约翰逊的《白地策略》。

从交易性收入
到持续性收入

战略反思
有哪些持续性的客户需求，可以让我们创造出持续性的价值主张，维系长期关系并产生持续性收入？

示例
Adobe

是指从必须不断挖掘新客户进行销售，升级为获得一次客户/用户后就能赚取持续性收入。这种升级要求你能够识别出一项持续性的客户需求并针对其提出持续性的价值主张。由于持续性收入提高了客户终身价值，因此你可以承担比交易性模式更高的前期获客成本。持续性收入的优势包括复合收入的增长和更高的可预测性。

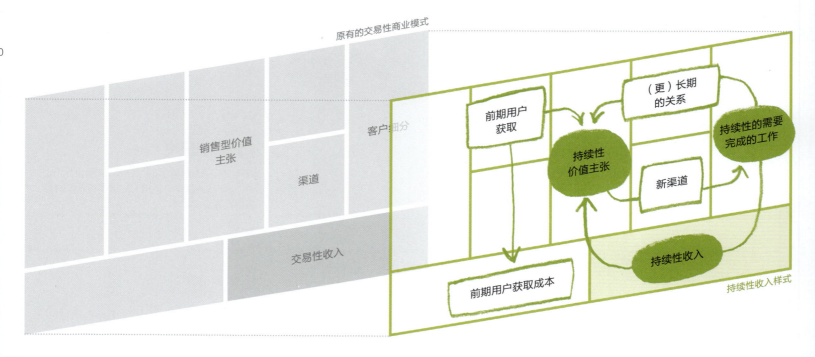

从传统型到逆向型

是指在大幅降低成本的同时升级价值主张。逆向创业者从他们的商业模式中消除最昂贵的资源、活动和合作伙伴，即使这意味着限制价值主张。他们聚焦那些高度认可自己的价值主张且愿意付费的客户群，向其提供成本相对较低的功能来进行补偿。

战略反思
哪些最昂贵的活动和资源（即使它们为客户创造了价值）是可以去除或减少的？我们如何能利用廉价却对客户最重要的价值创造元素来增强我们的价值主张，并且弥补失去的（昂贵的）价值？

示例
苹果iMac

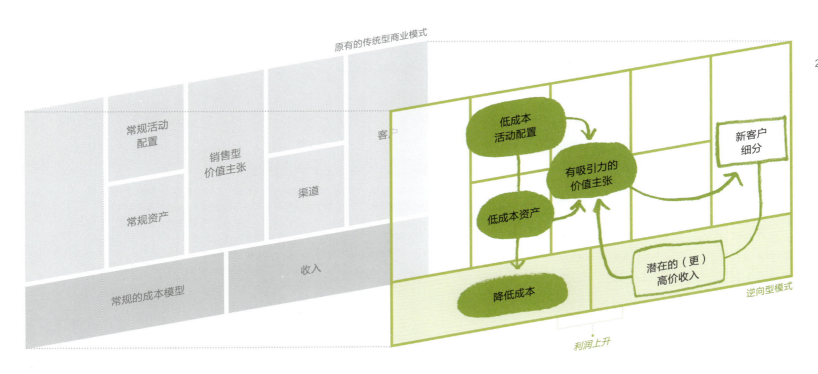

从交易性收入到持续性收入
2003~2012年

Adobe

21世纪最初10年，通过互联网进行软件分销成为可能，软件产业开始向软件即服务（SaaS）升级。Adobe较早地抓住了这一机遇，并在2012年从软件的交易性销售模式转为云服务的订阅模式。

Adobe历史上的收入方式是对软件的永久授权进行交易性销售，每隔几年它就必须说服客户升级到新版本。

2012年，Adobe推出了Creative Cloud，并像越来越多的软件供应商一样销售软件即服务（SaaS）。客户随即获得整套产品的使用权，产品会持续得到云端的升级和支持。

2013年，Adobe停止将Creative Suite作为独立的软件产品销售。随着Adobe收入模式从交易性升级为持续性，最初的收入有所下滑，但随着大众市场对Creative Cloud的广泛接受，持续性收入开始指数级地增长。

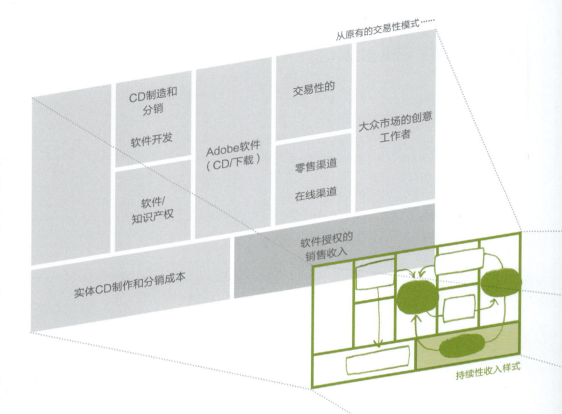

1 从交易性到持续性收入

Adobe决定在2012年从提供永久的软件授权升级为月度订阅服务。当时Adobe完整的大师级软件套装价格为2500美元，与之相比整个Creative Cloud的每月订阅费仅为50美元。

2 从交易性到持续性的价值主张

在2012年之前，Adobe客户购买的是永久授权，需要进行季节性升级以便获得最新的软件功能。客户当然希望能一直使用最好的、最新的软件和功能，而不是每隔几年才更新一次。升级为Creative Cloud后，其提供的自动更新、技术支持、在线存储、发布功能和文件共享服务，满足了客户的持续性需求。

3 从交易性关系到持续性关系

向Creative Cloud的升级实际上意味着将与客户之间交易性关系升级为持续性关系。Adobe投入大量资金来创建在线用户社区，这引发了对全新订阅模式的价值和收益的公开讨论。

4 从每几年一次的持续获客模式到重要的首次获客模式

在2012年之前，为了每一个新软件销售和每一次后续升级，Adobe都要承担客户获取的活动和成本。随着从交易性向持续性收入的升级，Adobe重点投资首次客户获取，以便在客户的全生命周期中持续获得订阅收入。

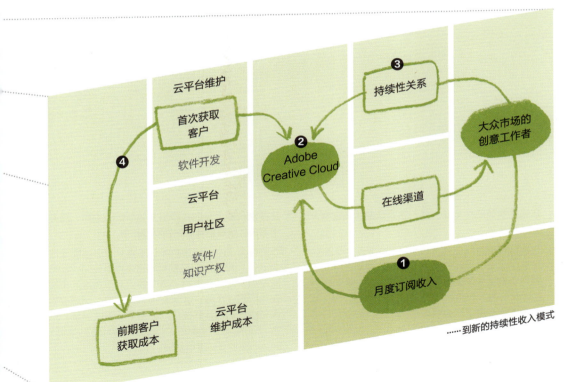

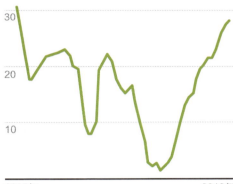

Adobe净利润[33]

按收费形式划分的Adobe收入[34]
占总收入的百分比

从传统型到逆向型
20世纪90年代~1998年

苹果iMac

1997年,史蒂夫·乔布斯重回财务状况堪忧的苹果公司,大幅降低运营成本,同时借助iMac的推出,将苹果新台式电脑的价值主张聚焦在对设计敏感的消费者身上。

1996年年底,苹果公司收购了NeXT公司,后者正是创始人乔布斯从苹果公司离职后创办的。濒临破产的苹果公司对乔布斯委以重任。乔布斯在产品端大刀阔斧,砍掉了苹果70%以上的软硬件产品系列,只专注于极少数项目。这一决定导致裁员超过3000人,但也让苹果集中力量重塑家用台式电脑。新上任的首席设计师乔纳森·艾维(Jonathan Ive)肩负着这次重塑的任务。他设计了极具辨识度的iMac,采用半透明的邦迪蓝外壳。一年后,苹果公司恢复了盈利,而iMac的成功也为未来改变游戏规则的苹果产品(iPod、iPhone、iPad)铺平了道路。苹果公司在2001年推出的新操作系统Mac OS X,也是源于对NeXT的收购。

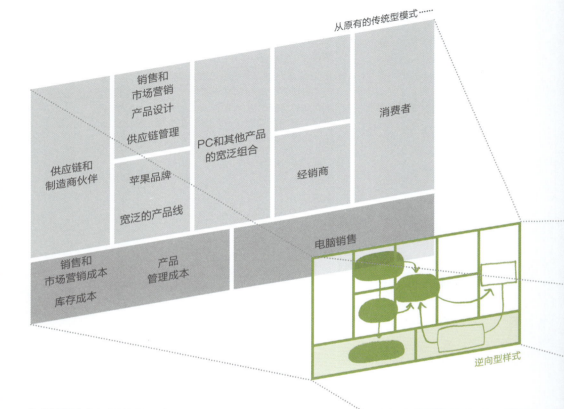

从原有的传统型模式……

逆向型样式

1 从传统型活动和资源到低成本活动配置和低资产成本

苹果从昂贵且宽泛的活动和资源,升级为聚焦且精简的成本结构。史蒂夫·乔布斯取消了针对不同经销商的产品定制,并叫停70%的苹果硬件和软件开发,以此降低运营成本。与此同时,蒂姆·库克领导了苹果供应链的转型,显著降低了库存成本。

2 从传统价值主张到有吸引力的新价值主张,服务于对设计敏感的新客户和苹果粉丝

苹果推出iMac,打破了PC市场只有米色或灰色的偏见。iMac与以往任何一台电脑都不同,它同时升级了功能并提高了易用性,尤其是接入了现在流行的互联网。苹果还通过iMac富有曲线感和色彩缤纷的设计创造了一种全新的美学风格。加之1299美元的合理价位,iMac立即引起了对设计敏感的新消费群体的共鸣。

3 从亏损到高利润业务

苹果简化了产品组合，提升了供应链管理水平，并聚焦于为iMac用户打造独特的产品设计风格。一年之内，苹果公司就重回盈利状态。

1998年利润
3.09亿美元

vs.

1997年亏损
10.45亿美元[35]

iMac销售量
800 000台

在发布的前140天内。
每15秒就售出一台iMac。[36]

占用库存的供货总值
从31天到6天

1997年，苹果公司有4.37亿美元被库存"吃掉"，相当于账面上一整月的供货总值。但到1998年结束时，库存占用量削减了80%，相当于降至仅6天的供货总值。[37]

……到新的逆向型模式

多重升级的样式
2006~2017年

沃旭能源

2012年，新任CEO亨利克·波尔森（Henrik Poulsen）领导沃旭能源（Ørsted）从化石燃料能源生产和销售商升级为纯粹的绿色能源巨头。这一升级是紧随天然气价格下跌引发债务危机而发生的。

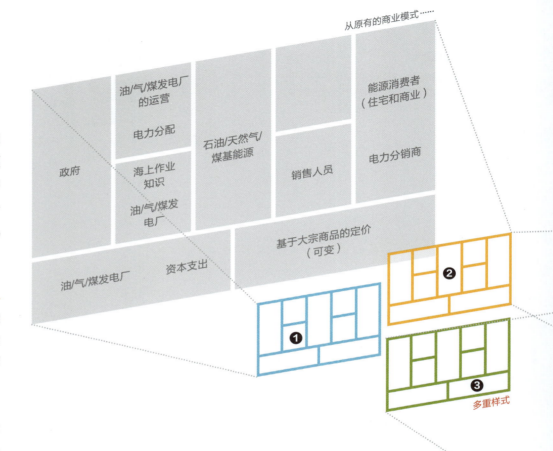

沃旭能源成立于20世纪70年代，当时名为丹能（DONG Energy）公司，是一家丹麦国有企业，在欧洲各地建造燃煤发电厂和海上油气钻井平台。

2009年，丹能公司决定升级为绿色能源公司。它宣布了一系列规划，以实现到2040年将化石燃料的使用量从85%减少到15%的目标。这一升级得到了丹麦政府的支持，并开始对其可再生能源的生产进行补贴。

2012年，天然气价格下跌导致丹能公司陷入债务危机，同时亨利克·波尔森被任命为新CEO。在他的领导下，丹能公司加速向绿色能源升级。2019年，它成为全球最大的海上风电场的开发商之一。

2016年，丹能公司以150亿美元首次公开发行上市。2017年，该公司出售石油和天然气业务，正式放弃了化石燃料，并更名为沃旭能源（以下简称沃旭）。38

沃旭在转型为可持续发展企业的过程中结合了前文提到的几项升级：

1 从核心资源专用到多用

当沃旭开始转型时，它将多年来在北海钻探作业积累的专业知识应用于建设海上风电场，这促进了其从传统聚焦化石燃料能源到全新聚焦可再生能源的根本升级。

2 从低技术到高技术

要从钻井平台升级到绿色高新技术电厂,沃旭需要大量的投资成本,政府补贴促进了这一转变。与此同时,由于北海盆地的不断开采,该区域油气钻井变得相对昂贵,使得沃旭向风电技术和风电场运营的转型具有很强的现实意义。

3 从波动的交易性收入到可预测的持续性收入

沃旭传统的化石燃料收入波动很大,价格取决于地缘政治因素和大宗商品价格的波动。而沃旭基于风力的电能价格,在政府的补贴(和可再生认证)下价格长期固定。2007年,沃旭的产量中只有13%是基于固定价格,而2018年这一数字升至81%。

75%
的电力来自可再生能源
2018年,绿色发电比例从64%提高到75%。[39]

减少
81%
的二氧化碳排放量
将碳排放量从2006年的1800万吨减少到2018年的340万吨。[39]

87%
投资于可再生能源的资本比例。2007年,可再生能源投资占总资本的16%。到了2018年,这一比例已经增加到87%。[39]

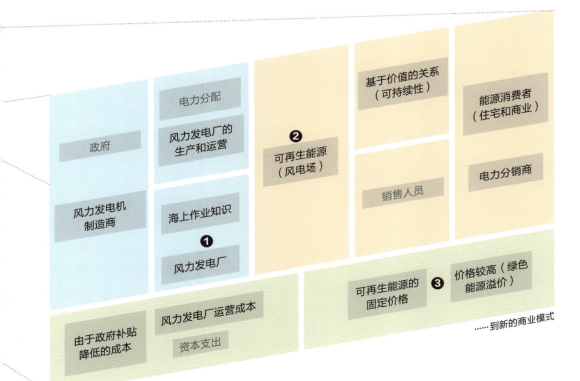

从产品到持续性服务
20世纪90年代~1999年

罗尔斯·罗伊斯

罗尔斯·罗伊斯（Rolls-Royce）在20世纪90年代末推出TotalCare®。它是喷气发动机制造商中第一家从销售发动机（产品）升级到销售产品生命周期各阶段维护（服务）的公司。

罗尔斯·罗伊斯在20世纪90年代认识到，它们针对航空公司和公务机客户的商业模式是畸形的：罗尔斯·罗伊斯发动机必须出现损坏或故障才能催生一次新的销售。

1999年，美国航空要求罗尔斯·罗伊斯不仅要交付大额的发动机订单，还要提供涵盖维修、保养、运输和周边备件有关的所有售后服务。TotalCare服务最初就是在这个要求下诞生的。

TotalCare将管理喷气发动机的风险从客户转移到罗尔斯·罗伊斯。TotalCare重新梳理了罗尔斯·罗伊斯与其客户之间的激励机制，采用持续性收入的模式以便罗尔斯·罗伊斯按喷气发动机的飞行小时数获得收入。

通过TotalCare，罗尔斯·罗伊斯从产品升级为持续性服务的商业模式。其喷气发动机是亏本销售的，而罗尔斯·罗伊斯通过服务合同随时间进程产生的收入逐步弥补损失。

计费时长1430万小时
2018年大型发动机计费飞行时长1430万小时。40

覆盖90%的机队
2018年罗尔斯·罗伊斯宽体客机机队中90%的机型被TotalCare服务协议覆盖。40

从小众市场到大众市场
2013~2016年

华盛顿邮报

杰夫·贝佐斯在2013年收购了《华盛顿邮报》，以便将这一小众的地方性报纸升级为全国性的数字化大众媒体巨头。

2013年，杰夫·贝佐斯以2.5亿美元收购了《华盛顿邮报》。当时《华盛顿邮报》作为一份印刷出版物，因过度关注华盛顿本地政治而处境堪忧。贝佐斯利用他的互联网专长，将该报转型为一家借助网上免费分发途径，专注于大众市场的全球性数字媒体公司。

《华盛顿邮报》保持了其社论类和调查类新闻的完整性，同时将受众扩展到更广泛的读者群体。它设置了付费门槛，以提高来自订阅用户的收入，并建立了一个新闻聚合平台，以覆盖更多的记者和读者群体。

170万
数字订阅数
从2012年的48.4万纸质用户和2.8万数字用户，到2019年数字用户数超过170万。41、42

8700万
独立访客数
到2019年3月，《华盛顿邮报》平台的独立访客数已达到8700万。43

从B2B到B2（B2）C
1976~1989年

戈尔特斯

1989年，戈尔公司在使用戈尔特斯(Gore-Tex)面料的产品上推出了"保证使您干爽"的承诺，这让戈尔公司从幕后的B2B面料制造商升级为值得信赖的B2C品牌。

戈尔特斯是由戈尔公司于1969年开发的全球首款防水透气面料。戈尔公司在1976年接到第一笔戈尔特斯商业订单，为一家户外公司开发雨衣和帐篷。

1989年，戈尔公司在其防水产品上推出了"保证使您干爽"的终身产品承诺。戈尔公司并不制造最终产品，但它说服了使用其面料的服装和户外品牌在衣服吊牌上推广这一承诺。这给消费者带来了额外的品质感和安心感，并使得戈尔特斯依附于现有的成衣厂商，成为一个无处不在的品牌。

> "一家公司保证自己产品的质量是一回事，而敢保证别人的产品则是另一回事。它们却这么做了。"
>
> ——戈尔特斯的承诺

虽然戈尔公司并不生产最终的服装，但供应商将其承诺传递给了消费者。如果消费者对服装不"完全满意"，戈尔公司将承担后续服务。戈尔公司使用其标识和戈尔特斯标牌向最终用户表明，无论制造商是谁，与它有关的服装都值得信赖。

从专用资源到多用资源
1981~1996年

达美航空

1996 年，达美航空将其飞凡里程（SkyMiles）投入新的用途，并将里程转售给美国运通公司用于其用户忠诚计划。

达美航空于1981年创建了飞凡里程常旅客计划。飞凡里程用于奖励达美航空的忠实客户，是其航空旅行商业模式中的一项核心资源。

1996年，达美航空意识到它可以将这一核心资源重新用于另一个价值主张。它开始向新客户美国运通公司出售飞凡里程，后者将这些飞凡里程分发给自己的客户，即美国运通信用卡持有人。

这种合作关系使美国运通能够锁定那些高端旅行者，他们愿意用信用卡消费兑换飞凡里程，并使达美航空实现了飞凡里程的新用途。

35%
2018年达美航空收入的35%（价值34亿美元）来自向美国运通转售里程。44

2倍
达美航空预计，到2023年它从这一关系中获得的收益将翻倍至近70亿美元。45

领导者的战略反思

价值主张升级

升级	我们如何能……
从 → 到 **产品 ⇄ 持续性服务** 到 ← 从	……升级为提供持续性服务的商业模式，来增加可预测的持续性收入？ ……在我们的服务中增加可规模化的产品来提升每个客户的钱包份额和终身价值，从而提高整体收入？
从 → 到 **低技术 ⇄ 高技术** 到 ← 从	……利用技术活动或资源来推动价值主张的转型，从根本上改变成本结构，或极大地扩展我们的触达范围？ ……利用低技术含量的活动或资源，为客户提供成本低廉或单凭技术元素无法实现，但他们真正欣赏的价值？
从 → 到 **销售型 ⇄ 平台型** 到 ← 从	……把产品或服务变成一个有价值的平台，以实现用户和第三方产品和服务提供商之间的双向连接？ ……将可规模化的自营产品和服务添加到我们的平台上，以提升每个客户的终身价值，并提高整体收入？

前台升级

升级	我们如何能……
从 → 到 **小众市场 ⇄ 大众市场** 到 ← 从	……调整我们的价值主张，制定有针对性的营销和品牌策略并扩大触达范围，以实现从小众市场向大众市场的升级？ ……为一系列有特定需求的小众客户创造有针对性的价值主张？这将如何影响我们的营销、品牌以及分销战略？
从 → 到 **B2B ⇄ B2C** 到 ← 从	……对我们的最终用户，即消费者来说变得更有意义和更有存在感？对直接客户（B2B）和消费者（B2C）而言，我们要如何调整价值主张才能实现这一目标？ ……利用我们的B2C客户经验和客户关系、基础设施、资源、活动和专业知识，为B2B客户（甚至竞争对手）创造价值？
从 → 到 **低接触 ⇄ 高接触** 到 ← 从	……在保持标准化和规模化优势的前提下，创造高接触体验，改进我们的价值主张，提高价格和收入？ ……在创造或保持客户价值的同时从高接触转换到低接触的体验？与提供这些体验的价格相比，高接触体验的哪些方面是客户并不那么重视的？

后台升级

升级	我们如何能……
从 ———→ 到 **专用资源** ⇄ **多用资源**	……为一个全新的客户群创造新的价值主张,从而将我们的某项核心资源变现?我们的核心资源如何能让我们提供比竞争对手更好的价值主张?
到 ———→ 从	……通过将分散在多个价值主张的资源聚焦于一个价值主张,来精简我们的商业模式?这对改善我们的盈利模式有何帮助?
从 ———→ 到 **重资产** ⇄ **轻资产**	……将资金和精力从建设并维护资产中解放出来,专注于与客户相关的活动?我们如何能更好地将这些可用资金花在"刀刃"上,从而改善我们的盈利模式?
到 ———→ 从	……利用像知识产权和品牌等轻资产来投资于重资产?我们如何能借此创造竞争优势,变得难以被复制,或构筑进入市场的壁垒?
从 ———→ 到 **封闭式** ⇄ **开放式**	……利用我们商业模式的优势,使用外部研发、知识产权和资源(由外而内),或与外部合作伙伴分享内部研发、知识产权和资源(由内而外)?这对我们提高研发或资金的投入产出比有何帮助?
到 ———→ 从	……通过将外部研发、知识产权、资源和活动内部化来创造竞争优势?这对于提高成本效率、知识效率和盈利效率有何帮助?我们如何能停止与外部伙伴分享研发、知识产权、资源和活动?

盈利公式升级

升级	我们如何能……
从 ———→ 到 **高成本** ⇄ **低成本**	……为价格敏感的客户群创造价值?我们如何能重新配置活动和资源,以颠覆现有的成本结构,并使低价格成为可能?
到 ———→ 从	……为价格不敏感的客户群创造价值?我们如何能善用资源和活动来创造一个高价值、高价格的价值主张?
从 ———→ 到 **交易性收入** ⇄ **持续性收入**	……聚焦于持续性的客户需求,以创造出持续性的价值主张,维系长期关系并产生持续性收入?
到 ———→ 从	……在我们的持续性收入中增加交易性收入,以改善客户的钱包份额,提高我们的整体收入?
从 ———→ 到 **传统型** ⇄ **逆向型**	……消除或减少那些虽然为客户创造了价值,但过于昂贵的活动和资源?我们如何用利用廉价却对客户来说最重要的价值创造元素,来取代失去的(昂贵的)价值?
到 ———→ 从	……在我们的商业模式中增加昂贵的资源和活动,以大幅提高价值、价格和豪华感?或者反之,我们如何剥离原有的商业模式,切换到纯粹的低成本模式?

坚不可摧的
公司突破了
行业的界限。

腾讯：社交网络、网络游戏、在线广告、内容制作、金融服务、软件、音乐……

苹果：智能手机、PC、平板电脑、可穿戴设备、软件、音乐、电影、健康、摄影、个人生产力工具、信用卡、移动支付……

中国平安：银行、保险、医疗、汽车服务、房地产、智慧城市……

亚马逊：零售、物流、电子、流媒体、信息技术基础设施、出版、电子商务基础设施、在线广告、中小企业贷款……

你……

文化

设计你的文化

为了打造坚不可摧的公司，你需要在同一个屋檐下创造、管理和协调两种完全对立的文化——探索和深耕，两者同时扮演着重要的角色。

探索

你的**探索文化**发掘的是对组织而言完全陌生的新创意，它们在探索文化中得到创造、发现、验证和加速。

深耕

你的**深耕文化**精心呵护着企业现有业务的管理、系统改进和业绩增长。

在同一个屋檐下培育探索和深耕两种文化

坚不可摧的公司同时设计、管理和维护着强有力的探索文化和深耕文化。在管理当前业绩时，它们珍视卓越的运营、规划和持续改进能力。然而，它们知道要走向未来不能光靠削减自身成本。在探索未来几年甚至几十年的创意时，它们同时接纳着风险、试验、失败和调试。无论今天多么成功，它们都不会躺在功劳簿上；它们已经在为明天砥砺前行。

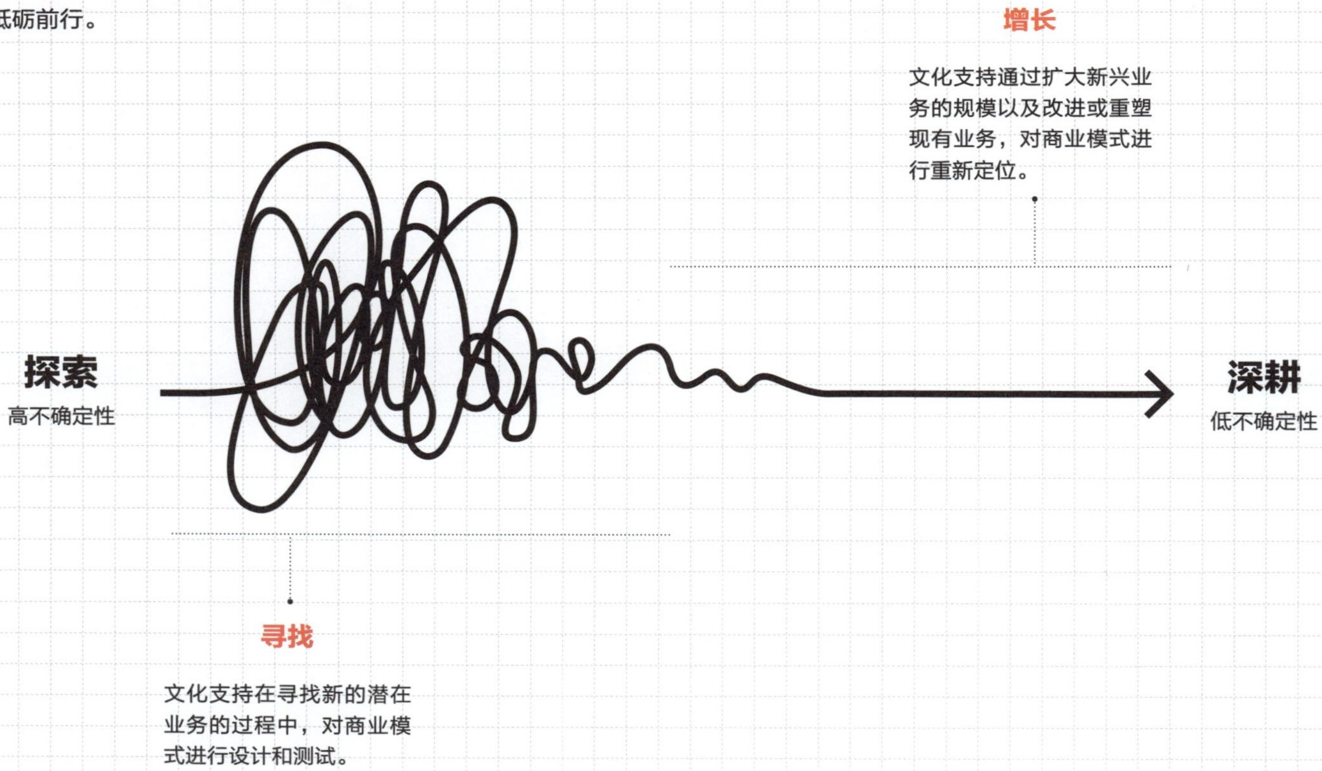

增长

文化支持通过扩大新兴业务的规模以及改进或重塑现有业务，对商业模式进行重新定位。

探索
高不确定性

深耕
低不确定性

寻找

文化支持在寻找新的潜在业务的过程中，对商业模式进行设计和测试。

探索		深耕
我们承认自己不甚了解，并采取初学者的思维方式。我们寻找解决方案，并且明白不是所有项目都能成功	**采取什么思维方式**	我们依靠经验，采用专业者的思维方式。我们计划然后执行，并且相信只能成功不能失败
我们拥抱风险和不确定性，通过试验、学习和适应来管理风险和不确定性。我们通过"小额多次下注"来寻找胜出的方案	**如何应对风险和不确定性**	我们尽量避免风险和不确定性，通过计划、执行和管理来降低风险和不确定性。我们只会对赢家投下少量且精心计算过的赌注
我们采取迭代式的工作方法，制作粗略的原型	**如何工作**	我们按部就班地工作，高度还原真实情况
失败是探索过程中不可避免的副产品。我们要拥抱、管理和学习失败，并通过"小额多次下注"将失败的代价降到最低	**对失败的态度如何**	失败是不可接受的。我们避免失败并对失败者进行惩罚。通过精心策划、合理执行，失败是可以避免的
我们通过界定假设来使风险浮出水面。然后我们衡量新创意的风险降低程度	**如何衡量进展和成功**	我们通过界定里程碑来明确进度步骤，然后衡量项目是否在按时和按预算推进
我们奖励员工尝试、学习和降低新创意风险的行为	**奖励员工的什么行为**	我们奖励员工计划、执行和按时按预算推进项目的行为
我们在可逆转的决策下快速行动，并尽可能快速、低成本地进行测试，以得到真实的证据	**对决策速度的态度如何**	我们花时间仔细分析、思考和规划具有巨大沉没成本的不可逆转的决策
当风险和不确定性较高时，我们会进行小规模的投注。我们基于证据的强度来增加投资	**如何投资**	我们会花时间认真规划一个项目，并根据达到的阶段性目标来投放资金
我们重视应对不确定性的能力、快速行动和适应的能力，以及测试创意并降低风险的能力	**重视什么**	我们重视严谨的态度、计划和执行的能力、设计流程的技巧和可靠的交付能力

如何将三个层面结合起来

你的企业身份定义了你想要达到的状态,并为其他一切事物设定了大背景。它使你明确战略指导原则,以塑造整个模式组合。你的模式组合反映了从你既有的业务来判断你是谁(深耕),以及从你正在探索的业务来判断你试图成为谁(探索)。

为了管理这类双重的模式组合,你需要建立一种"左右开弓"的文化,即在探索和深耕方面都有世界级的表现。本章将完整描述如何通过消除阻碍因素和实施促进文化转型的促进因素来实现这一目标。

企业身份

我们是谁

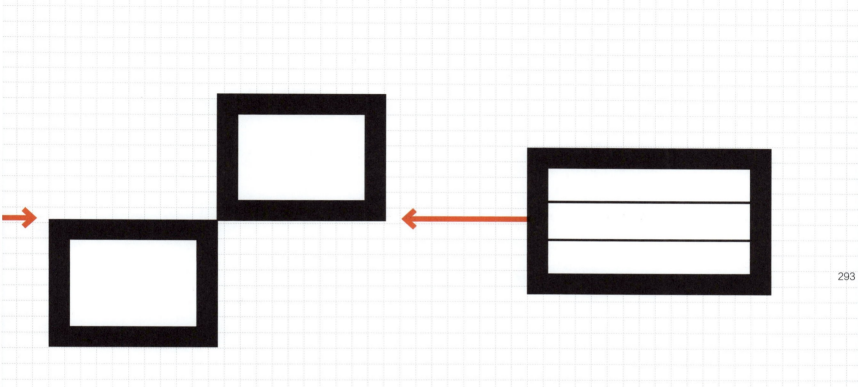

模式组合地图

我们正在做的

文化地图

我们要如何做

每个公司都有自己的企业文化。

然而，太多的公司只是让文化自生自灭。坚不可摧的公司则积极地理解、设计并管理文化。它们创造了世界一流的使创新和执行和谐共存的文化。在本章中，我们将概述如何绘制企业文化地图，以及如何才能创造出世界级的创新文化。

我们期望的**结果是什么**？
什么样的**行为**才能让我们达到期望的结果？
是什么**促进或阻碍**了我们实现目标？

定义

文化地图

Strategyzer与戴夫·格雷（Dave Gray）一起开发了文化地图这一设计工具，来帮助企业获得更好的业绩。文化地图是一个实用、简单又可视化的工具，用于理解、设计、测试和管理你想在组织中实现的企业文化。在本书中，我们将使用文化地图来绘制和设计创新文化。

戴夫·格雷
作家、创业者

"如果你想理解文化，你就必须把它绘制出来。"

结果

人们的行为所导致的积极或消极的实际后果。

行为

个人和团队在公司内是如何行动或表现的。他们做什么或说什么，他们如何互动，你注意到了哪些行为模式。

促进因素/阻碍因素

导致公司里积极或消极行为的杠杆。这些杠杆可以是正式的政策、流程和奖励机制，也可以是非正式的仪式和行动，这些都会影响人们的行为，并最终影响公司的整体结果。

文化地图 Beta
一种管理改变的工具

用途：　　　　　绘制：　　　　　日期：　　　　　迭代：

结果

行为

促进因素/阻碍因素

COPYRIGHT: Strategyzer AG & Dave Gray, 2015
The makers of Business Model Generation and Strategyzer

DAVE GRAY:
davegrayinfo.com

Strategyzer
strategyzer.com

领先者从不创造增长，

领先者为增长创造条件

像打造花园一样培育企业文化。

你不能像设计汽车那样机械地设计企业文化。一个组织是一个社会系统,它远比一辆汽车更复杂。但这并不意味着,你要放弃设计组织中你能控制的各个方面。我们非常喜欢戴夫·格雷的比喻,他说要像打造花园一样培育企业文化。

文化中的**结果**就像花园里的果实。它们是你希望文化达到的目标,或者说是你希望从你的花园里"收获"的东西。

行为是文化的核心。它们是人们每天执行的积极或消极的行动,并将导致好或坏的收获。

促进因素和阻碍因素是影响花园繁茂与否的因素。有些在你的控制之下,比如充足的水或肥料,你需要照顾好土壤、种子和幼苗,让花园欣欣向荣。有些则不在你的控制之下,比如天气等因素,你只能做好准备以减少损害,或最大限度地发挥其积极的影响。

文化地图

结果
行为
促进因素/阻碍因素

亚马逊的创新文化

亚马逊明星般的增长和不断的重塑并不是魔法,而是根植于公司文化之中的行为准则。阅读杰夫·贝佐斯写给股东的信,就可以了解到亚马逊是如何建立起不断开拓新空间的公司文化的。

"我们希望成为一家大公司,同时也成为一台发明机器……具备通常与初创公司相关的属性,如行动速度、灵活性和接受风险的心态。"

杰夫·贝佐斯
亚马逊创始人兼CEO

amazon.com

1997年致股东的信
(转自1997年年度报告)

致我们的股东：

亚马逊公司在1997年取得了许多里程碑式的成就：到今年年底，我们为150多万客户提供了服务，收入增长了838%，达到1.478亿美元，并在竞争激烈的情况下扩大了我们的市场领先优势。

但现在只是互联网的初生之日，如果后续运行得当，现也只是亚马逊公司的初生之日。今天，电子商务为客户节省了金钱和宝贵的时间。明天，通过个性化的服务，电子商务将加速这一探索的过程。亚马逊公司利用互联网为客户创造真正的价值，并且希望以此创造持续的连锁反应，乃至拓展到成熟的大型市场之中。

随着巨头玩家调集资源来寻求在线商机，以及刚接触网购的客户愿意建立新型的交易关系，我们迎来了一个机会窗口。竞争的格局正以极快的步伐快速演进。许多大型企业已经将可靠的产品搬到了网上，并投入了大量的精力和资源来获取知名度、流量和销售额。我们的目标是迅速行动，巩固和扩大目前的领先地位，同时，我们开始在其他领域寻找电子商务的入场机会。我们在大型的目标市场中看到了巨大的机会。这一战略并非没有风险：它需要大量的投资和敏捷的执行力，以对抗老牌的连锁企业领军者。

凡事着眼于长期

我们相信，衡量成功的一个基本标准是我们在长期内能创造的股东价值。我们扩大、巩固现有市场领导地位的能力直接造就了这种价值。我们的市场领导地位越稳，我们的盈利模式就越强大。市场领导地位可以直接转化为更高的收入、更强的盈利能力、更快的资本速度，以及相应更大的投资资本回报。

我们的决策始终体现了这一重点。我们首先从最能衡量市场领导力的指标出发：客户和收入的增长、客户复购率以及品牌实力。在努力持久经营的过程中，我们已经并将继续积极投资，以扩大和利用我们的客户群、品牌和基础设施。

由于强调长期投资，我们的决策和权衡方式可能与某些公司不同。因此，我们希望与您分享我们的基本管理和决策方法，以便您（我们的股东）可以确认它与您的投资理念一致。

- 我们将继续坚持不懈地关注我们的客户。
- 我们的投资决策将继续基于"长期市场领导地位"这一目标，而非短期的盈利能力或华尔街的短期反应。
- 我们将继续分析、衡量项目和投资的有效性，放弃那些无法提供可接受回报的项目，并加大对那些最有效的项目的投资。我们将继续从成功和失败中学习。
- 我们将大胆投资那些可能有助于获得市场领导优势的机会。这些投资有的会得到回报，有的则不会。无论在哪种情况下，我们都会学到宝贵的经验。
- 如果一定要在优化GAAP会计报表的数据和最大化未来现金流的现值之间做出选择，我们会选择后者。
- 当我们做出大胆的选择时，我们会与您分享战略思考过程（在竞争压力允许范围内），以便您评估我们是否在为长期领导力进行理性投资。
- 我们将努力做到精打细算，保持我们的精益文化。我们深知持续强调成本意识的重要性，尤其是在企业出现亏损的情况下。
- 我们将平衡对增长的专注和对长期盈利能力、资本管理的考量。在现阶段，我们会把增长放在首位，因为我们相信规模是实现商业模式潜力的核心。
- 我们将继续注重聘用和留住全能的人才，并继续将他们的薪酬与股票期权而非现金挂钩。我们知道，我们的成功在很大程度上取决于我们吸引和留住积极进取的员工群体的能力，群体里的每个人都必须像老板一样思考，因此我们必须帮助他们成为真正的老板。

我们不敢宣称以上是"正确的"投资理念，但这是我们的理念，如果我们不清楚自己正在采取和继续采取的方法，那就是我们的失职。

在此基础上，我们想转而回顾一下我们的业务重点、公司在1997年的进展以及对未来的展望。

客户至上

从一开始，我们便致力于为客户提供引人注目的价值。我们意识到，网络曾经是并且仍然是举世瞩目的焦点。因此，我们开始为客户提供那些他们无法从其他途径获取的东西，并开始提供图书服务。与实体店相比，我们提供了更多的选择（如果我们开设商店，它将占6个足球场的面积），在一年365天、每天24小时，以实用、易于搜索和浏览的形式呈现出来。我们一直致力于改善购物体验，并在1997年大幅改进了我们的商店。我们现在为客户提供礼品券、一键式购物，以及更多评论、内容、浏览选项和推荐功能。我们大幅降低了价格，进一步提高了客户价值。口碑仍然是我们最有力的获客方式，我们很感激客户对我们的信任。重复购买和口碑的结合使亚马逊网站成为在线图书销售市场的领导者。

从许多方面来看，亚马逊公司在1997年取得了长足的进步：

- 销售额从1996年的1,570万美元增长到1.478亿美元，增长了841%。
- 累计客户账户从18万个增长到151万个，增长了739%。
- 客户复购的订单比例从1996年第四季度的46%以上增长到1997年同期的58%以上。
- 根据Media Metrix的数据，在受众覆盖率方面，我们的网站从第90名上升到前20名。
- 我们与许多重要的战略伙伴建立了长期关系，包括美国在线、雅虎、Excite、网景、雅虎地球村、AltaVista、@Home和Prodigy。

文化地图
1997~2018年

亚马逊

每一幅文化地图都是基于分析杰夫·贝佐斯在1997~2018年致股东的信绘制。我们从这些信的字里行间，捕捉到了亚马逊与创新相关的主要结果、行为、促进因素和阻碍因素，并将其以文化地图的形式可视化。

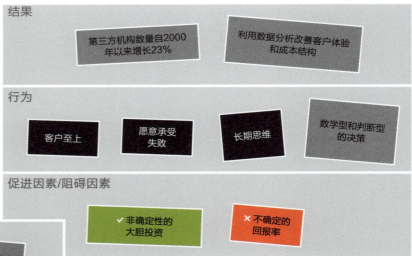

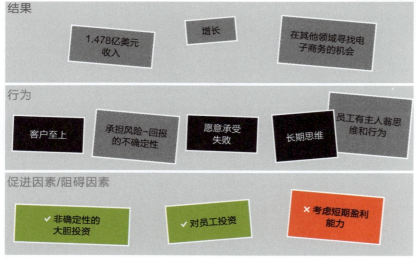

1997年，贝佐斯在第一份附于年报的致股东的信中，奠定了亚马逊企业文化的基础。这一文化的支柱（客户至上、愿意承受失败、长期思维）基本没有改变，且以后的每一份年报中都会附上1997年的信。我们为大家分析这些年度的股东信，以直观地突出其创新文化的一致性，并展示其结果和业绩的递进关系。

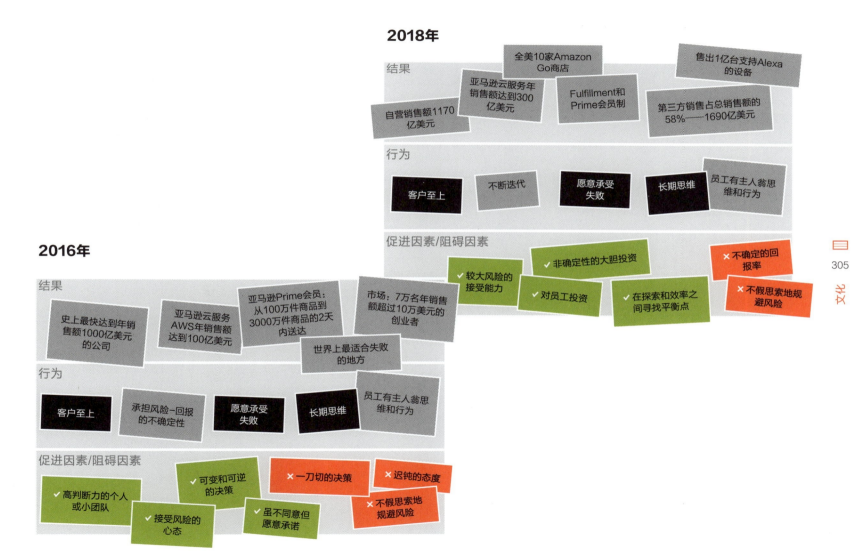

工具

应用文化地图

是指如何从现有文化过渡到期望的文化。当然，你可以自行决定是否按照自上而下的顺序进行，即先界定结果，然后再找出与之相对应的行为、促进因素和阻碍因素。实践表明，从行为入手是比较容易的。

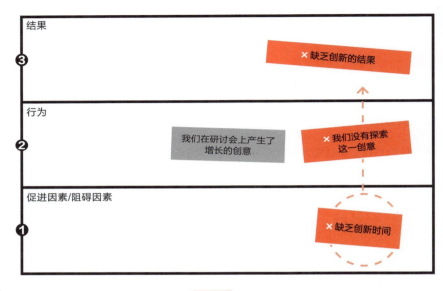

创新文化的现状

1. 从绘制行为开始

不要用抽象的方式描述行为，比如"我们不爱创新"。要确保你使用具体的例子，并养成根据证据而不是主观意见来描述行为的习惯，例如"去年我们举办了两次研讨会来开发新的增长创意，但研讨会结束后，没有人抽出时间继续探索它们"。确保你同时观察到积极和消极的行为，要像人类学家一样，中立地观察你的团队或组织中发生的事情。

2. 描述产生的结果

接下来，继续描述你刚刚绘制的行为所产生的积极和消极结果。如果出现了与已经绘制的行为无关的新结果，就要反思你错过了哪些行为。再次强调，要维持中立并确保你同时捕捉到了积极和消极的结果。

3. 识别促进因素和阻碍因素

现在你已经捕捉到了行为和结果，问问自己是什么导致了这些行为和结果。反思"什么因素促成了积极或消极行为的出现？"和"什么因素阻止了积极或消极行为的出现？"。确保你既识别出了正式的促进因素和阻碍因素，如流程和激励机制，也识别出了非正式的因素，如会议的形式或缺乏相关知识。要注意某些行为（如领导者的行为）也可能是促进因素和阻碍因素。

4. 设计你所期望的文化

当你针对现有文化绘制完成文化地图之后，就可以构想你期望的文化了。设计期望的结果、所需的行为，以及对该文化的促进因素和阻碍因素。

期望的创新文化

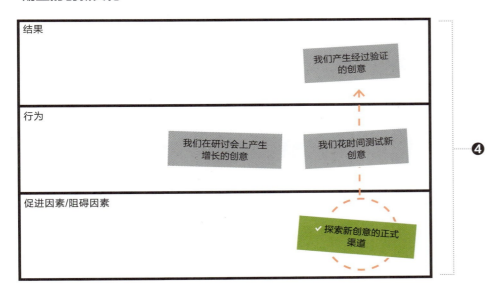

提示及窍门

营造安全的空间
要确保领导层对创建创新文化真的感兴趣，否则极易失败。要向领导层展示文化地图的现状，引发他们的兴趣。

仅限阻碍因素和促进因素
只在阻碍因素和促进因素上考虑如何改进。首先识别出创新的阻碍因素。然后通过头脑风暴找出可以加速创新的促进因素和消除阻碍因素的方法。最后将创意分成几类：可以立即完成的，可以在一个月、一个季度或一年内完成的，以及不可能完成的。

展示期望的文化
在显眼的位置展示你期望的文化，将地图放在每个人都能看到的地方，并提醒大家今后的任务。把它挂在会议室里，以便在做出决策时与文化地图上的信息看齐。

坚不可摧的公司能够在同一屋檐下建立强有力的探索文化和深耕文化。在本书中，我们将主要阐述如何建立强有力的探索文化，因为大多数公司已经拥有相当强大的深耕文化。我们相信你可以通过以下三个主要的杠杆来建立探索文化。

设计探索文化

结果			
行为	↑	↑	↑
促进因素/ 阻碍因素	领导层支持	组织设计	创新实践

创新行为和结果

在领导层支持、组织设计和创新实践这三个方面,坚不可摧的公司分别设计了强大的促进因素,并消除了阻碍因素,于是你可以观察到以下创新行为:

✓ 领导层的行为

领导者理解创新是如何运行的,因此他们在创新上投入了大量的时间。他们为创新项目提供明确的战略指导原则,并定期审查全公司范围内的"深耕与探索"模式组合。他们热衷于探索新的增长机会,并了解如何管理相关风险。

✓ 组织层面的行为

在具有探索文化的组织中,没有人会因为尝试符合战略的新增长机会而被解雇。你会发现创新被列入最重要的会议议程,人们会选择创新作为一种职业发展方向。创新者理解既有业务的领导者和管理者的局限,这些领导者和管理者也会尽最大努力帮助创新者。探索和执行形成了真正的伙伴关系,使得组织管理现在的同时也能探索未来。

✓ 创新团队的行为

创新者追求的是基于试验证据的创意,而不是他们自己或老板的主观判断。创意的风险和不确定性会得到系统的衡量,而创新项目开始于低成本和快速的试验。试验时间和成本随着证据的增加和不确定性的降低而提高。人们在多年的实践中积累技能,并从项目的失败中获得学习和成长。

文化地图：创新文化的阻碍因素

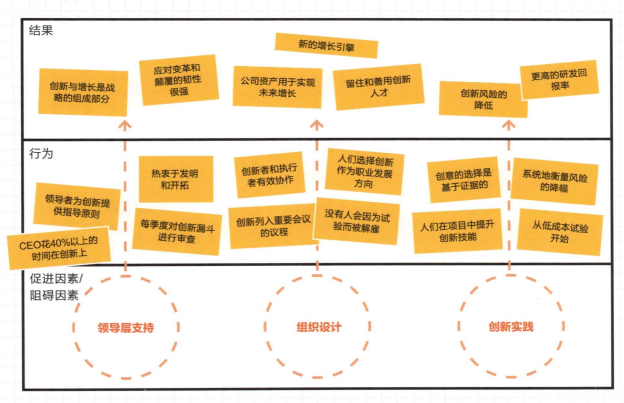

创新文化的阻碍因素

在缺乏创新的公司里,你可以看到以下创新阻碍因素:

✕ 领导层支持

领导者主要关注季度业绩,将创新视为黑箱。没有明确的创新战略,也没有整体的长期创新组合管理。管理层陷在当前的商业模式中,探索新的方向并不是其定期讨论的内容。

✕ 组织设计

奖励机制着眼于管理和改进现有的商业模式。难以容忍失败,虽然这对于世界级的运营管理来说是必需的,但对于新创意的试验来说是致命的。创新团队没有什么自主权,被运营流程拖累,很难获得客户和资源(如品牌、原型资源、其他专业技术)进行试验。

✕ 创新实践

创新本身就是一门专业,就像财务、营销和运营一样。你无法一蹴而就,只能随着时间的推移积累经验。如果没有一个以创新为工作职责的实质性团队,组织就无法产生世界级的创新实践。就像财务、营销和运营一样,创新需要有专门的流程、关键绩效指标和文化。

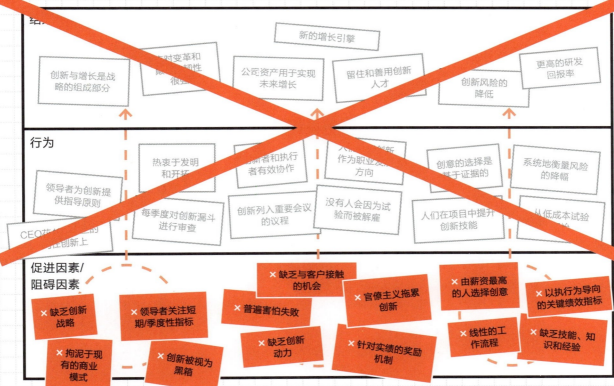

创新文化准备度评估

在前面的章节中，我们描述了坚不可摧的公司的运作方式，以及大多数公司仍然阻碍着创新的原因。现在，我们将展示如何通过创新项目计分卡来评估你的创新文化准备度，这是我们与《企业创新》（The Corporate Startup）的作者滕达伊·维奇（Tendayi Viki）共同开发的。然后，我们将帮助你反思如何落实正确的推动因素，向着坚不可摧的公司迈进。

要建立一家坚不可摧的公司，你需要在三类主要杠杆，每类三项促进因素上努力：

领导层支持

- **战略指导原则**：这是指一个公开且清晰的创新战略，这是整体战略的重要组成部分。它界定了未来"主战场"在哪，投入什么和产出什么。
- **资源分配**：这是指在研发预算之外，对可用于创新的资源进行制度化分配，包括预算、时间和其他商业创意测试所需的资源。
- **模式组合管理**：这是指对整个创新谱系的探索，从效率性创新到持续性创新，再到新商业模式的颠覆性创新，这涉及广泛的创新漏斗。

组织设计

- **正当性和权力**：这是指增长和创新业务以及从事这一方向的团队在组织内的地位。
- **通往核心的桥梁**：这是指增长和创新业务从核心业务获取资源和技能的途径，以及既有业务与创新团队建立的伙伴关系。
- **奖赏和激励**：这是指一套区别于日常管理和运营，针对围绕增长和创新的量身定制的奖励机制。

创新实践

- **创新工具**：这是指应用和掌握那些已经受到领先组织认可的最先进的创新理念和工具。
- **流程管理**：这是指专门的创新流程和指标，用于在从创意到规模化业务的过程中衡量风险和不确定性的降幅。
- **技能培养**：这是指在企业中广泛存在的世界级的创新技能和经验，无论它存在于专业的创新团队还是现有的业务部门。

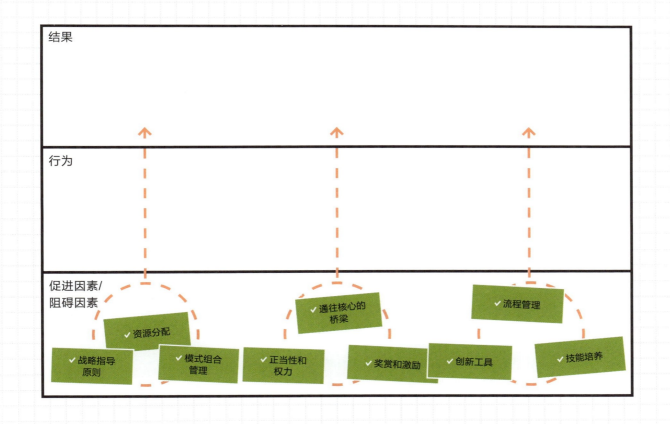

领导层支持

战略指导原则

在有明确的战略性创新指导原则的公司中，领导层至少每季度在重要会议上传达一次战略。创新指导原则与整体战略完全一致，并在组织上下得到广泛理解，亚马逊和中国平安就是优秀示例。

资源分配

坚不可摧的公司是按照制度分配创新资源的，并且领导者承诺将相当大比例的时间投入创新。这些资源包括：

- 领导层的时间：在勇于创新的公司中，CEO或联席CEO会将40%~100%的时间投入创新。典型代表是罗技的CEO布莱肯·达雷尔和中国平安的联席CEO陈心颖。
- 创新基金：投入内部和外部创新团队的资金，从小额押注开始，根据证据进行后续投资。这些基金不同于研发投资。
- 核心创新团队：这是指一支由专业且有经验的创新者组成的团队，他们领导创新项目或在整个组织中辅导项目团队。
- 时间：组织中最稀缺的资源之一就是时间。系统地测试创意和消除创意风险需要项目团队投入大量时间。
- 原型资源：创新团队进行试验并且需要获得实体或电子的原型、视觉设计、视频制作师等资源。
- 获取客户、品牌和技能：创新团队需要从核心业务中"瓜分"资源如测试需要接近的客户、对外使用的公司品牌，以及其他技能和资源。

模式组合管理

在坚不可摧的公司中，领导层敢为天下先。领导层投资于一个由小额押注组成的大型创新管道，其中最佳创意会得到后续投资。模式组合涵盖了从效率性创新到颠覆性创新的整个探索范围。

文化地图：创新文化的促进因素

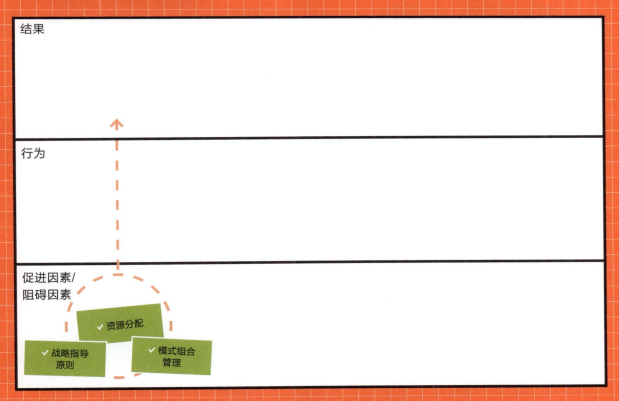

- ☐ 在每个领域，给你的公司打分，范围在1~5分。
- ☐ 确定你想在未来12个月和36个月内改进哪个领域。
- ☐ 消除阻碍因素，实施能帮助你实现改进目标的促进因素。

		初学者 *我们对这个话题几乎没有经验*	*我们有一些经验*	中等 *我们通常会这样运作，但并不系统化*	*我们经常这样运作*	世界级 *我们的做法被作为案例，供他人学习借鉴*
为领导层支持打分	战略指导原则	① 领导层不明示创新的战略指导原则	②	③ 有一些创新战略指导原则，但不是公司的所有人都知道	④	⑤ 领导层在重要会议上明示创新战略指导原则，公司内尽人皆知
	资源分配	① 创新资源需靠自己筹措，或者从项目中临时抽调	②	③ 有创新资源，但数量有限且不受保障	④	⑤ 创新资源是制度化分配的，并且领导层至少投入40%的时间到创新中
	模式组合管理	① 领导层主要专注于改善核心业务	②	③ 做出一些投资来探索未来业务和新的商业模式，但并不系统化	④	⑤ 领导层敢为人先，投资大型创新管道中的诸多小额押注，其中最优秀者获得后续投资

文化地图：创新文化的促进因素

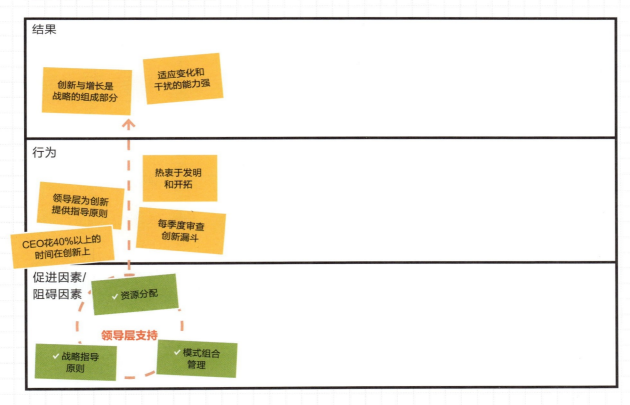

组织设计

正当性和权力

像亚马逊或中国平安这样的坚不可摧的公司会为创新赋予正当性和权力。要产生影响，就需要在组织架构图中强调创新，尤其是在最高层。无论是CEO、联席CEO，还是其他直接向董事会汇报的人，都需要有人负责增长和创新，并在这方面花费大量的时间和精力。仅靠在最高层谈论创新是不够的。

不幸的是，创新在大多数组织中仍然缺乏正当性和权力。我们看到很多创新的负责人在组织架构图中的位置都比高管低两三级。他们是某个领导的下属，而该领导又是另一个领导的下属，试想这会产生多大的阻碍。

当增长和创新缺乏正当性和权力时，公司会收到以下强烈的信号，并且往往会承受具有长期影响的严重后果：

1. 创新没有地位，也不被视为优先事项，所以大家都把它放在了任务列表的最后。
2. 人们避免探索新的创意，因为他们害怕承担风险和职业生涯受损。
3. 有前途的创新项目仍然很脆弱，会被组织中的"抗体"杀死，因为人们不认为创新重要。同时因为短期议程占了上风，很少有项目得到规模化的机会。
4. 最优秀的人才不会将创新作为职业发展方向，并且他们要么离开去竞争对手那里，要么去创业公司。

通往核心的桥梁

在坚不可摧的公司，探索和深耕像好伙伴一样平等合作、和谐共处。公司有明确的政策帮助创新团队和核心业务团队展开合作。创新者可以很容易地获得来自核心业务的宝贵资源。

当与核心业务没有明确的桥梁时，创新团队只能从核心业务那里得到有限的客户、资源和技能。在最糟糕的情况下，创新项目因受到阻碍而无法获得探索和测试创意所需的途径。它们甚至要像戴着镣铐的初创公司一样运作：像创业一样资源有限，却缺乏创业的冲劲。因此，我们主张设立一个称为"首席内部大使"的职位和一个支持团队，代表CEO或董事会，明确地管理深耕和探索之间的关系（第322页）。

奖赏和激励

我们在咨询工作中经常听到一个说法，企业创新的驱动力是创新者和创业者与生俱来的。现在想象一个创新者每次尝试一些计划之外的事情时，都会受到惩罚。或者想象一个创新者，他多次为组织创造百万美元级的新业务，并得到升职加薪的奖励。他们谁会竭力发挥自己的创新才能，谁会留在你的组织？

我们认为，奖赏和激励的双重策略是最有效的。首先，当务之急是要消除所有阻碍创新者在组织内发挥作用的负面因素；其次，要制定一个创新的奖励机制。

文化地图：创新文化的促进因素

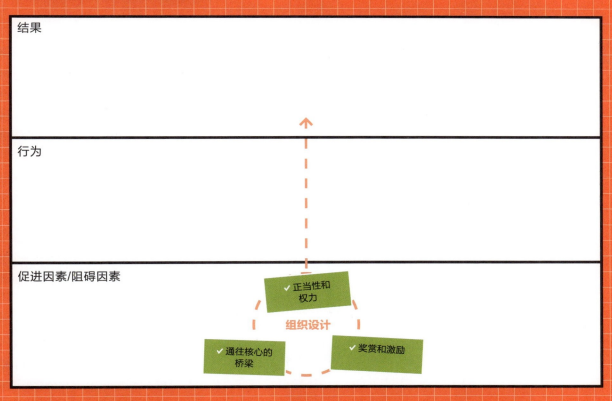

组织设计

正当性和权力，以及通往核心的桥梁

CEO和传统的领导层通常都擅长在确定的商业模式下发展和经营公司，但他们往往在产生未来增长引擎的创新任务上有所欠缺。为了创造和管理新的增长点，公司需要一个首席创业官并配备专门的团队。这个新团队负责创造公司的未来，而传统意义上的高管则继续负责既有的业务。当然，他们之间需要和谐共处。

首席创业官：首席创业官负责管理由创业者组成的模式组合，这些创业者负责测试新的商业模式和价值主张。首席创业官既要有以往的业绩证明，又要充满激情地负责以可控的风险来创造新的增长点。首席创业官需要和CEO一样强大。事实上，在亚马逊等一些组织中，CEO就是首席创业官。在另一些组织中，则有一个着眼公司未来发展的联席CEO充当首席创业官的角色，比如中国平安的陈心颖。

首席模式组合经理：首席模式组合经理确保公司关注一系列能带来未来增长的机会和商业模式。这些机会背后的风险有大有小。有些机会可能得到潜在回报，而另一些肯定得到回报。首席模式组合经理的工作是建立和管理一个能体现公司未来定位的模式组合。

首席风险投资家：首席风险投资家为内部和外部团队分配预算、管理融资轮次。一个项目不会一次性获得全部资金，而是会分期收到钱。首席风险投资家提供天使投资，为早期的低成本试验提供资金。当这些试验成功并产生证据时，首席风险投资家会追加投资。首席风险投资家对应着一个成熟企业中首席财务官的角色。首席财务官为现有业务分配预算，而首席风险投资家则为未来业务的探索分配资金。

首席风险官：创新团队进行的一些试验可能有损品牌，并可能要承担法律责任，这会成为公司开展试验的一大制约因素。首席风险官的作用就是为团队赋能，他们帮助创业者了解如何在不给公司带来风险的情况下进行试验。

首席内部大使：首席内部大使需要是一个值得信赖的、有影响力的人，对公司的执行和创新层面都了如指掌。首席内部大使及其团队了解组织中执行部门的所有资源、活动和专利，同时也得到相关部门权威人士的信任。首席内部大使负责确保首席创业官及其团队能通过协商获得客户、销售团队、品牌、供应链以及其他技能和知识，从公司的核心业务中获益。首席内部大使在现有业务和创新之间建立并维系一种伙伴关系。我们看到的大部分成功案例中，这位首席内部大使通常处于事业的巅峰期，不需要额外的证明或依靠任何政治游戏来推动个人事业的发展。

创业者：创业者是企业内部或外部负责创建新业务的人，每个人都作为领导者负责某个项目。这个角色比常规的产品或项目经理要强得多：这些人拥有真正的创业者心态，与创业项目收益共享、风险共担。

```
                        董事会执行主席
                             │
        ┌────────────────────┴────────────────────┐
     首席创业官                                   CEO
        │                                         │
┌───┬───┼───┬─────────┐           ┌──────────┬───┼────┬────────┬────────┐
首席模式  首席风险  首席风险官                 首席内部大使  首席运营官  首席财务官  首席技术官  首席营销官
组合经理  投资家
            │
      ┌─────┼─────┐
    创业者  创业者  创业者
```

文化

组织设计

首席创业官的招募

《财富》50强企业会招募一位首席创业官负责打造未来。首席创业官将负责管理一个由创业者组成的模式组合，他们就新的商业模式和价值主张展开试验。理想人选应该具有承担可控风险的热情。这不是一个首席技术官的角色，也不是一个向CEO汇报的角色。首席创业官是一位与CEO有同等影响力的高管，对公司内部的锐意创新负有明确的领导责任。

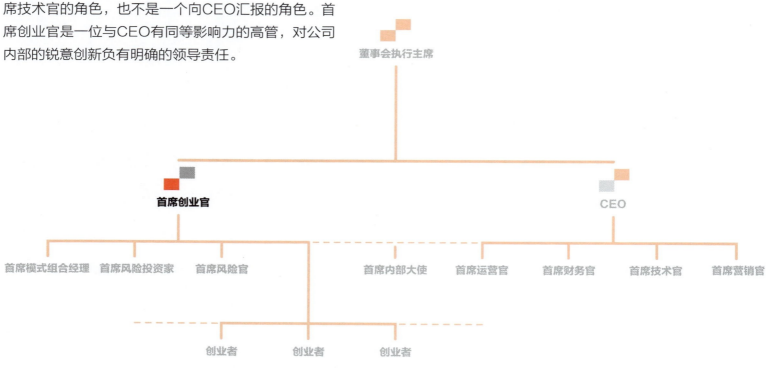

我们在寻找一个这样的人……

- **热衷于打造新业务。**
  你用证据而不是"疯狂的赌博"来打造增长引擎。

- **相信一切皆有可能。**
  你要百折不回，富有魅力、领袖气质、热忱、职业道德和营销头脑，能够鼓励并促使你的团队相信一切皆有可能。

- **曾白手起家建立起10亿美元以上的业务。**
  如果你曾在大型企业达成这一指标，则尤为可贵。

- **从容应对不确定性。**
  你不惧怕失败。你把失败看作学习和迭代解决方案的机会。

- **极具外交手腕。**
  你在处理冲突时只关注一个重点：保护测试创意所需的资金和资源。

听起来像你吗？好的，就让我们再看看你的日常工作吧。

首席创业官的职责

☐ 打造公司的未来。这一点我们怎么强调都不为过。首席创业官负责开拓新的商业模式和价值主张以驱动公司未来的增长。

☐ 指导和支持你的创业者团队。你有过类似的经历，也可以分享经验。你的团队将围绕增长机会，寻找和验证商业模式及价值主张。这意味着你管理的那些创业者要能够驾驭趋势和市场行为。

☐ 打造并维护发明的空间。你负责为团队创造一片试验、失败和学习的环境，这是一种能让创意得到充分测试的附加文化。你必须捍卫这个空间中诞生的文化、流程、激励机制和指标。

☐ 引入创新指标。你必须开发一个新的流程来衡量你是否在建立新业务方面取得了进展。你的试验如何帮助你的团队学习，降低不确定性和风险并向前推进。

☐ 建立并培养与CEO的合作关系。你必须要与CEO合作以确保资源和资产可用于创新。这种伙伴关系有助于你和CEO讨论进度并分享新创意，沟通是关键，因为CEO是可以帮你资助未来试验的人。除此之外，你也要认识到拿出一个经过验证的可规模化的商业模式的重要性。

☐ 直接向董事会主席汇报你的进展，你不为CEO工作，也不与首席财务官、首席信息官和首席财务官一起工作，这些角色的任务是保持既有业务的良好状态。如果首席创业官向CEO汇报，那么CEO就可能否决潜在的创意，因为他希望储备资源来保障公司规避失败。

组织设计

创新在哪里产生

有时候领导者会说每个人都要成为创新者,这种说法既正确又空洞。创新有不同的类型,需要不同的技能、流程和思维方式。

我们主要依据哈佛大学教授克莱顿·克里斯坦森的理论,将创新分为三种类型:效率性创新、持续性创新和颠覆性创新。

← 探索　　　　　　　　　　　　　　　　　　　深耕 →

颠覆性

这种类型的创新是最激进的，涉及公司不熟悉的全新商业模式。它可能（但不一定）包括对既有商业模式的蚕食。颠覆性创新具有最大的长期增长潜力，并有助于公司对未来定位。由于高度的不确定性，它需要最先进的测试，并需要探索广泛的项目组合。

财务影响　长期来看是巨大的影响
保护你免受颠覆　很强
位置　在既有的核心业务之外，以确保存活下来
主力人群　专业的创新者，得到核心业务对特定技能和资源的支持
不确定性　最高——因为它探索了未知的领域。
测试方向　需求性、收益性、可行性和适应性

持续性

通过持续型创新，你可以改进和拓展已经验证的商业模式。它的不确定性较高，因为可能涉及新的细分市场、价值主张或渠道。正因如此，你可能必须掌握新的活动和资源。这种类型的创新还包括商业模式的升级，并可能对公司商业模式的寿命产生实质性的影响。

财务影响　潜在（很少是当期的）巨大的影响
保护你免受颠覆　有限
位置　在既有的核心业务内部，也可能在外部
主力人群　来自核心业务的员工，有专业创新人员的支持。
不确定性　中等——因为是在成熟的商业模式基础上创新。
测试方向　根据创新的性质，需求性、收益性、可行性和适应性都有可能

效率性

这类创新主要改善你现有的商业模式，使其更加平稳地运行。因为是针对成熟商业模式的改进，其不确定性相对较低。然而，效率性创新可能涉及高精尖的技术创新，具有很高的可行性风险。效率性创新还可能包括需求性风险，比如当你为内部利益相关者（如销售、客户支持、营销、财务或运营）创建数字化工具时。效率性创新的即时财务影响可能很大，表现为诸如扩大利润等形式。

财务影响　可能从很小到极大——通常是即时可见的
保护你免受颠覆　不能
位置　在既有的核心业务内部
主力人群　核心业务的员工
不确定性　低
测试方向　主要是可行性，有时是内部需求性，以及潜在的成本节约或收入影响。

组织设计

奖赏和激励

消除阻碍因素

很多组织认为从事创新工作等于自掘坟墓,其实完全没有必要这样思考。我们在这一页罗列了如何为组织中想创新的人清除弊端。在与来自Innosight的创新专家斯科特·安东尼（Scott Anthony）的讨论中我们意识到,在设置正式的奖励之前,光是消除阻碍因素就已经能大力促进创新活动了。

清除弊端

阻碍因素	不要……	要提供……
创业障碍	……以官僚主义或其他形式设置障碍,让创新变得困难重重	……让任何想要开始测试创意的人获得少量时间或财务预算的便利。为有吸引力的创意提供后续资金
商业计划书/案例	……迫使创新者写出详细的商业计划书,这会让创意在电子表格中看起来很漂亮,但其真正风险被掩盖	……流程准则以测试创意,衡量风险和不确定性的降幅。从测试中判断证据,而不是纸上谈兵
注重执行的关键绩效指标	……只奖励创新者的执行类动作,因为这会阻止他们进行试验和降低创新风险	……专门为创新者设计的关键绩效指标。这些指标必须不同于针对执行项目和必须按时按预算交付的人员的关键绩效指标
缺乏自主权	……要求创新团队为调整创意进行的每一个试验和决定都要经过批准,这将削弱效率和适应性	……测试创意、寻找证据、调整创意的自主权,只要不让整个组织陷于风险就可以
缺乏机会	……让创新者难以获得创新所需的资源（客户、品牌、原型设计、领导支持等）	……基础设施和支持,以帮助创新者快速、低成本、轻松地用适当的试验来测试创意
缺乏技能	……混淆管理和创新/创业技能,因为探索、调整新创意应用着完全不同的游戏规则	……创新和创业培训。避免让优秀但不具备创新思维和技能的管理者去探索新的创意
职业风险	……让创新失败变成职业发展的障碍	……对于那些在职业生涯中不断创新的人来说,即使试验失败也能获得知名度和晋升

奖励正面因素

奖励的方向	寻找新方法以达到……	激励措施
行为 *让创新富有魅力*	……在你的组织中，让创新管理变得地位崇高，就像管理庞大的团队和巨额预算一样。不仅基于管理上的成绩提拔员工，更要基于他们锐意创新的意愿，即使最终可能失败。奖励创新，而不仅是奖励创新的结果。奖励整个创新项目组合，而不仅是几个最终的"大赢家"	• 职位晋升 • 光鲜亮丽的创新奖励（针对行为而不仅是结果） • 全公司的知名度和认可 • 在高管面前的知名度 • 能够进入新的激动人心的项目 • 在创新漏斗的每一个阶段给予奖励，失败也没关系
结果 *创业者的参与*	……通过内部机制或企业风险投资，允许创新者获得新创意的财务利益。允许团队在组织外探索创新，并能够接受投资、回购风险投资	• 创新过程的财务汇报 • 与成功程度挂钩的奖金（例如，售出新产品或服务的数量；收入、利润率或利润门槛等）。 • 启动资金或投资，以供创新团队在公司外部探索创意
影响力 *改变世界*	……以诱人的公司使命吸引外界创新人才。向世界级的创新者展示，加入你的组织将如何帮助他们影响社会和改变世界。着重突出相比加入初创公司或竞争对手，为何加入你的公司更有吸引力	• 为一个有独特愿景或使命的公司工作 • 改变现状（社会影响） • 获得初创企业或竞争对手没有的资源（如基础设施、品牌、知识产权、市场影响力等）

✓

创造促进因素

一旦你消除了负面因素，就要聚集正面因素。设计一个激励人创新的奖励机制，确保你不只是奖励成功的结果，任何成功都建立在不计其数的失败试验的基础上。你要像奖励成功结果那样奖励优秀的创新行为，这样结果会自然而然地产生。最后，确保你的奖励聚焦于项目的影响力，这是吸引和留住最优秀的创新人才的关键。

- ☐ 在每个领域，给你的公司打分，范围在1~5分。
- ☐ 确定你想在未来12个月和36个月内改进哪个领域。
- ☐ 消除阻碍因素，实施能帮助你实现改进目标的促进因素。

为组织设计打分		初学者 *我们对这个话题几乎没有经验*	我们有一些经验	中等 *我们通常会这样运作，但并不系统化*	我们经常这样运作	世界级 *我们的做法被作为案例，供他人学习借鉴*
	正当性和权力	① 创新项目属于被嫌弃的工作，且不在官方通道中	②	③ 创新正式存在于组织架构图中，但缺乏权力和影响力	④	⑤ 创新处于组织架构图的最顶端，具有权力和影响力
	通往核心的桥梁	① 创新团队能够获得的核心业务的客户、资源和技能都很有限，甚至没有	②	③ 核心业务和创新团队有一定合作，但也存在着冲突	④	⑤ 有明确的政策，帮助创新团队和核心业务之间作为平等的伙伴展开合作
	奖赏和激励	① 创新业务没有区别于核心业务的专项激励制度	②	③ 有一些实际的创新激励，并且奖励方式与执行类工作不同	④	⑤ 有专门的创新激励机制，以奖励试验和价值创造

文化

文化地图：创新文化的促进因素

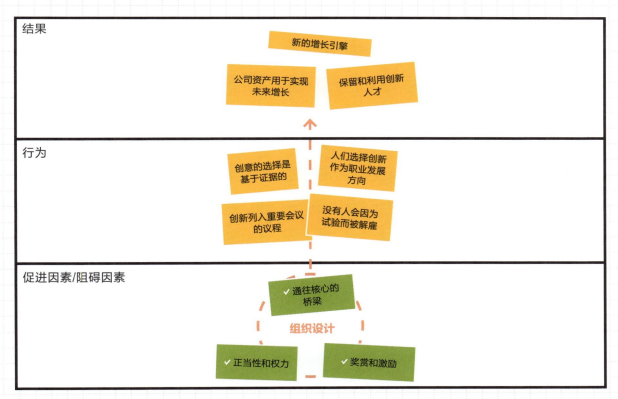

创新实践

创新工具

创新专业人士需要掌握一套专用工具，就像外科医生必须熟练运用一套手术工具一样。我们相信，你所使用的这套创新工具的质量对增长和转型有实质性影响。工具并不是中立的，它们在很大程度上影响着结果的质量。因此你要谨慎选择工具，并学会如何正确地应用它们。

流程管理

坚不可摧的公司有专门为创新而优化的流程和决策机制，它们衡量的是新创意被系统有效地降低的风险，而不是典型的执行式关键绩效指标——按时和按预算交付。我们在"第二章：管理"中深入讨论了创新流程和创新指标。

技能培养

管理既有业务和发展新业务是两个本质上不同的专业。创新者通常能适应高度的不确定性和激进的转向，以适应现实中不断更新的市场变化。坚不可摧的公司在整个组织中系统地培养世界级的、拥有丰富创新经验的创新人才。

文化地图：创新文化的促进因素

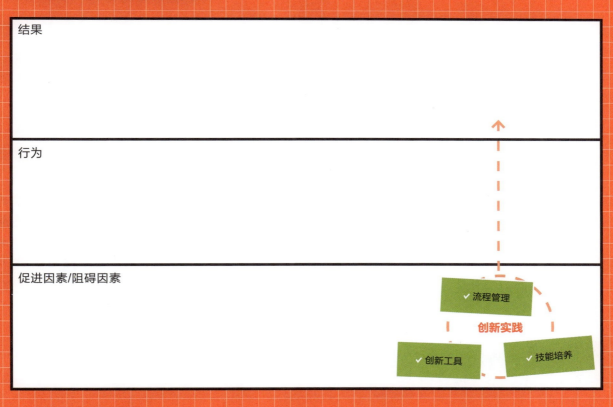

创新实践

创新工具和流程

掌握创新的工具，从根本上助力新增长引擎的寻找过程。我们建议使用一个由多种工具综合而成的工具箱，用于塑造、测试和培育组织中的创意。

企业身份三角
一个战略管理框架，用于明确你的企业身份，以便定义你的模式组合指导原则。

模式组合指导原则
一套管理准则，用来界定你要发展什么类型的创新。它们明确了什么时候"进"，什么时候"退"。

模式组合地图
一个战略分析工具，可以对两类商业模式同时进行可视化、分析和管理。一类是你正在改进和发展的商业模式，另一类是你正在寻找和测试的未来商业模式。

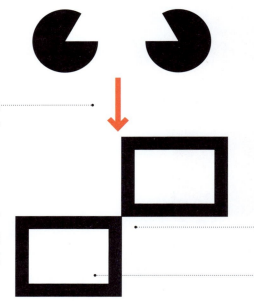

团队对齐画布
一个项目管理工具，让团队在（创新）项目的过程中保持一致。

文化地图
一种战略管理工具，帮助评估、设计、实施和转变企业的（创新）文化。

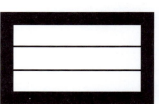

商业模式设计

商业环境地图
一个前瞻性和扫描性的工具,用于绘制你开展业务的环境。它能捕捉到一些趋势,这些趋势可能颠覆你的组织,或者预示着增长和转型的新机会。

商业模式画布
一种战略管理工具,用于明确如何创造、交付和获取价值。它可以用来改进现有的商业模式或发明新的商业模式,作为基础供你识别业务假设,以测试新的商业创意。

价值主张画布
一种产品管理工具,用于明确如何为客户创造价值。它可以用来评估和改进现有的价值主张或发明新的价值主张,作为确定客户和产品/服务假设的基础。

测试

Strategyzer创新指标
一个指标体系,用于衡量新商业创意的风险和不确定性的降幅,呈现从创意到经过验证的商业案例的进展,并评估公司商业模式组合的覆灭风险。

假设地图
一个战术工具,用于识别你需要最先测试的假设。

测试卡
一个战术工具,用于设计全面的商业试验来测试你的商业假设。

学习卡
一个战术工具,用于从商业试验中获取洞察并确定决策和行动。

创新实践

技能培养

在创业和创新所需的众多技能中,有三种技能是可习得的,它们在你从奇思妙想到真正的商业之路上至关重要。

1. 商业模式设计能力(不同于管理一项业务)

这种能力是指塑造并不断调整价值主张和商业模式,以达到最具前景的状态。

掌握价值主张画布(VPC):
- 设计出能够吸引客户的价值主张。
- 设计出客户有付费意愿的价值主张。

掌握商业模式画布(BMC):
- 设计出可盈利并规模化的商业模式。
- 设计出有自我保护能力(竞争壁垒)的商业模式。

2. 测试(和学习)能力

这种能力是指能够将大的创意分解成你所测试的一系列假设,以降低追求不可行创意的风险。

- 识别最重要的假设。
- 设计并进行试验来验证或推翻你的假设。
- 发现证据中的商业模式。

3. 领导力和执行力

这种能力是指激励团队并克服最大障碍。

- 领导和协调你的团队将创意落地为真正的业务。
- 确保每个团队成员始终充满觉察,做最能推动团队从创意到规模化业务的事。
- 在逆境中发挥领导作用,激励团队克服创新过程中不可避免的障碍。

☐ **从创意到商业的技能进化**

在项目过程中,领导层和团队所需的技能会发生实质性的变化。以下是从发现到执行再到规模化的一些关键区别。

	发现	验证	加速	执行和规模化
关键证据	• 市场规模 • 机会大小（金额） • 客户需求、痛点和收益 • 问题-方案的契合 • 付费意愿（基础证据）	• 价值主张 • 付费意愿和定价（有力证据） • 可行性（基础证据）	• 产品-市场的契合 • 可行性（有力证据） • （客户）获取和留存 • 盈利能力	• 收入（或客户）的增长
关键问题	这里有机会吗	我们能否在这个市场上创造价值	我们怎样做最能产生需求和增长	我们如何能扩大组织规模以满足各方需求
团队规模	1~3人	3~8人	8人以上	不限
关键领导技能	• 设想和激励 • 质疑基本假设 • 模式识别 • 转向 • 商业模式	• 设想和激励 • 模式识别 • 转向 • 商业模式	• 设想和激励 • 领导业务专家 • 商业模式	• 激励和参与 • 规模化 • 招聘 • 管理
团队技能	• 资源丰富 • 测试 • 适应性极强 • 毅力	• 测试 • 原型设计 • 毅力	• 业务领域的专业性和建设性 • 市场营销 • 毅力	• 领导力、执行力和规模化 • 深厚的专业背景 • 人员招募 • 职能专长（营销、财务、法律等）

创新实践

有创业精神的领导层和团队

我们相信，在坚不可摧的公司中，最成功的项目团队不是由并行管理多个项目的项目经理领导的，而是由那些将自己视为创业者的人领导的。他们为将一个创意变成现实全力以赴，他们虽然是公司的在职员工，但言行举止像创业者一样。根据创业绩效实验室（Entrepreneurial Performance Labs）的研究，我们认为成功的创新者和创业者及其团队具有以下特征。

带领团队和企业的创新者和创业者往往……

能够创建"现实扭曲力场"
- 具有天赋和魅力的沟通者，能够调动资源和人才为其所用。
- 对前进的方向了然于心，让利益相关者和团队成员相信一切皆有可能。
- 创造一种令人信服的"吸引力"，带领团队踏上发现、验证、加速和规模化的旅程。

无畏而坚韧
- 渴望改善现状，做出改变。
- 是行动派，不会陷于"分析麻痹症"，在逆境中坚持不懈。他们持之以恒地努力克服障碍，不容易被挫折击退。
- 表现出疯狂的工作热情，对自己和他人都有很高的标准，但又能保持应对挑战所必需的生理和心理准备。

我们认为，优秀的创始团队应该表现出以下特征，以弥补创业型领导者的短板：

深度好奇
- 他们的一些最佳创意来自不同领域和市场的交叉融合。
- 具备惊人的天赋（杰夫·贝佐斯，从图书到亚马逊网络服务；史蒂夫·乔布斯，从电脑到音乐播放器再到手机；埃隆·马斯克，从支付软件到电动汽车再到火箭）。

独立
- 愿意或倾向于独立操作，只需要他人最低限度的支持。
- 习惯处于鹤立鸡群的状态。
- 喜欢控制自己所处的环境，很可能不满足于为别人工作。

发明性
- 产生创意并探索新的可能性。
- 从大量信息中识别出有用的模式，并且快速学习，通过经验和试验不断调整。
- 轻松驾驭全局性的战略问题和细致入微的试验或专业领域的知识。

风险承受能力
- 将大的创意分解成较小的可测试的假设，并在商业试验中测试。
- 能在不完整或相互矛盾的信息中自如地做出决定，并能巧妙地处理模糊性和复杂性。
- 一往无前的同时心存敬畏，但能区分内心的焦虑感和更客观实际的风险衡量标准。

市场指导原则
- 看到机会、技术或需求的市场和财务潜力，并将其转化为具体的价值主张和商业模式。
- 根据现场反馈和试验证据，不断调整商业模式和价值主张。
- 具有机会主义精神，并朝着最有意思的方向转向。

务实和（最好）有经验
- 了解哪些行动和决策大概率会带来实际进展。
- 从以往的创新和创业过程中汲取并应用宝贵经验。
- 拥有强大的"拒绝空谈"雷达。

美国国会图书馆，美术和摄影部，NYWT&S收藏，[LC·USZ62·123247]。

在她事业的巅峰时期，是世界上最富有的女性之一。

伊丽莎白·雅顿
1910年成立伊丽莎白雅顿公司

"Spotify的CEO兼联合创始人丹尼尔·埃克（Daniel Ek）"摄影师Stuart Isett/头脑风暴科技大会/CC BY 2.0。

Spotify永远改变了消费者与音乐的互动方式。

丹尼尔·埃克
音乐流媒体服务Spotify的创始人

"奥利夫·安·比奇"由圣地亚哥航空航天博物馆档案馆提供。

第一位领导大型飞机公司的女性。

奥利夫·安·比奇
比奇飞机公司联合创始人

"TechCrunch 颠覆峰会-旧金山 2017年-第二天"图片源自Techcrunch。

23andMe的DNA检测试剂盒是《时代》周刊2008年的年度发明。

安妮·沃西基
23andme的联合创始人

"攀岩者伊冯·乔伊纳德的照片。"图片源自Tom Frost/CC BY 2.0。

"行好事方能成事"商业运动的先驱之一。

伊冯·乔伊纳德
运动服装品牌巴塔哥尼亚的创始人

"非洲进步小组"摄影师Rodger Bosch为APP /CC BY 2.0提供。

在《财富》杂志2017年全球最伟大的领导人名单中排名第33位。

斯特来夫·马西伊瓦
媒体和科技公司Econet Wireless的创始人

"杨澜"图片源自世界经济论坛,瑞士科洛尼/CC BY 2.0。

中国最强大的女性媒体人之一,在《福布斯》杂志2013年100位最具影响力女性榜单中排名100。

杨澜
阳光传媒集团联合创始人

被誉为"日本的托马斯·爱迪生",丰田喜一郎将家族的织布机事业转为汽车制造。

丰田喜一郎
丰田汽车公司创始人

"杰奎琳·诺沃拉茨"图片源自Acumen。

用创业的方法解决全球贫困问题。

杰奎琳·诺沃拉茨
Acumen基金创始人

"墨西哥商人卡洛斯·斯利姆·海卢"摄影师何塞·克鲁斯José Cruz/ABr/CC BY 3.0。

在《福布斯》杂志世界亿万富豪榜中排名第8,被认为是2019年拉丁美洲最富有的人。

卡洛斯·斯利姆
卡尔索集团创始人

"HTC董事长,王雪红,展示新款手机主板"摄影师Robert Scoble/CC BY 2.0。

被《福布斯》杂志评为2013年全球最有权力的女性第46位。

王雪红
宏达电股份有限公司联合创始人

- ☐ 在每个领域给你的公司打分，范围在1~5分。
- ☐ 确定你想在未来12个月和36个月内改进哪个领域。
- ☐ 消除阻碍因素，实施能帮助你实现改进目标的促进因素。

文化

		初学者 *我们对这个话题几乎没有经验*	我们有一些经验	中等 *我们通常会这样运作，但并不系统化*	我们经常这样运作	世界级 *我们的做法被作为案例，供他人学习借鉴*
为创新实践打分	**创新工具**	① 不使用商业模式、精益创业或设计思维工具进行创新	②	③ 正在使用商业模式、精益创业或设计思维工具	④	⑤ 广泛采用和掌握商业模式、精益创业或设计思维工具
	流程管理	① 流程是线性的，并要求详细的商业计划和财务预测	②	③ 偶尔会使用迭代流程和系统的商业试验来测试商业创意	④	⑤ 流程是为创新而优化的，而且系统地衡量新创意中风险的降幅
	技能培养	① 招聘时不考虑创新技能和经验，也不培养这些技能	②	③ 偶尔会雇用有经验的创新人才，并培训一些专门的创新人员	④	⑤ 在整个组织中聘用和培养具有丰富经验的世界级创新人才

文化地图：创新文化的促进因素

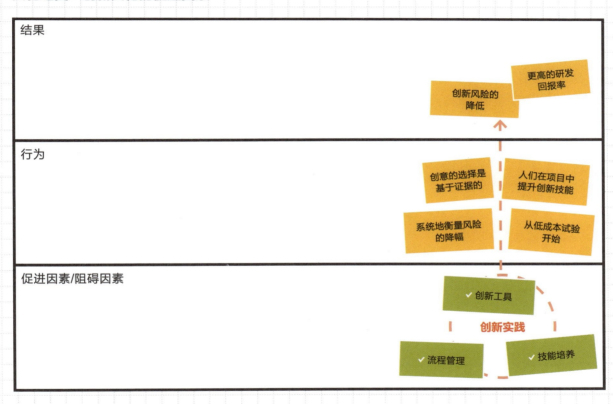

创新文化
准备度

要成为一家坚不可摧的公司，你的准备有多充分？

- ☐ 在每个领域给你的公司打分，范围在 1~5 分。
- ☐ 确定你想在未来 12 个月和 36 个月内改进哪个领域。
- ☐ 消除阻碍因素，实施能帮助你实现改进目标的促进因素。

领导层支持	战略指导原则
	资源分配
	模式组合管理
组织设计	正当性和权力
	通往核心的桥梁
	奖赏和激励
创新实践	创新工具
	流程管理
	技能培养

初学者 我们对这个话题几乎没有经验	我们有一些经验	中等 我们通常会这样运作，但并不系统化	我们经常这样运作	世界级 我们的做法被作为案例，供他人学习借鉴
① 领导层不明示创新的战略指导原则	②	③ 有一些创新战略指导原则，但不是公司的所有人都知道	④	⑤ 领导层在重要会议上明示创新战略指导原则，公司内尽人皆知
① 创新资源需靠自己筹措，或者从项目中临时抽调	②	③ 有创新资源，但数量有限且不受保障	④	⑤ 创新资源是制度化分配的，并且领导者至少投入40%的时间到创新中
① 领导层主要专注于改善核心业务	②	③ 做出一些投资来探索未来业务和新的商业模式，但并不系统化	④	⑤ 领导层敢为人先，投资大型创新管道中的诸多小额押注，其中最优秀者获得后续投资
① 创新项目属于被嫌弃的工作，且不在官方通道中	②	③ 创新正式存在于组织架构图中，但缺乏权力和影响力	④	⑤ 创新处于组织结构图的最顶端，具有权力和影响力
① 创新团队能够获得的核心业务的客户、资源和技能都很有限，甚至没有	②	③ 核心业务和创新团队有一定合作，但也存在着冲突	④	⑤ 有明确的政策，帮助创新团队和核心业务之间作为平等的伙伴展开合作
① 创新业务没有区别于核心业务的专项激励制度	②	③ 有一些实际的创新激励，并且奖励方式与执行类工作不同	④	⑤ 有专门的创新激励机制，以奖励试验和价值创造
① 不使用商业模式、精益创业或设计思维工具进行创新	②	③ 正在使用商业模式、精益创业或设计思维工具	④	⑤ 广泛采用和掌握商业模式、精益创业或设计思维工具
① 流程是线性的，并要求详细的商业计划和财务预测	②	③ 偶尔会使用迭代流程和系统的商业试验来测试商业创意	④	⑤ 流程是为创新而优化的，而且系统地衡量新创意中风险的降幅
① 招聘时不考虑创新技能和经验，也不培养这些技能	②	③ 偶尔会雇用有经验的创新人才，并培训一些专门的创新人员	④	⑤ 在整个组织中聘用和培养具有丰富经验的世界级创新人才

后记

注 释

工具

1. "The Bosch Group at a Glance," https://www.bosch.com/company/our-figures/.
2. Nestle, "Acquisitions and Disposals," https://www.nestle.com/investors/overview/mergers-and-acquisitions.
3. "Nestlé Closes the Sale of Nestlé Skin Health," October 02, 2019, https://www.nestle.com/media/pressreleases/allpressreleases/nestle-closes-sale-nestle-skin-health.
4. "The Gore Story," https://www.gore.com/about/the-gore-story.

管理

1. Charles Arthur, "Amazon Writes Off $170M on Unsold Fire Phones," The Guardian, October 24, 2014. https://www.theguardian.com/technology/2014/oct/24/amazon-unsold-fire-phones.
2. "Ping An Tops Global Insurance Brands for the Third Consecutive Year," PR Newswire Asia, May 30, 2018, https://www.asiaone.com/business/ping-ranks-third-among-global-financial-services-companies-2018-brandztm-top-100-most.
3. Shu-Ching Jean Chen, "Chinese Giant Ping An Looks Beyond Insurance to a Fintech Future," June 2018, https://www.forbes.com/sites/shuchingjeanchen/2018/06/06/chinese-giant-ping-an-looks-beyond-insurance-to-a-fintech-future/.
4. Ping An 2019 Interim Report.
5. Ericson Chan, "FinTech, If It Doesn't Kill You, Makes You Stronger," April 13, 2018, https://www.youtube.com/watch?v=UixV7NNSgVI.
6. "Ping An to Employ Micro-Expression Technology to Deter Scammers," November 1, 2018, https://www.chinaknowledge.com/News/DetailNews/81721/Ping-An-to-employ-micro-expression-technology-to-deter-scammers.
7. Shu-Ching Jean Chen, "Chinese Giant Ping An Looks Beyond."
8. "Ping An Powering Ahead with World-Leading Fintech and Healthtech," PR News Asia, November 07, 2018, https://www.prnewswire.com/news-releases/ping-an-powering-ahead-with-world-leading-fintech-and-healthtech-300745534.html.
9. Ping An Annual Report 2018.
10. Kane Wu, "Ping An-Backed Lufax Raises $1.3 Billion at Lower Valuation: Sources," December 3, 2018, https://www.reuters.com/article/us-lufax-fundraising/ping-an-backed-lufax-raises-13-billion-at-lower-valuation-sources-idUSKBN1O20HG.
11. Laura He, "Ping An Good Doctor Prices US$1.12 Billion IPO at Top End Amid Retail Frenzy," April 27, 2018, https://www.scmp.com/business/companies/article/2143745/ping-good-doctor-prices-us112-billion-ipo-top-end-amid-retail.
12. Autohome Annual Report 2018.
13. "Autohome Inc. Announces Transaction between Shareholders and Board Change," February 22, 2017, https://www.globenewswire.com/news-release/2017/02/22/926600/0/en/Autohome-Inc-Announces-Transaction-Between-Shareholders-and-Board-

14. Michael O'Dwyer, "China In-Depth: Digital Insurance Ecosystems," https://www.the-digital-insurer.com/china-in-depth-ecosystems-in-china/.
15. "Ping An to Buy Autohome Stake from Telstra for $1.6 Billion," April 15, 2016, https://www.bloomberg.com/news/articles/2016-04-15/ping-an-to-buy-stake-in-autohome-from-telstra-for-1-6-billion.
16. Tendayi Viki, "Innovation Versus R&D Spending," May 20, 2019, https://www.strategyzer.com/blog/innovation-versus-rd-spending.
17. Barry Jaruzelski, Robert Chwalik, and Brad Goehle, "What the Top Innovators Get Right," October 30, 2018, https://www.strategy-business.com/feature/What-the-Top-Innovators-Get-Right?gko=e7cf9.
18. Chris Wray, "Sony 2018-19 Financial Year Results – Most Profitable Year Ever," April 27, 2019, https://wccftech.com/sony-2018-19-financial-year-results/.
19. Steven J. Vaughan-Nichols, "What Does Microsoft Joining the Open Invention Network Mean for You?," October 11, 2018, https://www.zdnet.com/article/what-does-microsoft-joining-the-open-invention-network-mean-for-you/.
20. Surur, "Microsoft Finally Reveals How Many HoloLens Units Have Been Sold," April 25, 2018, https://mspoweruser.com/microsoft-finally-reveals-how-many-hololens-units-have-been-sold/.
21. Heather Kelly, "Microsoft's New $3,500 HoloLens 2 Headset Means Business," February 25, 2019, https://edition.cnn.com/2019/02/24/tech/microsoft-hololens-2/index.html.
22. Allison Linn, "Microsoft's Project Oxford Helps Developers Build More Intelligent Apps," May 1, 2015, https://blogs.microsoft.com/ai/microsofts-project-oxford-helps-developers-build-more-intelligent-apps/.
23. "Microsoft to Acquire GitHub for $7.5 Billion," June 4, 2018, https://news.microsoft.com/2018/06/04/microsoft-to-acquire-github-for-7-5-billion/.
24. Alex Hern and Jana Kasperkevic, "LinkedIn Bought by Microsoft for $26.2BN in Cash," June 13, 2016, London and New York, https://www.theguardian.com/technology/2016/jun/13/linkedin-bought-by-microsoft-for-262bn-in-cash.
25. "Microsoft Google Amazon Cloud Acquisitions," https://app.cbinsights.com/login?status=session&goto=https%3A%2F%2Fapp.cbinsights.com%2Fresearch%2Fmicrosoft-google-amazon-cloud-acquisitions-expert-intelligence%2F.
26. Tom Warren, "Microsoft Wasted at Least $8 Billion on Its Failed Nokia Experiment," May 25, 2016, https://www.theverge.com/2016/5/25/11766540/microsoft-nokia-acquisition-costs.
27. Paul Thurrott, "To Grow, Microsoft Must Deemphasize Windows," February 04, 2014, https://www.itprotoday.com/compute-engines/grow-microsoft-must-deemphasize-windows.
28. Daniel B. Kline, "What Declining PC Sales Mean for Microsoft," May 9, 2016, https://www.fool.com/investing/general/2016/05/09/what-declining-pc-sales-mean-for-microsoft.aspx.
29. Tom Krazit, "Azure Revenue Remains a Mystery, but Cloud Services Continue to Drive Microsoft Forward," April 24, 2019, https://www.geekwire.com/2019/azure-revenue-remains-mystery-cloud-services-continue-drive-microsoft-forward/.
30. Tom Warren, "Microsoft and Amazon Release Preview of Cortana and Alexa Integration," August 15, 2018, https://www.theverge.com/2018/8/15/17691920/microsoft-amazon-alexa-cortana-integration-preview-features.
31. "Unilever's Purpose-Led Brands Outperform," November 6, 2019, https://www.unilever.com/news/press-releases/2019/unilevers-purpose-led-brands-outperform.html.
32. "Unilever Tightens Belt with Slim-Fast Sale," *The Telegraph*, January 20, 2020 https://www.telegraph.co.uk/finance/newsbysector/retailandconsumer/10960347/Unilever-tightens-belt-with-Slim-Fast-sale.html.

33. Unilever, "Acquisitions and Disposals," https://www.unilever.com/investor-relations/understanding-unilever/acquisitions-and-disposals/.
34. Milly Vincent, "Marmite, Pot Noodles and Magnums Face Being Sold by Unilever If They Can't Prove They Make 'Meaningful' Impact on the Planet," July 27 2019, https://www.dailymail.co.uk/news/article-7291997/Marmite-favourites-like-Pot-Noodles-Magnums-face-sold-Unilever.html.
35. Lance Whitney, "Logitech Confesses to 'Gigantic' Mistake with Google TV," November 11, 2011, https://www.cnet.com/news/logitech-confesses-to-gigantic-mistake-with-google-tv/.
36. Logitech Annual Report 2019.
37. Logitech, "Acquisitions," https://www.crunchbase.com/organization/logitech/acquisitions/acquisitions_list#section-acquisitions.
38. "Lifesize Splits from Logitech," January 14, 2016, https://www.lifesize.com/en/company/news/in-the-news/2016/20160114-comms-business-lifesize-splits-from-logitech.
39. Anton Shilov, "Logitech Formally Exits OEM Mouse Market," January 22, 2016, https://www.anandtech.com/show/9984/logitech-exits-oem-mouse-market.
40. "Inside the Storm Ep 2: Fujifilm," Channel News Asia, February 1, 2017, https://www.channelnewsasia.com/news/video-on-demand/inside-the-storm-s2/fujifilm-7824486.
41. Fjuifilm Annual Report 2019.
42. "Medium Term Management Plan VISION 75 (2008)," April 28, 2008, https://www.fujifilmholdings.com/en/pdf/investors/ff_vision75_2008_001.pdf.

发明样式库

1. Jessica Caldwell, "Drive by Numbers – Tesla Model S Is the Vehicle of Choice in Many of America's Wealthiest Zip Codes," October 31, 2013, Edmunds.com.
2. Blue Ocean Strategy.
3. Fred Lambert, "Tesla Is Accelerating Supercharger Deployment, 10 More V3 Stations Confirmed," September 25, 2019, https://electrek.co/2019/09/25/tesla-accelerating-supercharger-deployment-v3-stations-confirmed/.
4. Alex Hern, "Tesla Motors Receives $10BN in Model 3 Pre-Orders in Just Two Days," April 4, 2016, *The Guardian*, https://www.theguardian.com/technology/2016/apr/04/tesla-motors-sells-10bn-model-3-two-days.
5. "Global Top 20 November 2019," December 27, 2019, http://ev-sales.blogspot.com/2019/12/global-top-20-november-2019.html.
6. Kevin P. Donovan, "Mobile Money, More Freedom? The Impact of M-PESA's Network Power on Development as Freedom," University of Cape Town, *International Journal of Communication* 6 (2012): 2647–2669.
7. "The Mobile Money Revolution: M-Pesa," Ben & Alex, June 15, 2018, https://medium.com/@benandalex/the-mobile-money-revolution-m-pesa-f3fc8f86dbc9.
8. Rob Matheson, "Study: Mobile-Money Services Lift Kenyans Out of Poverty," MIT News Office, December 8, 2016, https://news.mit.edu/2016/mobile-money-kenyans-out-poverty-1208.
9. "M-Pesa Users Outside Kenya Hit 13.4 Million," *Business Daily*, January 29, 2019, https://www.businessdailyafrica.com/corporate/companies/M-Pesa-users-outside-Kenya-hit-13-4-million/4003102-4956208-16s8a9/index.html.
10. World Bank, "What Kenya's Mobile Money Success Could Mean for the Arab World," October 3, 2018, https://www.worldbank.org/en/news/feature/2018/10/03/what-kenya-s-mobile-money-success-could-mean-for-the-arab-world.
11. Leo Van Hove and Antoine Dubus, "M-PESA and Financial Inclusion in Kenya: Of Paying Comes Saving?," MDPI, January 22, 2019.
12. "What Is M-Pesa?," https://www.vodafone.com/what-we-do/services/m-pesa.
13. "Mobile Currency in Kenya: the M-Pesa," CPI, March 21, 2016, https://www.centreforpublicimpact.org/

case-study/m-currency-in-kenya/.
14. Sears Archives, http://www.searsarchives.com/history/history1890s.htm.
15. John Murray Brown and Arash Massoudi, "Unilever Buys Dollar Shave Club for $1BN," Financial Times, July 20 2016, https://www.ft.com/content/bd07237e-4e45-11e6-8172-e39ecd3b86fc.
16. Youtube – Dollar Shave Club, https://www.youtube.com/watch?v=ZUG9qYTJMsI.
17. Barbara Booth, "What Happens When a Business Built on Simplicity Gets Complicated? Dollar Shave Club's Founder Michael Dubin Found Out," CNBC, March 24, 2019, https://www.cnbc.com/2019/03/23/dollar-shaves-dubin-admits-a-business-built-on-simplicity-can-get-complicated.html.
18. Kat Eschner, "The Story of Brownie Wise, the Ingenious Marketer behind the Tupperware Party," Smithsonian.com, April 10, 2018, https://www.smithsonianmag.com/smithsonian-institution/story-brownie-wise-ingenious-marketer-behind-tupperware-party-180968658/.
19. Bob Kealing, *Life of the Party: The Remarkable Story of How Brownie Wise Built, and Lost ...*, (New York: Crown/Archetype, 2008).
20. Dory Owens, "Tupperware Takes Its Parties into the Workplace," July 12, 1987, https://www.washingtonpost.com/archive/business/1987/07/12/tupperware-takes-its-parties-into-the-work-place/1cc29d20-49ff-4d63-94b4-32f46cbca15b/.
21. Kat Eschner, "The Story of Brownie Wise," https://www.smithsonianmag.com/smithsonian-institution/story-brownie-wise-ingenious-marketer-behind-tupperware-party-180968658/.
22. Avil Beckford, "Earl Tupper, Business Leader, Invented Tupperware, Air-Tight Plastic Containers," February 15, 2013, https://theinvisiblementor.com/earl-tupper-business-leader-invented-tupperware-air-tight-plastic-containers/.
23. Natura & Co. 2018 report, https://naturaeco.com/report_2018_en.pdf.
24. Microsoft Windows history, updated November 16, 2019 by Computer Hope, https://www.computerhope.com/history/windows.htm.
25. Amy Stevenson, "Windows History: Windows 3.0 Takes Off," January 25, 2018, https://community.windows.com/en-us/stories/story-of-windows3.
26. Emil Protalinski, "OEMs Pay Microsoft about $50 for Each Copy of Windows," September 17, 2009, https://arstechnica.com/information-technology/2009/09/microsoft-oems-pay-about-50-for-each-copy-of-windows/.
27. James Gleick, "Making Microsoft Safe for Capitalism," November 5, 1995, https://www.nytimes.com/1995/11/05/magazine/making-microsoft-safe-for-capitalism.html.
28. "Microsoft Revenue by Year – Fiscal 1990–2019," https://dazeinfo.com/2019/11/11/microsoft-revenue-worldwide-by-year-graphfarm/.
29. Jacob Kastrenakes, "The Halo Franchise Has Made More Than $5 Billion," November 4, 2015, https://www.theverge.com/2015/11/4/9668876/halo-franchise-5-billion-guardians-launch-sales.
30. "Police Urge Google to Turn Off 'stalking' Feature on Mobile App for Drivers," Associated Press, Washington, January 27, 2015, https://www.theguardian.com/technology/2015/jan/26/police-pressure-google-turn-off-waze-app-feature.
31. TechCrunch, "Waze." (No data available for 2014–2016.)
32. Aaron Pressman and Adam Lashinsky, "Why Waze Doesn't Share Traffic Data with Google Maps – Data Sheet," October 11, 2019, https://fortune.com/2019/10/11/waze-google-maps-how-it-works/.
33. Kristen Hall-Geisler, "Waze and Esri Make App-to-Infrastructure Possible," AEDT, October 12, 2016, https://techcrunch.com/2016/10/11/waze-and-ezri-make-app-to-infrastructure-possible/.
34. Chloe Sorvino, "Inside Billionaire James Dyson's Reinvention Factory: From Vacuums to Hair Dryers and Now Batteries," September 13, 2016, https://www.forbes.com/sites/chloesorvino/2016/08/24/james-dyson-exclusive-top-secret-reinvention-factory/.

35. Michael Pooler and Peggy Hollinger, "Dyson's Perfectionists Invent a Future beyond Vacuum Cleaners, February 8, 2017, https://www.ft.com/content/2041b5b2-ec75-11e6-ba01-119a44939bb6.
36. Sophie Chapman, "Dyson Reaches Record Profits in 2017, Hitting £801MN," March 02, 2018, https://www.manufacturingglobal.com/leadership/dyson-reaches-record-profits-2017-hitting-ps801mn.
37. Brian Dolan, *Wedgwood: The First Tycoon* (New York : Viking, 2004).
38. "Model T," *Encyclopaedia Britannica*, December 5, 2019, https://www.britannica.com/technology/Model-T.
39. "Henry Ford with Ten-Millionth Ford Model T and 1896 Quadricycle, 1924," https://www.thehenryford.org/collections-and-research/digital-collections/artifact/276378/.
40. "Ford's Assembly Line Starts Rolling," November 13, 2009, https://www.history.com/this-day-in-history/fords-assembly-line-starts-rolling.
41. "100 Years of the Moving Assembly Line," https://corporate.ford.com/articles/history/100-years-moving-assembly-line.html.
42. "Ford's Assembly Line Turns 100: How It Changed Manufacturing and Society," *New York Daily News*, October 7, 2013, https://www.nydailynews.com/autos/ford-assembly-line-turns-100-changed-society-article-1.1478331.
43. Mary Hanbury, "We Went Inside One of the Sprawling Factories Where Zara Makes Its Clothes. Here's How the World's Biggest Fashion Retailer Gets It Done," October 29, 2018, https://www.businessinsider.com.au/how-zara-makes-its-clothes-2018-10?r=US&IR=T.
44. Seth Stevenson, "Polka Dots Are In? Polka Dots It Is!," June 21, 2012, https://slate.com/culture/2012/06/zaras-fast-fashion-how-the-company-gets-new-styles-to-stores-so-quickly.html.
45. Dell Inc. history, http://www.fundinguniverse.com/company-histories/dell-inc-history/.
46. Liam O'Connell, "Annual Revenue of IKEA worldwide from 2001 to 2019," October 15, 2019, https://www.statista.com/statistics/264433/annual-sales-of-ikea-worldwide/.
47. Liam O'Connell, "Number of Visits to IKEA Stores Worldwide from 2010 to 2019," October 15, 2019, https://www.statista.com/statistics/241828/number-of-visits-to-ikea-stores-worldwide/.
48. "Why Is IKEA So Successful?," July 12, 2018, https://furnitureblog.simplicitysofas.com/blog/why-is-ikea-so-successful/.
49. Jan-Benedict Steenkamp, Global Brand Strategy: World-Wise Marketing in the Age of Branding (New York: Springer 2017).
50. "Quantity of Furniture U.S. Homeowners Bought from IKEA in the Last Decade 2016, Statista Research Department, September 3, 2019, https://www.statista.com/statistics/618639/quantity-of-furniture-us-homeowners-bought-from-ikea-in-the-last-decade/.
51. IBM Newsroom, "IBM Closes Landmark Acquisition of Red Hat for $34 Billion; Defines Open, Hybrid Cloud Future, Armonk, NY and Raleigh, NC, July 9, 2019, https://newsroom.ibm.com/2019-07-09-IBM-Closes-Landmark-Acquisition-of-Red-Hat-for-34-Billion-Defines-Open-Hybrid-Cloud-Future.
52. Gary Sims, "ARM's Rise from a Small Acorn to a World Leader," May 19, 2014, https://www.androidauthority.com/arms-rise-small-acorn-world-leader-376606/.
53. Kristin Bent, "ARM Snags 95 Percent of Smartphone Market, Eyes New Areas for Growth," July 16, 2012, https://www.crn.com/news/components-peripherals/240003811/arm-snags-95-percent-of-smartphone-market-eyes-new-areas-for-growth.htm.
54. Arash Massoudi, James Fontanella-Khan, and Richard Waters, "SoftBank to Acquire UK's ARM Holdings for £24.3BN," July 19 2016, https://www.ft.com/content/235b1af4-4c7f-11e6-8172-e39ecd3b86fc.
55. "Dan Swinhoe,"UK Government Gives £36 Million to ARM to Develop Secure Chips," October 24 2019, https://www.csoonline.

55. (cont.) com/article/3447856/uk-government-gives-36-million-to-arm-to-develop-secure-chips.html.
56. ARM Annual Report and Accounts 2009, http://www.annualreports.com/HostedData/AnnualReportArchive/a/LSE_ARM_2009.pdf.
57. ARM Annual Report and Accounts 2018.
58. Jenna Goudreau, "Disney Princess Tops List of the 20 Best-Selling Entertainment Products," https://www.forbes.com/sites/jennagoudreau/2012/09/17/disney-princess-tops-list-of-the-20-best-selling-entertainment-products/.
59. Victoria Sherrow, *Encyclopedia of Hair: A Cultural History* (Westport, CT: Greenwood Publishing Group, 2006).
60. Martha Matilda Harper, National Women's Hall of Fame, https://www.womenofthehall.org/inductee/martha-matilda-harper/.
61. "Martha Matilda Harper: Servant Girl to Beauty Entrepreneur," https://racingnelliebly.com/strange_times/servant-girl-beauty-entrepreneur/.
62. Jaimie Seaton, "Martha Matilda Harper, The Greatest Business Woman You've Never Heard Of," January 11, 2017, https://www.atlasobscura.com/articles/martha-matilda-harper-the-greatest-businesswoman-youve-never-heard-of.
63. "National Economic Impact of Franchising," International Franchise Association, https://franchiseeconomy.com/.
64. Clive Thompson, "How the Photocopier Changed the Way We Worked—and Played," March 2015, https://www.smithsonianmag.com/history/duplication-nation-3D-printing-rise-180954332/.
65. "Xerox Introduces the First Photocopier," November 28, 2019, https://www.encyclopedia.com/science/encyclopedias-almanacs-transcripts-and-maps/xerox-introduces-first-photocopier.
66. Daniel Gross, "Betting the Company: Joseph Wilson and the Xerox 914 from Forbes Greatest Business Stories of All Time," https://www.stephenhicks.org/wp-content/uploads/2012/01/forbes-xerox.pdf.
67. Alex Hutchinson, *Big Ideas: 100 Modern Inventions That Have Transformed Our World* (New York: Sterling Publishing, 2009).
68. "Xerox 914 Plain Paper Copier," National Museum of American History, https://americanhistory.si.edu/collections/search/object/nmah_1085916.
69. "The Story of Xerography," https://www.xerox.com/downloads/usa/en/s/Storyofxerography.pdf.
70. Louis Columbus, "The State of the Subscription Economy, 2018," Forbes, https://www.forbes.com/sites/louiscolumbus/2018/03/04/the-state-of-the-subscription-economy-2018/.
71. "Activating Brave," Intrabrand, https://www.interbrand.com/best-brands/best-global-brands/2018/articles/activating-brave/.
72. James Cowling, "Kodak: From Brownie and Roll Film to Digital Disaster," BBC News, January 20, 2012, https://www.bbc.com/news/business-16627167.
73. John McDonough and Karen Egolf, *The Advertising Age Encyclopedia of Advertising,* (Chicago, IL: Fitzroy Dearborn Publishers, 2002).
74. Jason Farago, "Our 'Kodak Moments' – and Creativity – Are Gone," August 23, 2013, https://www.theguardian.com/commentisfree/2013/aug/23/photography-photography.
75. David Usborne, "The Moment It All Went Wrong for Kodak," January 20, 2012, https://www.independent.co.uk/news/business/analysis-and-features/the-moment-it-all-went-wrong-for-kodak-6292212.html.
76. Jorn Lyseggen, *Outside Insight: Navigating a World Drowning in Data* (London: Penguin, 2016).
77. Mansoor Iqbal, "Spotify Usage and Revenue Statistics (2019)," May 10, 2019, https://www.businessofapps.com/data/spotify-statistics/.
78. Becky Peterson, "Spotify Has Spent $10 Billion on Music Royalties since Its Creation and It's a Big Part of Why It's Bleeding Money," March 1, 2018, https://

www.businessinsider.com.au/spotify-has-spent-10-billion-on-music-licensing-and-revenue-since-it-started-2018-2?r=US&IR=T.

79. Monica Mercuri, "Spotify Reports First Quarterly Operating Profit, Reaches 96 Million Paid Subscribers," https://www.forbes.com/sites/monicamercuri/2019/02/06/spotify-reports-first-quarterly-operating-profit-reaches-96-million-paid-subscribers/.

80. "Spotify Technology S.A. Announces Financial Results for Second Quarter 2019," July 31, 2019, https://investors.spotify.com/financials/press-release-details/2019/Spotify-Technology-SA-Announces-Financial-Results-for-Second-Quarter-2019/default.aspx.

81. Mark Mulligan, "Spotify Q4 2018: Solid Growth with a Hint of Profitability but Longer Term Questions," February 14, 2019, https://www.midiaresearch.com/blog/spotify-q4-2018-solid-growth-with-a-hint-of-profitability-but-longer-term-questions/.

82. Paul Sawers, "Spotify Grows Users 30% in Q3 2019, Premium Subscribers Reach 113 Million," October 28, 2019, https://venturebeat.com/2019/10/28/spotify-grows-users-30-in-q3-2019-premium-subscribers-reach-113-million/.

83. Ariel, "Spotify Was Downloaded on 25 Million iPhones in the U.S. in 2018," October 23, 2018, https://blog.appfigures.com/pandora-chases-spotify-but-spotify-charges-ahead/.

84. Keith Caulfield, "2019 U.S. On-Demand Audio Streams Surpass Half-Trillion, Ariana Grande's 'Thank U, Next' First Album to Reach 2 Billion Streams This Year," September 21, 2019, https://www.billboard.com/articles/business/chart-beat/8530681/2019-on-demand-audio-streams-surpass-half-trillion-ariana-grande.

85. Kayleigh Vanandelmdy, "Case Study: How Spotify Achieves Astonishing 46% Conversion Rate from Free to Paid," October 08, 2019, https://growthhackers.com/articles/case-study-how-spotify-achieves-astonishing-46-conversion-rate-from-free-to-paid.

86. "Fortnite Phenomenon Turns a Game Developer into a Billionaire," July 24, 2018, https://adage.com/article/media/fortnite-phenomenon-turns-game-developer-into-a-billionaire/314357.

87. Catherine New, "How Much Are People Making from the Sharing Economy?," June 13, 2017, https://www.earnest.com/blog/sharing-economy-income-data/.

88. Airbnb Newsroom Fast Facts, https://news.airbnb.com/fast-facts/.

89. S. Lock, "Share of Leisure and Business Travelers using Airbnb in the United States and Europe from 2015 to 2018," January 16, 2019, https://www.statista.com/statistics/795675/travelers-using-airbnb/.

90. Zack Quaintance, "A First in 2018: American Consumers Spent More on Airbnb Than on Hilton," April 13, 2019, https://tophotel.news/a-first-in-2018-american-consumers-spent-more-on-airbnb-than-on-hilton/.

91. Parmy Olson, "Exclusive: The Rags-To-Riches Tale of How Jan Koum Built WhatsApp into Facebook's New $19 Billion Baby," February 19, 2014, forbes.com/sites/parmyolson/2014/02/19/exclusive-inside-story-how-jan-koum-built-whatsapp-into-facebooks-new-19-billion-baby/.

92. Ryan Bushey, "Texting App WhatsApp Now Has 400 Million People Using It Every Month," December 20, 2013, https://www.businessinsider.com.au/whatsapp-400-million-users-2013-12?r=US&IR=T.

93. Dominic Rushe, "WhatsApp: Facebook Acquires Messaging Service in $19BN Deal," February 20, 2014, https://www.theguardian.com/technology/2014/feb/19/facebook-buys-whatsapp-16bn-deal.

94. Diane Dragan, "10 Outrageous Markups You'd Never Guess You Were Paying," rd.com/advice/saving-money/10-outrageous-markups-youd-never-guess-you-were-paying/.

95. Mansoor Iqbal, "WhatsApp Revenue and Usage Statistics (2019)," February 19, 2019, https://www.businessofapps.com/data/whatsapp-statistics/.
96. "Mobile messaging volumes in the U.S. from 2004 to 2014," https://www.statista.com/statistics/215776/mobile-messaging-volumes-in-the-us/.
97. Charles Arthur, "App Messaging Damages Mobile Networks' Text Revenues," April 29, 2013, https://www.theguardian.com/technology/2013/apr/29/app-messaging-damages-mobile-text-revenues.
98. Citizen M Hotel Bankside London, https://archello.com/project/citizen-m-hotel-bankside-london.
99. Matylda Krzykowski, "CitizenM by Concrete," November 7, 2008, dezeen.com/2008/11/07/citizenm-by-concrete/.
100. W. Chan Kim and Renée Mauborgne, "How CitizenM Created New Market Space in the Hotel Industry," https://www.blueoceanstrategy.com/blog/citizenm-hotels-a-blue-ocean-chain-in-a-red-ocean-industry/.
101. "Hotels That Arrive Prebuilt: How CitizenM Manufactures Its Buildings," December 15, 2017, https://www.wired.co.uk/article/hotels-that-arrive-prebuilt.
102. "CitizenM Celebrates Yet Another Year of Affordable Luxury," https://www.citizenm.com/news/citizenm-celebrates-yet-another-year-of-affordable.
103. Matthew Jones, "iPhone History: Every Generation in Timeline Order," September 14, 2014, https://historycooperative.org/the-history-of-the-iphone/.
104. "A Million New iPhones Sold in the First Weekend," Reuters, July 15, 2008, https://www.nytimes.com/2008/07/15/technology/15apple.html.
105. Bill of Materials from Techinsights; Apple Product Announcements.
106. Chuck Jones, "Apple's iPhone: Why Care about Units When It Captures All the Profits," https://www.forbes.com/sites/chuckjones/2015/11/16/apples-iphone-why-care-about-units-when-it-captures-all-the-profits/.
107. J. Clement, "Number of Apps Available in Leading App Stores 2019," October 9, 2019, https://www.statista.com/statistics/276623/number-of-apps-available-in-leading-app-stores/.
108. Sam Costello, "How Many iPhones Have Been Sold Worldwide?," December 27, 2019, https://www.lifewire.com/how-many-iphones-have-been-sold-1999500.
109. How citizenM Created New Market Space in the Hotel Industry By W. Chan Kim & Renée Mauborgne https://www.blueoceanstrategy.com/blog/citizenm-hotels-a-blue-ocean-chain-in-a-red-ocean-industry/
110. CitizenM by Concrete Matylda Krzykowski | 7 November 2008 https://www.dezeen.com/2008/11/07/citizenm-by-concrete/ \h https://www.dezeen.com/2008/11/07/citizenm-by-concrete/
111. Innovation Management: Effective Strategy and Implementation By Keith Goffin, Rick Mitchell 2017 Palgrave
112. OneConnect moves up in the 2019 IDC Financial Insights FinTech Rankings Top 100 list October 11, 2019 https://finance.yahoo.com/news/oneconnect-moves-2019-idc-financial-130700278.html
113. Ping An Fintech Vehicle One Connect Plans to List in New York by as Soon as September: Domestic Reports China Banking News http://www.chinabankingnews.com/2019/06/18/ping-ans-fintech-vehicle-oneconnect-plans-to-list-in-new-york-by-september-domestic-reports/
114. finleap connect partners with OneConnect to bring superior technology to Europe Aug 26, 2019, https://www.prnewswire.com/news-releases/finleap-connect-partners-with-oneconnect-to-bring-superior-technology-to-europe-300906797.html
115. Why banks can't delay upgrading core legacy banking platforms https://www.

ey.com/en_gl/people/keith-pogson \h Keith Pogson 18 Jun 2019 https://www.ey.com/en_gl/banking-capital-markets/why-banks-can-t-delay-upgrading-core-legacy-banking-platforms

116. Ping An Accelerates Digital Transformation in Indonesia's Finance Industry 21 February 2019 https://www.bloomberg.com/press-releases/2019-02-20/ping-an-accelerates-digital-transformation-in-indonesia-s-finance-industry

117. An Overview of Pingan's OneConnect Will Huyler, May 20 2019 https://www.kapronasia.com/asia-banking-research-category/an-overview-of-pingan-s-oneconnect.html

升级样式库

1. Ramon Casadesus-Masanell, Oliver Gassmann ,and Roman Sauer, "Hilti Fleet Management (A): Turning a Successful Business Model on Its Head," September 2018, https://www.hbs.edu/faculty/Pages/item.aspx?num=52550.
2. Dr. Christoph Loos, CEO of Hilti, correspondence.
3. Michelle Castillo, "Reed Hastings' Story about the Founding of Netflix Has Changed Several Times," May 23, 2017, https://www.cnbc.com/2017/05/23/netflix-ceo-reed-hastings-on-how-the-company-was-born.html.
4. Todd Spangler, "Netflix Spent $12 Billion on Content in 2018. Analysts Expect That to Grow to $15 Billion This Year," January 18, 2019, https://variety.com/2019/digital/news/netflix-content-spending-2019-15-billion-1203112090/.
5. Lauren Feiner, "Netflix Says It Has 10% of All TV Time in the US and Discloses Some Colossal Numbers for Its Shows," January 17, 2019, https://www.cnbc.com/2019/01/17/netflix-how-many-people-watch-bird-box.html.
6. Amy Watson, "Number of Netflix Paid Streaming Subscribers Worldwide 2011–2019," October 18, 2019, https://www.statista.com/statistics/250934/quarterly-number-of-netflix-streaming-subscribers-worldwide/.
7. J. Clement, "Number of Available Apps in the Apple App Store 2008–2017," September 12, 2018, https://www.statista.com/statistics/263795/number-of-available-apps-in-the-apple-app-store/.
8. Alex Guyot, "A Decade on the App Store: From Day One Through Today," July 11, 2018, https://www.macstories.net/news/a-decade-on-the-app-store-from-day-one-through-today/.
9. Mike Wuerthele, "Apple Has Paid Out $120 Billion to Developers since 2008," January 28, 2019, https://www.macstories.net/news/a-decade-on-the-app-store-from-day-one-through-today/.
10. Dedicated Video Games Sales Units, September 30, 2019, https://www.nintendo.co.jp/ir/en/finance/hard_soft/.
11. "TED Reaches Its Billionth Vdeo View!," November 13, 2012, https://blog.ted.com/ted-reaches-its-billionth-video-view/.
12. "History of TED," https://www.ted.com/about/our-organization/history-of-ted.
13. "TED," https://www.ted.com/talks.
14. "TED Opens Annual Conference in Vancouver as Media Platform Sees Record Global Audience Growth," April 10, 2018, https://blog.ted.com/ted-opens-annual-conference-in-vancouver-as-media-platform-sees-record-global-audience-growth/.
15. Intel Annual Report 1993, https://www.intel.com/content/www/us/en/history/history-1993-annual-report.html.
16. "Worldwide Semiconductor Revenue Grew 2.6 Percent in 2016," Stamford, CT, May 15, 2017, https://www.gartner.com/en/newsroom/press-releases/2017-05-15-worldwide-semiconductor-revenue-grew-2-percent-in-2016-according-to-final-results-by-gartner.
17. Intel Annual report 1991, https://www.intel.com/content/www/us/en/history/history-1991-annual-report.html.
18. Intel Corporation History, http://www.fundinguniverse.com/company-histories/intel-corporation-history/.
19. Jim Dalrymple, "Apple Stores See 300 Million Visitors in FY 2012, 50,000 Genius Bar Visits a Day," August 20, 2012, https://

www.loopinsight.com/2012/08/20/apple-stores-see-300-million-visitors-in-2012-50000-genius-bar-visits-a-day/.
20. Fujifilm Annual report 2006.
21. Fujifilm Annual Report 2019.
22. "Inside the Storm Ep 2: Fujifilm," Channel News Asia, February 1, 2017, https://www.channelnewsasia.com/news/video-on-demand/inside-the-storm-s2/fujifilm-7824486.
23. Jake Nielson, "Story of Kodak: How They Could Have Saved the Business," August 22, 2014, https://www.ignitionframework.com/story-of-kodak/.
24. Telecom Regulatory Authority of India, New Delhi, December 30, 2019, https://main.trai.gov.in/sites/default/files/PR_No.128of2019.pdf.
25. Vijay Govindarajan, "Telecom's Competitive Solution: Outsourcing?," May 08, 2012, https://hbr.org/2012/05/telecoms-competitive-solution-outsourcing.
26. Steven J. Vaughan-Nichols, "What Does Microsoft Joining the Open Invention Network Mean for You?," October 11, 2018, https://www.zdnet.com/article/what-does-microsoft-joining-the-open-invention-network-mean-for-you/.
27. "Microsoft to Acquire GitHub for $7.5 Billion," June 4, 2018, https://news.microsoft.com/2018/06/04/microsoft-to-acquire-github-for-7-5-billion/.
28. "Microsoft Is the Largest Single Corporate Contributor to Open Source on Github," https://ballardchalmers.com/2018/05/07/microsoft-largest-single-corporate-contributor-open-source-github/.
29. Brooks Barnes, "Disney Is Spending More on Theme Parks Than It Did on Pixar, Marvel and Lucasfilm Combined," November 16, 2018, https://www.nytimes.com/interactive/2018/11/16/business/media/disney-invests-billions-in-theme-parks.html.
30. Linda Rosencrance, "Dow Corning Launches Business Unit, Xiameter," March 14, 2002, https://www.computerworld.com/article/2587477/dow-corning-launches-business-unit--xiameter.html.
31. Bruce Meyer, "Xiameter Business a Web Success Story," August 23, 2011, https://www.rubbernews.com/article/20110823/NEWS/308239996/xiameter-business-a-web-success-story.
32. "Two-Brand Strategy Spells Success for Dow Corning," Noria Corporation, https://www.reliableplant.com/Read/5144/two-br-strategy-spells-success-for-dow-corning.
33. "Adobe Profit Margin 2006–2019," https://www.macrotrends.net/stocks/charts/ADBE/adobe/profit-margins.
34. Itu Rathore, "Adobe Quarterly Subscription Revenue by Segment," November 7, 2019, https://dazeinfo.com/2019/11/07/adobe-quarterly-subscription-revenue-by-segment-graphfarm/.
35. John Markoff, "Company Reports; Apple's First Annual Profit Since 1995," October 15, 1998, https://www.nytimes.com/1998/10/15/business/company-reports-apple-s-first-annual-profit-since-1995.html.
36. "Apple Announces That 800,000 iMacs Sold/ 45% of Buyers New to Mac," January 6, 1999, https://www.macobserver.com/news/99/january/990106/800000imacs.html.
37. Doug Bartholomew, "What's Really Driving Apple's Recovery?," March 16, 1999, https://www.industryweek.com/leadership/companies-executives/article/21960994/whats-really-driving-apples-recovery.
38. "The Transformation 20: The Top Global Companies Leading Strategic Transformations," September 2019, https://www.innosight.com/insight/the-transformation-20/.
39. Ørsted ESG Performance Report 2018, https://orsted.com/-/media/Annual_2018/Orsted_ESG_performance_report_2018.ashx?la=en&hash=315A4E48E0AD794B64B9A-C56EE7ED2F1.
40. 2018 Annual Report Rolls-Royce Holdings PLC.
41. Amy Mitchell, Mark Jurkowitz, and Emily Guskin, "The Washington Post: By the Numbers," August 7, 2013,

https://www.journalism.org/2013/08/07/the-washington-post-by-the-numbers/.

42. Joshua Benton, "The L.A. Times' Disappointing Digital Numbers Show the Game's Not Just about Drawing in Subscribers – It's about Keeping Them," July 31, 2019, https://www.niemanlab.org/2019/07/the-l-a-times-disappointing-digital-numbers-show-the-games-not-just-about-drawing-in-subscribers-its-about-keeping-them/.

43. "The Washington Post Records 86.6 Million Unique Visitors in March 2019," April 18, 2019, https://www.washingtonpost.com/pr/2019/04/17/washington-post-records-million-unique-visitors-march/.

44. Matthew Kazin, "Delta's American Express Credit Card Helps Boost Airline's Bottom Line," https://www.foxbusiness.com/markets/deltas-american-express-credit-card-helps-boost-airlines-bottom-line.

45. "American Express and Delta Renew Industry-Leading Partnership, Lay Foundation to Continue Innovating Customer Benefits," https://news.delta.com/american-express-and-delta-renew-industry-leading-partnership-lay-foundation-continue-innovating.

图片来源

工具
Bosch–Courtesy of Bosch
Gore–Courtesy of Gore

管理
Amazon–Courtesy of Amazon
Ping An–Courtesy of Ping An
Sony Startup Accelerator Program–Courtesy of Sony
Microsoft–Courtesy of Microsoft
Unilever–Courtesy of Unilever
Logitech–Courtesy of Logitech
Fujifilm–Courtesy of Fujifilm

发明样式库
Tesla–Courtesy of Tesla
Tesla–"2018 Tesla Model S 75D Taken in A464, Priorslee Road, Shifnal" by Vauxford / CC BY 4.0, https://commons.wikimedia.org/wiki/File:2018_Tesla_Model_S_75D.jpg
Toyota Prius–"Toyota Prius" by SPanishCoches / CC BY 2.0, https://www.flickr.com/photos/39302751@N06/6790397898
Smart Electric–"Smart Electric Drive" by John Karakatsanis / CC BY 2.0, https://www.flickr.com/photos/johnkarakatsanis/14408896673/in/photostream/
Dollar Shave Club–Dollar Shave Club youtube, https://www.youtube.com/watch?v=ZUG9qYTJMsI
Tupperware–Serious Partying, Tupperware Ad. Courtesy of the Smithsonian, National Museum of American History, https://americanhistory.si.edu/object-project/refrigerators/tupperware
Ikea–"Shopping at IKEA: backyard patio tiles" by osseous / CC BY 2.0, https://www.flickr.com/photos/10787737@N02/46561611371
Harper–(ca. 1914) Rear view of woman, possibly Martha Matilda Harper, with hair reaching down near her ankles., ca. 1914. [Photograph] Retrieved from the Library of Congress, https://www.loc.gov/item/2002698518/.
Xerox– Xerox 914 Plain Paper Copier. Courtesy of the Smithsonian, National Museum of American History, https://americanhistory.si.edu/collections/search/object/nmah_1085916
Kodak Brownie–"the Basic Brownie Camera" by Alan Levine / CC0 1.0, https://en.wikipedia.org/wiki/Brownie_(camera)#/media/File:2014-365-233_The_Basic_Brownie_Camera_(14809795240).jpg
Kodak Film–"Eastman Kodak Non Curling 116 Film by" by Thistle33 is licensed underCC BY-SA 4.0, https://commons.wikimedia.org/wiki/File:Kodak_NonCurling_1925.jpg#/media/File:Kodak_NonCurling_1925.jpg
Airbnb–Photo by Matthew T Rader on Unsplash, https://unsplash.com/photos/9ZaqDVDdMwg
citizenM–(a) Courtesy of citizenM (b) "citizenM" by Jumilla / CC BY 2.0, https://flic.kr/p/aSSQUe (c) Courtesy of citizenM

升级样式库

Hilti–Courtesy of Hilti
Apple Genius Bar–"Genius Bar" by renatomitra / CC BY-SA 2.0, https://www.flickr.com/photos/33029569@N00/3554552146/

直接面向消费者的趋势

Apple Stores: "1373" by ptwo / CC BY 2.0, https://search.creativecommons.org/photos/45d908ee-a3d2-4ce4-85b9-babae4603d4a
Nespresso Boutique: Photo by Ayach Art on Pexels, https://www.pexels.com/photo/coffee-market-room-shop-453098/
Audemars Piguet: "Place de la Fusterie: magasin Audemars Piguet" by MHM55 / CC BY 4.0, https://commons.wikimedia.org/wiki/File:Place_de_la_Fusterie-03.jpg

小众市场的崛起

Craft Beer: "Craft Beer Booze Brew Alcohol Celebrate Refreshment" / CC0 1.0, https://www.rawpixel.com/image/33597/premium-photo-image-beer-bar-alcohol
Co-branded credit card: "Amazon Prime Rewards Card" by Ajay Suresh / CC BY 2.0, https://commons.wikimedia.org/wiki/File:Amazon_Prime_Rewards_Card_(32861518627).jpg
Limited edition sneakers: Photo by Florian Olivo on Unsplash, https://unsplash.com/photos/5d4EhqeV0Og
Apple iMac–"Apple iMac G3 computer." by Musee Bolo / CC BY 2.0 France, https://upload.wikimedia.org/wikipedia/commons/2/22/IMac-IMG_7042.jpg
Orsted–Photo by Nicholas Doherty on Unsplash, https://unsplash.com/photos/pONBhDyOFoM

文化

The Culture Map–Courtesy of David Gray
Amazon Innovation Culture–Courtesy of Amazon
Entrepreneurial Leadership and Team:
Elizabeth Arden–Library of Congress, Prints and Photographs Division, NYWT&S Collection, [LC-USZ62-123247] http://hdl.loc.gov/loc.pnp/cph.3c23247

Anne Wojcicki–"TechCrunch Disrupt SF 2017 - Day 2" by Techcrunch / CC BY 2.0, https://www.flickr.com/photos/52522100@N07/36938473750/
Yvon Chouinard–"A photo of rock climber Yvon Chouinard." by Tom Frost / CC BY 2.0, https://commons.wikimedia.org/wiki/File:Yvon_Chouinard_by_Tom_Frost.jpg
Daniel Elk–Daniel Ek, CEO and Co-founder of Spotify, is interviewed by Andy Serwer of Fortune Magazine at Fortune Brainstorm TECH at the Aspen Institute Campus. Photograph by Stuart Isett/Fortune Brainstorm TECH / CC BY 2.0, https://commons.wikimedia.org/wiki/File:Fortune_Brainstorm_TECH_2011_(5961801428).jpg
Strive Masiyiwa–"Africa Progress Panel" by Rodger Bosch for APP / CC BY 2.0, https://www.flickr.com/photos/africaprogresspanel/8738568324/in/photostream/
Olive Ann Beech–"Beech, Olive Ann" by San Diego Air and Space Museum Archive, https://commons.wikimedia.org/wiki/File:Beech,_Olive_Ann.jpg
Cher Wang–"HTC Chairwoman, Cher Wang, shows off new mobile phone mother board" by Robert Scoble / CC BY 2.0, https://www.flickr.com/photos/scobleizer/2215637255
Carlos Slim–"Mexican businessman Carlos Slim Helú." by José Cruz/ABr / CC BY 3.0, https://commons.wikimedia.org/wiki/File:Carlos_Slim_Hel%C3%BA.jpg
Yang Lan–"Yang Lan" by World Economic Forum from Cologny, Switzerland / CC BY 2.0, https://zh.m.wikipedia.org/wiki/File:Yang_Lan_-_Annual_Meeting_of_the_New_Champions_2012.jpg
Kiichiro Toyoda–"Kiichiro Toyoda was an engineer in Japan.", https://de.m.wikipedia.org/wiki/Datei:Kiichiro_Toyoda.jpg
Jacqueline Novogratz–"Jacqueline Novogratz" by Acumen / CC BY 2.0, https://www.flickr.com/photos/acumenfund/38439020321/in/photostream/

致谢

如果没有家人的爱和支持，没有 Strategyzer 团队，没有激励我们的思想家，没有兢兢业业的实践者，没有每个给我们反馈的人，这本书是不可能创作完成的。

我们要感谢为本书内容和设计做出贡献的核心团队，即 Lauren Cantor，Matt Woodward 和 Erin McPhee。

特别要感谢所有启发我们的思想家和作者，本书以他们的成果为基础，他们中有许多人向我们提供了宝贵的反馈意见。我们要特别感谢 Dave Gray，Steve Blank，Rita McGrath，Roger Martin，Henry Chesbrough，Luis Felipe Cisneros Martinez，Scott Anthony，Bill Fischer，Saul Kaplan 和 Marshall Goldsmith。

一些商业和创新领袖从他们的行程中抽出时间，直接为本书案例研究做出贡献，他们是 Amy Calhoun，Bracken Darrell，Christoph Loos，Dave Liss，François-Henry Bennahmias，Uwe Kirschner 和 Shinji Odashima。

整个 Strategyzer 团队都为本书的出版提供了帮助，他们自己的许多项目不得不为完成本书推迟进度。Strategyzer 咨询团队为测试本书的部分内容付出了特别的努力。我们感谢 Tendayi Viki，Shamira Miller，Paris Thomas，Greg Bernarda，Christian Doll 和 Michael Wilkens。

我们也感谢帮助测试内容的 Strategyzer 教练和创新实践者的广大社区，即 Caroline Baumgart，Pete Cohen，Tim Daniel，Josie Gibson，John Hibble 和 Nick Rakis。

我们要感谢那些从他们的行程中抽出时间来测试书中内容的高管，他们是 Sally Bateman，Vincent Besnard，Thierry Bonetto，Baudouin Corman，Carol Corzo，Eglantine Etiemble，Jay Jayamaran，Andrew Jenkin，Kate Koch，Tim Regan，Michel de Rovira，以及 Henning Trill。

最后，我们要感谢整个 Wiley 团队，他们出版了 Strategyzer 系列的所有图书，特别是 Richard Narramore，他从《商业模式新生代》就开始鼎力相助。

作者

亚历山大·奥斯特瓦德

创始人、演说家、商业思想家

合著者

伊夫·皮尼厄

教授、商业思想家

合著者

弗雷德·埃蒂安布勒

高管顾问、实践家

奥斯特瓦德是一位受欢迎的畅销书作家、企业家和演说家，他的工作改变了成熟企业的业务方式和新创企业的启动方式。在Thinkers50全球最具影响力的管理思想家中排名第4，奥斯特瓦德还拥有Thinkers50战略奖。他与伊夫·皮尼厄一起发明了商业模式画布、价值主张画布和商业模式组合地图——这些实用的工具得到了数百万商业从业者的信任。

@AlexOsterwalder
strategyzer.com/blog

皮尼厄自1984年以来一直是洛桑大学的教授，并在佐治亚州立大学、英属哥伦比亚大学、新加坡国立大学和蒙特利尔高等商学院担任访问教授。他与亚历山大·奥斯特瓦德一起发明了商业模式画布，并共同撰写了国际畅销书《商业模式新生代》和《价值主张设计》。皮尼厄和奥斯特瓦德共同在Thinkers50全球最具影响力的管理思想家中排名第4，并拥有Thinkers50战略奖。

埃蒂安布勒是一名战略和创新方面的高管顾问。他与勇于探索的领导者合作，研究如何发展创新文化，探索新的增长引擎，并改造他们的业务。他与大型组织合作或供职其中超过20年，从内部了解它们的挑战。埃蒂安布勒与其他商业思想家共同创造了战略与创新的工具和方法，并在欧洲和亚洲促进了关于如何使用这些工具和方法的定期培训。自2017年以来，埃蒂安布勒一直是Strategyzer的合伙人。

fredericetiemble.com

合著者
阿兰·史密斯

创始人、探索者、设计师

史密斯利用他的好奇心和创造力来提出问题，并将答案转化为简单、直观、实用的工具。他相信正确的工具能给人们带来信心，让他们树立更高的目标，做更有意义的事。他与亚历山大·奥斯特瓦德共同创立了Strategyzer公司，在那里他与一个充满灵感的团队一起工作，打造伟大的产品。Strategyzer的图书、工具和服务被世界各地的领先企业采用。

strategyzer.com

设计师
克里斯·怀特

设计师、艺术总监

怀特是一位居住在多伦多的多学科设计师。他曾在一系列商业出版物的出版工作中担任过不同角色，最近一次是在《环球邮报》担任助理艺术总监，主要负责印刷和网络故事的演示文稿设计。本书是他与Strategyzer团队的首次合作。

设计师
崔西·帕帕达克斯

设计师、摄影师、创作者

帕帕达克斯拥有伦敦中央圣马丁学院的设计硕士学位，以及多伦多约克-谢里丹联合课程的设计学士学位。她曾在母校教授设计，与获奖的机构合作，创办了多家企业，这是她第五次与Strategyzer合作。

@trishpapadakos

内容梳理
露西·罗

顾问、问题解决者

罗是大小组织的创新顾问，帮助它们构思和推出新产品以寻求突破性增长。她喜欢与跨国公司合作，建立和实施它们的创新战略，以及与欧洲和亚洲的早期创业公司合作。罗热衷于通过使用创新工具包来解决社会和可持续发展的挑战，并与一些非营利组织和社会企业组织合作，如联合国和世界经济论坛全球塑造者。

Strategyzer使用最好的技术工具和教练技术来支持你的转型和增长挑战。

请访问网站Strategyzer.com
看看我们能为你做什么

转型

创造变革

通过Strategyzer云计算学院的课程库和在线辅导，大规模地培养技能。

掌握价值主张，掌握商业模式，掌握商业测试，掌握文化和团队一致性。

增长

创造增长

使你的增长活动、创新文化和商业模式组合系统化和规模化。

创新文化准备度评估、增长战略、创新漏斗的设计和实施、创新管理、教练技术和创新指标。